EL ÁRBOL Y LAS NUECES

Isabel San Sebastián
Carmen Gurruchaga

EL ÁRBOL Y LAS NUECES

LA RELACIÓN SECRETA ENTRE ETA Y PNV

temas'de hoy.

Primera edición: septiembre del 2000
Segunda edición: octubre del 2000
Tercera edición: octubre del 2000
Cuarta edición: octubre del 2000
Quinta edición: octubre del 2000
Sexta edición: octubre del 2000
Séptima edición: octubre del 2000
Octava edición: noviembre del 2000

Colección Grandes Temas

Paseo de Recoletos, 4. 28001 Madrid
Diseño de cubierta: Juan Pablo Rada
Foto de cubierta: Cover
ISBN: 84-8460-063-7
Depósito legal: M-41.954-2000
Compuesto en J. A. Diseño Editorial, S. L.
Impreso en: Printing Book, S. L.
Printed in Spain–Impreso en España

DE ERMUA A ESTELLA (1997-2000)

A Alejandro, Víctor, Iggy y Leire, herederos de la tierra que Marta, José, María Camino y Félix nos enseñaron a amar.

AGRADECIMIENTOS

Este libro contiene mucho más que nuestro trabajo. Sus páginas encierran el valor, la tarea y el coraje de muchas personas, algunas célebres, otras no, que creyeron y aún creen incondicionalmente en la libertad y en las reglas de juego democráticas. Nuestra deuda de gratitud con ellas incluye el compromiso de respetar su anonimato y así lo hacemos, aunque sus nombres están en nuestros corazones.

El árbol y las nueces no habría podido escribirse sin la ayuda impagable de políticos de todos los colores, sindicalistas, empresarios, periodistas y gentes de a pie que contribuyeron al proyecto, conscientes del riesgo que suponía. Porque en el País Vasco hay una banda terrorista que mata y un Partido Nacionalista que controla prácticamente todos los resortes del poder y no duda en utilizarlos para proteger sus intereses. Enfrentarse a ETA, a la dirección del PNV, y no digamos a ambos a la vez, es algo que se paga caro, como saben muy bien los representantes de los partidos democráticos que defienden allí la Constitución y el Estatuto de todos.

A ellos, como a quienes nos ayudaron sin pedir nada a cambio... ¡Gracias!

Carmen e Isabel

DE ARGEL A AJURIA ENEA (1986-1992)

CAPÍTULO UNO

LA TRAMPA

El 17 de septiembre de 1998 un estallido de júbilo recorre las calles del País Vasco y muchas personas respiran más tranquilas. ETA acaba de declarar una tregua «unilateral, indefinida e incondicional», y para decenas de cargos electos del PP y el PSOE, policías, guardias civiles, militares, empresarios, periodistas, jueces y demás colectivos amenazados por la banda terrorista, la noticia significa ni más ni menos que recuperar el derecho a la vida: a montarse en el coche sin agacharse a mirar los bajos en busca de «bombas lapa»; a salir de casa todas las mañanas a la misma hora para ir a la oficina por el recorrido más corto; a renunciar a la escolta que durante años les ha acompañado día y noche; a algo tan cotidiano como bajar la basura al contenedor sin que un escalofrío de terror les recorra la espalda ante la posibilidad de que estalle. El alivio es indescriptible y prevalece sobre la prudencia que aconsejaran las circunstancias.

España quiere creerse que ETA no volverá a matar y se aferra a esa esperanza. Unas pocas voces solitarias, entre ellas la del ministro del Interior, Jaime Mayor Oreja, se atreven a aguar la fiesta hablando de «tregua-trampa», y son blanco de todas las críticas. Pero él no habla a humo de pajas, aunque pasan muchos meses antes de que los hechos confirmen que no es él quien se equivoca.

El Ministerio del Interior cuenta, en efecto, con información privilegiada, y juega con ventaja. Desde la primavera de 1998 y hasta el 10 de marzo de 1999, una agente de Policía que responde a las iniciales E.T.B. —actualmente destinada a un lugar seguro— convive en San Sebastián con los integrantes del comando *Donosti*, de ETA, y mantiene puntualmente informados a sus superiores de las actividades e intenciones de estos terroristas. Con gravísimo riesgo para su vida, esta agente infiltrada, que usa el nombre falso de Aranzazu Berradre y llega a alquilar personalmente el piso de la calle Urbieta en el que reside junto a Sergio Polo y Kepa Etxebarria, transmite al departamento que dirige Jaime Mayor cada movimiento que realizan los dos etarras.

Estos datos son remitidos a su vez, en tiempo real, al presidente del Gobierno, José María Aznar. El jefe del Ejecutivo y el titular de Interior son conscientes así, desde el principio, de que los comandos operativos de la banda siguen efectuando seguimientos y recopilando información sobre posibles víctimas, a pesar de la tregua (la Policía encuentra, de hecho, carpetas referidas a setenta potenciales objetivos, cuando desarticula a los miembros del comando *Donosti-Polo*, el 10 de marzo del 99) y deducen que la dirección de la organización armada está muy lejos de haber tomado la decisión irrevocable de renunciar a la violencia.

Hechos posteriores no desvelados hasta ahora vienen a confirmar esta hipótesis. Y así, unos meses más tarde, el registro del domicilio de la parlamentaria de EH Esther Agirre permite a los responsables de la Seguridad del Estado acceder a una carta que le habían remitido desde Francia en la que se le dice lo siguiente: «... En relación a esto (la tregua) hemos leído en un periódico español del sábado 24 de octubre que en la emisión de la BBC hemos afirmado "que los miembros de ETA no volveremos a coger de nuevo las armas" y, a decir verdad, me he quedado de piedra. Pensamos que el periódico español ha hecho una lectura interesada o que el traductor ha metido la pata, pero está claro que esa frase no tiene nada de literal. Por lo tanto, si tienes la oportunidad de mandarnos la grabación del vídeo (en inglés) te lo agradeceríamos...»

Ni «el traductor ha metido la pata» ni el periódico ha hecho «una lectura interesada». En la grabación que se le menciona a Esther Agirre, se oye claramente al dirigente etarra Vicente Goikoetxea, lugarteniente de Mikel Albisu, *Mikel Antza*, pronunciar las palabras reflejadas: «Nuestra generación no volverá a empuñar las armas.» Lo que demuestra el documento incautado a la parlamentaria de EH es que en el interior de ETA existen, ya en aquel entonces, profundas divisiones sobre esa cuestión decisiva. Divisiones que se acabarán decantando, como siempre en la larga historia de la banda terrorista, del lado de los partidarios de la violencia y la sangre.

Porque es verdad que la tregua de ETA tiene trampa, como reconoce la propia organización meses más tarde, cuando ya la ha roto. No sólo la clase de trampa a la que se refiere Mayor Oreja (un subterfugio para ganar tiempo y rearmarse). Es, «¡por supuesto! un instrumento dirigido contra los gobiernos francés y español y una trampa para la estrategia de sumisión a España que habían desarrollado hasta entonces PNV y EA», en palabras de los propios etarras. Una trampa que tarda años en prepararse y que atrapa a algunos incautos, pero que al final no se cierra precisamente sobre aquellos a quienes estaba destinada.

EL GOBIERNO NO HACE CASO A LOS INDICIOS

Los acuerdos secretos que conducen a la declaración de alto el fuego del 16 de septiembre se suscriben en julio de 1998. Precisamente ese mes, y concretamente el día 30, víspera de San Ignacio, el presidente del Partido Nacionalista Vasco, Xabier Arzalluz, recibe en Sabin Etxea, sede de su partido, a las concejalas del PP de San Sebastián, María San Gil y María José Usandizaga. Angustiadas tras la oleada de asesinatos de concejales populares a manos de ETA, el último perpetrado el 24 de junio, en la persona de Manuel Zamarreño, estas dos mujeres acuden a pedir la ayuda y protección del dirigente peneuvista. Él se muestra enormemente cariñoso con ellas y les aconseja tranquilidad. «Os podrá parecer una eternidad, pero este tema estará solucionado en muy poco tiempo, creedme» —les asegura Arzalluz—. San Gil y Usandizaga, que obviamente no poseen las claves que maneja su interlocutor, se marchan de Bilbao sin saber si han de pensar en días, semanas, meses o años.

En el mismo sentido se expresa el presidente de Eusko Alkartasuna, Carlos Garaikoetxea, por las mismas fechas, al encontrarse con unos conocidos suyos en la corrida de toros que se celebra en la plaza de la localidad guipuzcoana de Azpeitia. Esos amigos tienen un familiar a quien él aprecia, amenazado por ETA, y el líder de EA se interesa por él e intenta transmitir tranquilidad y esperanza, aunque sin mayores explicaciones. Cuando la banda declara la tregua y se conocen los encuentros secretos mantenidos entre enviados de los dos políticos citados y los máximos responsables de la organización terrorista, sólo entonces, los *tranquilizados* atan cabos...

Tampoco el Gobierno de José María Aznar interpreta correctamente los indicios que llegan de que ETA puede estar preparándose para anunciar un alto el fuego. Ese mismo mes de julio, Aznar, alertado por el Cesid, pide a Mayor Oreja que le diseñe un escenario de treguas posibles y éste le contesta que no ve motivos para confiar en que tal cosa se produzca, porque no cree que las conversaciones que el PNV y EA mantienen con la banda conduzcan a puerto alguno. En mayo de ese año, cuando Felipe González —probablemente informado por su amigo e interlocutor habitual Xabier Arzalluz— ha advertido de que se preparaba un inminente alto el fuego de la banda, Interior ha tomado ese anuncio como una filtración interesada del dirigente socialista, inmersa en un cúmulo de informaciones contradictorias.

Quienes sí manejan datos concretos son los socios catalanes del Ejecutivo. Los tres partidos nacionalistas reunidos en la Declaración de Barcelona, CiU, PNV y BNG, han establecido unas relaciones tan fluidas, que tres semanas antes de hacerse público el cese indefinido de la violencia de la banda terrorista, la Generalitat de Cataluña es informada por el partido vasco del inminente anuncio unilateral de la tregua, con la petición expresa de que el presidente catalán, Jordi Pujol, se abstenga de trasladar la noticia al Gobierno de Madrid.

Los nacionalistas catalanes mantienen el secreto. Y sólo tres días antes de que la tregua salte a los periódicos, cuando el secretario de Estado de Seguridad, Ricardo Martí Fluxá, se reúne con el consejero de Gobernación de la Generalitat, éste le anuncia que conoce, por el consejero vasco de Interior, Juan María Atutxa, que el anuncio del alto el fuego está a punto de producirse. Paralelamente, algunos miembros del PNV aconsejan al presidente del Gobierno, José María Aznar, que posponga el viaje oficial que tiene previsto realizar en esas fechas a Colombia y Perú, advirtiéndole de que ETA puede realizar un movimiento importante en esos días. Aznar, dubitativo, consulta con Mayor Oreja, el cual rechaza la posibilidad de que vaya a materializarse una tregua indefinida. El presidente decide viajar y se entera de la tregua en Perú.

CONTACTOS SECRETOS PRELIMINARES

Ese 17 de septiembre feliz y eufórico, un periodista requiere de Joseba Egibar, una valoración de la tregua, y el portavoz del PNV responde: «Llevo años buscándola. Desde la autovía de Leizarán.» Y ciertamente es así, si bien el nacionalista no explica los detalles y los modos empleados a lo largo del tiempo en esa búsqueda. El dirigente peneuvista es una de las personas que más ha viajado para entrevistarse con unos y con otros antes de la consecución de la tregua de ETA. Él es el enviado del PNV a los encuentros secretos con los dirigentes de la banda, aunque no el único. Por ejemplo, existe constancia de un encuentro preliminar mantenido por Josu Jon Imaz, actual portavoz del Gobierno vasco y a la sazón europarlamentario del PNV, con el máximo responsable político de ETA, Mikel Albisu, *Mikel Antza,* y otro dirigente etarra, en Estrasburgo, en enero de 1998.

Por parte de EA, se desplaza a Francia en el verano de ese año uno de los hombres de confianza de Carlos Garaikoetxea, Rafael Larreina, acompañado del responsable de la Ejecutiva navarra de esta formación, Koldo Amezketa. Todos ellos mantienen, aunque de forma separada, varios encuentros con el propio Antza, y con su lugarteniente, Vicente Goikoetxea.

Al mismo tiempo, y al margen de estos contactos, representantes de PNV y HB se entrevistan en el País Vasco, también en secreto y al más alto nivel, en una ronda de conversaciones cuyo contenido es minuciosamente supervisado por Mikel Antza. Ambas delegaciones celebran una docena de reuniones, algunas de las cuales se producen en una sede que HB tiene en Vitoria y son detectadas por el Cesid, que ocupa un piso en el mismo edificio.

LOS ESPÍAS PIERDEN LOS PAPELES

Esa terminal de los servicios de inteligencia proporciona, de hecho, una notable cantidad de información al Gobierno sobre las actividades del entorno de KAS/ETA y sus relaciones con distintos grupos políticos, hasta su localización y desmantelamiento en abril del 98. Según los responsables del Centro, que se aferran a la versión oficial, este descubrimiento se produce de forma fortuita, cuando un operario de Telefónica que trabaja en el local de HB descubre por casualidad los cables de escucha instalados por los agentes que residen arriba. Otras fuentes gubernamentales opinan que el Ejecutivo vasco, a través de la Ertzaintza, conoce perfectamente la existencia de ese piso, y decide *quemarlo* para cegar los ojos del Gobierno de Madrid, cuando el PNV emboca la recta final de sus conversaciones con la banda terrorista.

Lo cierto es que el piso es descubierto, sus ocupantes se ven obligados a huir a toda prisa y abandonan en el interior documentación comprometedora para la Casa. Según datos de las autoras de esta investigación, este abandono de documentación preocupa, y mucho, en la dirección del Cesid, que llega a pensar en acciones a la desesperada para evitar que buena parte de su red en el País Vasco quede al descubierto. Por eso, aunque este dato ha permanecido en secreto hasta ahora, alguno de sus máximos responsables solicita entonces de Interior que la Guardia Civil, encargada por la Justicia de custodiar el lugar en calidad de Policía Judicial, rompa los precintos y les permita entrar a robar las pruebas, o, en su defecto, provoque un incendio en el que todas ellas resulten destruidas. La petición es desoída, los periódicos publican la identidad de alguno de los inquilinos del piso, con el consiguiente escándalo, Interior y el Cesid protagonizan un considerable enfrentamiento y, como estaba previsto, los ojos y oídos del Ejecutivo quedan parcialmente cerrados.

Meses más tarde, una vez declarada la tregua, varios agentes secretos en el País Vasco realizarán distintas llamadas telefónicas a personas del entorno de KAS, llegando a sembrar el pánico entre varios de ellos —que recuerdan bien el proceder de los GAL— y a ocasionar incluso denuncias oficiales, en lo que José María Aznar califica de «clara interferencia» en el proceso de negociación con ETA. Él mismo se encarga de cortar de raíz tales iniciativas.

MIKEL ANTZA ENVÍA INVITACIONES

Entre tanto, los encuentros en Francia son minuciosamente organizados por Mikel Antza para evitar que los interlocutores que proceden de la «Euskadi peninsular» —según su terminología— puedan ser seguidos por las Fuerzas de Seguridad y, como consecuencia de este seguimiento, él y otros miembros de ETA corran el riesgo de ser descubiertos y detenidos, como ocurriera en 1989 con Josu Ternera.

Una vez tomada la decisión de convocar a PNV y a EA, aunque de manera separada, el responsable político de ETA piensa que si consigue persuadir a EA para que suscriba un pacto de contenido estrictamente político el PNV se verá obligado a seguir sus pasos. De modo que, a través de un *abertzale* que reside en «el otro lado» (expresión utilizada por los nacionalistas vascos del norte de España para referirse a los que viven en el sur de Francia, al otro lado de la frontera), le hace llegar a Carlos Garaikoetxea el deseo de la dirección etarra de mantener un primer encuentro. Éste pide unos días para consultarlo con la Ejecutiva de su partido y, una vez cumplido el trámite, transmite a ETA una respuesta afirmativa por el mismo conducto.

Pasan bastantes días hasta que el mensajero en cuestión vuelve a ponerse en contacto con el líder de EA para decirle que esté preparado porque, en unas semanas, le dirá cuándo y dónde se celebrará el encuentro. Una vez conocidos la fecha y el lugar, los enviados por Garaikoetxea, Rafael Larreina y Koldo Amezketa, cruzan la frontera y al llegar a la ciudad acordada, una persona les va a recoger a una plaza pública. Se reconocen porque todos llevan en la mano el distintivo que habían acordado. Dos veces cambian de acompañante los españoles y alguna más de vehículo, hasta que finalmente llegan al lugar en el que Mikel Antza, acompañado por Goikoetxea, les está esperando, en un pequeño chalet situado a las afueras de una localidad del sur de Francia. Estamos en la semana de San Fermín de 1998.

Ese mismo día, a última hora de la tarde, visita el refugio del líder etarra la delegación del PNV, compuesta por Joseba Egibar y Gorka Agirre. Ni ellos ni ETA han querido celebrar una reunión conjunta con los de EA, porque allí nadie se fía de nadie.

LO QUE NO SE CUENTA DE LA TREGUA

Una de las autoras de este libro, Carmen Gurruchaga, publica en el diario *El Mundo*, el 27 de septiembre de 1998, los encuentros secretos mantenidos por dirigentes de ETA con representantes del PNV y EA, así como el contenido de los acuerdos, también ocultos, suscritos por todos ellos antes de la declaración de cese indefinido de la violencia. Las dos formaciones nacionalistas los niegan y el portavoz peneuvista, Joseba Egibar, llega a recomendar a la periodista que, dada la imaginación que ha demostrado para hacer guiones, se presente a la próxima edición del Festival de Cine de San Sebastián. Pero cuando la policía francesa apresa meses después en París al responsable de los llamados «comandos operativos», Francisco Javier Arizkuren Ruiz, *Kantauri*, entre los documentos que se le incautan está el texto del acuerdo en cuestión. PNV y EA lo vuelven a negar e incluso insinúan que el ministro del Interior, Jaime Mayor Oreja, se lo ha inventado todo y después lo ha filtrado a la prensa.

El 30 de abril del 2000, sin embargo, son los propios terroristas los que ponen en evidencia a los nacionalistas llamados democráticos, al hacer que el diario *Gara*, el rotativo próximo a la banda que ha sustituido a *Egin*, publique íntegramente el documento presuntamente inexistente, así como la propuesta formulada al PNV y a EA en el verano de 1999 para que la tregua no se rompiera.

En el citado texto, redactado en euskera y rubricado en agosto de 1998, los firmantes del acuerdo se comprometen a «dar pasos efectivos para la creación de una institución única y soberana que acoja en su seno a Araba, Bizkaia, Gipuzkoa, Lapurdi, Nafarroa, Zuberoa», mientras el PNV y EA «que durante 20 años se han conformado con las migajas cedidas por los Estados español y francés» se dicen «dispuestos a encarar otra situación». Estos dos partidos asumen también «el compromiso de abandonar todos los acuerdos que tienen con las fuerzas cuyo objetivo es la destrucción de Euskal Herria y la construcción de España» (PP y PSOE). ETA, por su parte, asume el compromiso de proclamar un «alto el fuego indefinido», si bien ese punto incluye el siguiente anexo: «Aunque públicamente el Acuerdo presentará un carácter indefinido, tendrá un primer periodo de observación de cuatro meses para verificar que se han cumplido los compromisos adquiridos por parte de EA y el PNV, estando su prolongación y su carácter de definitivo supeditado al cumplimiento de esos compromisos.»

El partido de Arzalluz y el de Garaikoetxea se defienden con el argumento de que el documento tiene anverso y reverso y aseguran que en el reverso, el que no muestra el rotativo *Gara*, existen unas condiciones puestas por ellos. Ciertamente, estas dos formaciones firman las copias que ETA les ha hecho llegar, pero añaden esta frase: «En la parte trasera de esta página está el desarrollo del acuerdo.»

En ese añadido, PNV y EA indican que el seguimiento y la evaluación de los acuerdos deberá hacerse de forma mancomunada, para evitar la posibilidad de ruptura de cualquiera de las partes. Asimismo, consideran que si para conseguir la gobernabilidad y estabilidad de una determinada institución, desde un punto de vista de la defensa de la nación vasca, es necesaria la participación de otras fuerzas políticas, intentarán encontrar las fórmulas más adecuadas. Interpretan que un alto el fuego indefinido supone el respeto de los derechos humanos individuales y, finalmente, se comprometen a no hacer público el contenido del pacto alcanzado, sin acuerdo expreso de las tres partes. ETA no firma este lado del documento.

EL PNV TIENE PRISA

Lo cierto es que las matizaciones introducidas en el famoso reverso invocado por los nacionalistas deben su existencia a la insistencia del partido de Garaikoetxea, ya que los de Arzalluz se muestran reacios a exigir a la banda condiciones excesivamente rígidas a cambio de la declaracón de cese indefinido de la violencia.

El PNV tiene prisa por conseguir esa tregua, porque quiere presentarla como baza electoral decisiva en los comicios autonómicos convocados para el 25 de octubre de ese mismo año. En esas circunstancias, las constantes demandas de EA para que ambos partidos expongan muy claramente a ETA cuáles son las condiciones en las que están dispuestos a suscribir una alianza con ella: que la organización terrorista deje de matar, que respete escrupulosamente los derechos humanos y que sus portavoces políticos de HB/EH participen en las instituciones, les resultan a los peneuvistas francamente molestas.

Y así, cuando los enviados de ambos partidos se reúnen a dos bandas en el verano del 98, para analizar sus respectivas entrevistas con el dirigente etarra, los del PNV se muestran partidarios de firmar cuanto antes el documento que les ha presentado Antza y dejar para más adelante las condiciones. «Que declaren la tregua, y el resto ya se verá», afirma Egibar. Sólo él y Antza saben lo que le dice a éste en el transcurso de la entrevista que celebran días antes.

Uno y otra, PNV y EA, están convencidos de poder manejar a la banda terrorista y hacer que se conforme con vagas promesas retóricas de creación de una «asamblea de electos» que para ellos carece de contenido concreto e inmediato, pero para ETA es, exactamente, el embrión de una institución única y soberana que abarca todo el País Vasco español y francés, incluida Navarra. La situación creada es, salvando las distancias, similar a la vivida en Argel cuando no se ponen de acuerdo ETA y el Gobierno porque alguien ha cambiado el contenido de uno de los puntos del comunicado suscrito conjuntamente entre las dos partes. En aquella ocasión, un dirigente del PSOE vasco, que califica a sus compañeros de «trileros de la calle Sierpes de Sevilla», se pregunta si Corcuera —en aquel tiempo ministro del Interior— se ha creído que «ETA es la UGT, a quien puede engañar sin que suceda nada». En ese caso, no se sabe muy bien quién intenta engañar a quién con más ahínco y perseverancia.

Las dos formaciones nacionalistas son conscientes de la debilidad extrema de la organización terrorista, sometida a un acoso sin precedentes por parte del Estado de Derecho, y creen que sus dirigentes han llegado a la convicción de que por sí sola, y sin el respaldo de las restantes fuerzas nacionalistas, no llegará nunca a doblarle el espinazo. Se trata, en consecuencia, de atraer a los nacionalistas violentos al bando de los que respetan las reglas de la democracia y, una vez recuperada la unidad de acción nacionalista, plantear todos juntos al Gobierno el desafío de la «construcción nacional» de Euskadi, desde una confortable mayoría parlamentaria en la cámara autonómica vasca. Pero fallan las cuentas y fallan los cálculos de EA y PNV. En realidad, estos dos partidos proporcionan un balón de oxígeno impagable a la organización terrorista, sin obtener la menor rentabilidad de su apuesta.

Para empezar, en las elecciones autonómicas de octubre del 98, el bloque formado por PNV, EA y HB/EA se queda exactamente como estaba, es decir, con 41 de los 75 diputados de la cámara. Y, de las tres formaciones, la única que crece es la que representa a ETA, que pasa de 11 a 14 parlamentarios, mientras el PNV pierde 1 y EA, 2. Pero es que además, cuando en enero de 1999, vencido el plazo de cuatro meses fijado por la banda para verificar el cumplimiento de lo acordado, se pone sobre la mesa ese balance, la banda se muestra claramente insatisfecha con el camino recorrido y exige que se cumpla lo convenido. Estos dos partidos dan la callada por respuesta

En julio de 1999, tiene lugar una nueva revisión del acuerdo y ETA hace saber a sus compañeros de viaje que deja en el aire el alto el fuego, al comprobar que PNV y EA incumplen lo firmado en el verano de 1998 y constatar su falta de voluntad para llevar adelante el proceso. La dirección etarra hace una propuesta a PNV y EA para desbloquear este «proceso de construcción nacional», consistente en elegir un parlamento constituyente soberano, en unas elecciones a celebrar conjuntamente tanto en las provincias vascas en territorio español como las que están en el Estado francés y Navarra. Las dos formaciones nacionalistas, que participan con normalidad en la vida institucional vasca y española, ni siquiera responden a la proposición etarra.

Apenas un mes más tarde, y un año después de la firma del primer acuerdo, las tres partes implicadas deberán haber firmado uno nuevo, que llega a ser redactado por ETA, en el que se recuerda el compromiso de crear una institución única y soberana que acoja a todas las provincias vascas y, en el caso del PNV y EA, el de romper las relaciones con las fuerzas que «se posicionan a favor de España y en contra de Euskal Herria». En el texto se menciona la Declaración de Estella, en la que «se propone la fórmula democrática para superar el conflicto», y tanto PNV como EA se comprometen a buscar las mayorías necesarias para crear un sujeto soberano y que los vascos puedan expresarse libremente en unas elecciones con una circunscripción única para todas las provincias. En esos comicios podrán participar todos los ciudadanos vascos que lo deseen, «arrinconando a las fuerzas extranjeras que pudieran representar un obstáculo para la celebración de las elecciones». Por su parte, ETA, en función de la fortaleza y estabilidad del parlamento que se forme tras esos comicios, «daría por finalizada la defensa armada de Euskal Herria», lo que significa un alto el fuego definitivo.

En el nuevo acuerdo, ETA habría conseguido arrastrar aún más hacia sus posiciones al llamado nacionalismo democrático. El fondo del acuerdo tiene un regusto xenófobo, al hablar de «fuerzas extranjeras» sin especificar a qué clase de «extranjeros» se alude.

Con la firma —afortunadamente frustrada— de ese nuevo acuerdo secreto, ETA habría adquirido un compromiso que consistiría en que «la suspensión temporal de acciones armadas que se ha producido hasta la fecha, se convierta en definitiva».

ETA ASESINA LA ESPERANZA

La organización es consciente de que para volver a la actividad terrorista ha de cargarse de razones y que, aun así, corre el peligro de que le abandonen hasta los suyos, que se han acostumbrado a otro modo de vida. Ésta es la razón por la que los etarras emplean varios días en explicar, en las páginas del rotativo *abertzale*, *Gara*, los motivos que les han inducido a volver a las armas, y en responsabilizar al PNV y a EA de esa decisión, por haber incumplido la parte que les correspondía en el trato. Asimismo, éste es uno de los motivos por los que deciden no presentarse a las elecciones generales de marzo de 2000. Los etarras saben perfectamente, porque así ha sucedido en estos últimos 20 años, que si existe alguna expectativa de negociación y de paz, su brazo político obtiene magníficos resultados electorales. En caso contrario, baja sustancialmente el apoyo de los votantes. Ahora, no quieren arriesgarse y comprobar en el recuento que están en mínimos históricos.

El domingo 28 de noviembre de 1999, la banda terrorista vasca hace pública una declaración en la que anuncia su decisión de dar por terminado el alto el fuego que ha durado algo más de 14 meses. Tres encapuchados hablan a los micrófonos de la agencia de noticias *abertzale* APS e informan de que a partir del 3 de diciembre de 1999 «queda en manos de ETA hacer saber a los comandos operativos cuándo comenzar a realizar acciones». La organización terrorista informa de las relaciones mantenidas con PNV y EA, e insiste en la existencia de un acuerdo firmado con estas dos formaciones, que aporta como documento gráfico.

La sociedad española se moviliza frente a esa nueva amenaza, pero el esfuerzo es baldío. El 21 de enero del 2000, los terroristas asesinan en Madrid al teniente coronel del Ejército, Pedro Antonio Blanco García, casado y padre de dos hijos, mediante la colocación de un coche bomba cargado con 20 kilos de dinamita en la puerta de su domicilio.

Un mes más tarde, el 22 de febrero, cae destrozado por otro vehículo cargado de explosivos el diputado autonómico socialista Fernando Buesa, junto a su escolta, el ertzaina Jorge Díez Elorza, cuando se dirigen caminando al Parlamento de Vitoria.

Con ese segundo asesinato, que provoca una oleada de indignación en la sociedad vasca y española, no sólo contra ETA, sino contra todos los nacionalistas, la banda terrorista envía un doble mensaje de extraordinaria elocuencia: al Partido Socialista de Euskadi le recuerda que sus miembros más reacios a la «construcción nacional», como era el caso de Buesa, se exponen a correr su misma suerte. Al PNV, que en ese momento y forzado por la situación de precariedad parlamentaria en la que se encuentra, está intentando una aproximación a los socialistas, le cierra las puertas de cualquier negociación.

El partido de Arzalluz y el de Garaikoetxea han asumido una serie de compromisos formales con la organización terrorista, y ésta no está dispuesta a soltar su presa. El lehendakari, Juan José Ibarretxe, anuncia ese mismo día que el pacto de Gobierno que mantiene con EH/HB «ha quedado roto a todos los efectos», pero ni el PNV ni EA abandonan el Acuerdo de Estella. Sobre ellos se ha cerrado definitivamente la trampa de ETA.

CAPÍTULO DOS

KAS, SOCIEDAD ANÓNIMA DE TERROR

ETA, Euskadi Ta Askatasuna (Euskadi y Libertad), nace a finales de los cincuenta como una fiebre entre las juventudes del viejo nacionalismo confesional. Durante muchos años no pasa de ser eso: un grupúsculo doctrinal, nutrido de lo que queda de la preguerra. El marxismo llega más tarde. El recurso a las armas tarda en florecer y es caballo de batalla y manzana de discordia de un puñado de militantes románticos, hasta finales de los sesenta. Las sucesivas escisiones tienen mucho que ver con esta cuestión, crucial donde las haya.

HIJOS DE UN TRONCO COMÚN

En los 70, merced a la repercusión internacional del Juicio de Burgos, algunos sectores de la población vasca arropan afectivamente a quienes han optado por la lucha armada, pero en muchas ocasiones este apoyo es puramente de palabra. Más de un *gudari* se encuentra, de hecho, con un portazo, al pedir refugio a algún simpatizante fervoroso: «Estoy de acuerdo con los fines, pero no con los métodos, compréndeme, tengo mujer e hijos.» Otros sectores sociales, sin embargo, se implican en un apoyo real a los militantes de ETA.

Cuando, por efectos de la edad, la estrella del viejo generalísimo comienza a palidecer, algunos, franquistas inclusive, empiezan a pensar en cómo abandonar el barco. ETA aumenta entonces sus efectivos. No le viene nada mal el estallido de los seminarios vascos (hasta entonces repletos) y la savia nueva que brota de parroquias y conventos, organizaciones diocesanas y similares. Surge KAS (Koordinadora Abertzale Socialista) con el objetivo de hacer nacer de las cenizas de lo que muere un Estado Socialista Vasco Independiente, Reunificado y Euskaldún (vascoparlante).

Decenas de miles de vascos se manifiestan para exigir la amnistía de los presos de ETA, cuando hasta entonces el Aberri Eguna (Día de la Patria) y el 1 de mayo, habían sido los dos jalones anuales a los que un mismo obstinado puñado de resistentes, de antes y después de la guerra, viejos conocidos entre ellos y todos fichados, acudía a desafiar la inevitable carga policial, mientras el resto de la población se encerraba en casa a mirar desde detrás de los visillos.

Coincidiendo con el final de Franco, nace la oposición multitudinaria, con una enorme carga de culpabilidad y una todavía mayor sensación de urgencia. Hay que recuperar el tiempo perdido. Trompetas lejanas anuncian elecciones libres. ¿De dónde sacar un currículum medianamente heroico? ¿De dónde un vasquismo reverdecido, máxime siendo inmigrante o hijo/a de tal? Los incipientes partidos hurgan en el pasado de sus militantes en busca de alguien con antecedentes penales, algo vergonzoso hasta entonces. El haber sufrido la retirada del pasaporte en alguna ocasión, independientemente del motivo, se convierte en un mérito de valor incalculable.

Ahora, con nuevas generaciones a las que la guerra civil o Melitón Manzanas —el primer comisario de policía asesinado por ETA de forma premeditada— les resultan casi tan lejanos como la Revolución francesa o Fouché, el problema se ha diluido. Pero en los setenta, es causa de angustiosas cefaleas. Naturalmente, la mayoría se apunta a partidos respetables, a ser posible titulares de siglas sacadas del desván de los recuerdos de la guerra perdida. Otros, a conglomerados neodemocráticos. Pero también afluyen abundantes militantes a ETA y KAS, y a sus nuevas ramificaciones en cascada, hasta constituir el MLNV (Movimiento de Liberación Nacional Vasco).

Y es que desde la muerte del dictador hasta nuestros días, el MLNV ha sabido aglutinar, en torno a su núcleo duro (la perenne ETA militar) a toda clase de sectores de la población vasca. Cierto es que su organigrama no es nuevo y responde al viejo lema prebélico de «un Pueblo en marcha», del filoirlandés Partido Nacionalista Vasco.

ESTRUCTURAS PARALELAS

El PNV se funda en 1895, se escinde en 1921 y se reunifica en 1930. Independientemente de su organización interna, entre los años veinte y treinta el PNV sabe estructurarse en lo que el profesor Granja, especialista en la cuestión, denomina «Comunidad Nacionalista» del PNV, dividida en varios ámbitos perfectamente diseñados e imbricados. A saber[1]:

a) Ámbito político. Grupos y organizaciones satélites.

Euzko Gastedi (juvenil).

Federación de Montañeros (Mendigoxales), con su prensa específica, su organización de mujeres y de estudiantes.

Prensa política: cuatro diarios, doce semanarios, quincenales o mensuales, y cuatro empresas editoras.

Centros sociales: *batzokis* municipales y similares.

Organización femenina (*Emakume Abertzale Batza*). Con ramas de enfermeras, infantil y de defensa de la familia cristiana.

Organización infantil: una de chicas, una de chicos y una tercera de pequeños, con tres publicaciones específicas.

Organismos de propaganda: uno general en Bilbao, otro en Guipúzcoa y un tercero para Navarra y Álava.

b) Ámbito sindical.

Solidaridad de Obreros Vascos (desde 1933, Trabajadores Vascos) con ramas tales como: Federación de Transporte Marí-

[1] Granja, José Luis de la: *Enciclopedia General Ilustrada del País Vasco*, Ed. Auñamendi, Bilbao, 1991.

timo, Federación de Pescadores, Federación de Obreros, Solidaridad de Empleados, Federación de Cooperativas de Obreros, Mutualidad de Trabajadores, Organización de Campesinos, Juventudes Agrícolas, con su correspondiente prensa.

Agrupación Vasca de Acción Social Cristiana.

Universidad Social Obrera Vasca.

c) Ámbito cultural.

Federación de Escuelas Vascas.

Federación de Maestros Vascos.

Federación de Estudiantes Vascos.

Deporte: Vuelta Ciclista al País Vasco, clubs diversos, prensa deportiva.

Folklore: grupos de danza, canto, orfeones y bandas.

Editoriales: 4.

Grupos de teatro: 3.

Asociaciones culturales: 4.

Certámenes literarios: 6.

Revistas culturales: 5.

Todo este organigrama alcanza su culminación y reviste una especial importancia durante los cinco años de la II República, marcando profundamente a la correspondiente generación. Pero, a su vez, el aura de la República deja también su impronta democrática y aconfesional en parte importante de la comunidad nacionalista del PNV que, de coaligarse con la derecha dos meses después de implantarse el nuevo régimen, pasa trabajosamente a desligarse de los dictados del pasado en los años sucesivos, y a defender la legalidad republicana en 1936. No es ajena a ello la trayectoria de Acción Nacionalista Vasca, escisión laica acaecida en 1930, que apoya a la República desde sus comienzos, aunque con escasa suerte electoral. Más tarde, en 1978, esta formación se integraría en la coalición *abertzale* HB.

La izquierda *abertzale* reproduce con enorme exactitud el modelo organizativo del PNV y se estructura en torno a una serie de grupos políticos (KAS y HB) y de movimientos de masas: ASK, Jarrai, LAB, Mujeres (Egizan), Gestoras Pro

Amnistía, Euskera (AEK, EHE), Ecología (Eguzki), Drogodependencia, Presos, Pacifismo, Familiares de Presos (Senideak), Niños (Kimuak), Estudiantes, Insumisos, Grupos X, Clero, Editoriales, Prensa y Radio, Fundaciones culturales, etcétera. Pese a su extensa implantación y despliegue, pese a la hipocresía de varios de sus componentes (de vocación irreductible pero a la vez dependiente de los presupuestos públicos), esta comunidad *abertzale*, la del MLNV, es, por lo general, estanca y autosuficiente. Sus miembros se hallan dispersos por la sociedad, sin que ésta consiga imponer su peso mayoritario, sus criterios, sus opciones electorales, su fuerza moral.

COSMOVISIÓN PARANOICA

La sociedad vasca, hoy, da así la impresión de ser un cuerpo desarmado, derrotado en sus ilusiones, sin fuerzas para sostener sus convicciones y encerrado en sí mismo. Miles de ciudadanos optan por callar y parecen esperar que alguien, no se sabe quién, les libre de la actual pesadilla.

Sin embargo, si se atiende a los *cerebros pensantes* del MLNV, si se escuchan las tertulias radiofónicas en las que ellos se expresan sin el menor embarazo, la sorpresa es descomunal: existe toda una conspiración montada contra el MLNV, no hay libertad de expresión, toda la prensa y todos los medios de comunicación, excepto los suyos, están literalmente comprados por el enemigo; sólo los suyos dicen la verdad y todo el resto, o está engañado, o forma parte de la conspiración. Ésta es la cosmovisión paranoica del MLNV, de la que participan a pies juntillas todos sus seguidores. Y en este universo sectario, KAS —rebautizado últimamente como Ekin— constituye la piedra angular del edificio.

KAS lo es todo en la izquierda *abertzale*. Es la Coordinadora que engloba a todas las demás organizaciones —LAB, Jarrai, Egizan, ETA—, el buque insignia o bloque dirigente y, a la vez, una especie de partido que ha absorbido a los militantes de HASI, una formación política de cuadros, antiguo brazo político de KAS. Además, es «alegal», porque oficialmente no existe, con lo que puede escabullirse y, de hecho, lo hace, hasta el verano de 1998 en que el juez Garzón pone fin a la impunidad, de cualquier acción judicial. Sus militantes están colocados en otras organizaciones del MLNV, que sí tienen identidad jurídica, como HB o LAB. La situación es tan intrincada, que se niega la evidencia. Por ejemplo, un medio de comunicación afirma, porque así le han informado desde la propia Coordinadora, que Xabier Alegria o Maitane Intxaurraga son los portavoces de KAS. Más tarde, KAS dice o hace algo que, según el parecer de algún fiscal, puede ser constitutivo de un delito, y el representante del Ministerio Público se dispone a actuar en su contra. Misión imposible, porque al no ser una organización legal, con un responsable legal, no se puede encausar a nadie. De nada sirve que esas dos personas, u otras cualesquiera, hayan prestado su voz y su rostro a la organización en innumerables ocasiones.

Pero KAS no siempre ha tenido tanto poder en el seno de la izquierda *abertzale* y, mucho menos, en la Unidad Popular, HB, con cuyos fundadores mantiene una fuerte pugna durante años, aunque finalmente gana la partida y pasa a dirigir todas las organizaciones de lo que llama MLNV. En los últimos años y, hasta que la Coordinadora se hace con el poder absoluto, resiste un grupo de independientes que le planta cara, soñando con un final feliz y rápido para esta historia de violencia y muerte. Un pequeño colectivo que acaba perdiendo la batalla.

UN CONGLOMERADO AL SERVICIO DE ETA

Para entender qué es y cómo funciona este nebuloso conglomerado, es necesario saber que el conjunto de organizaciones aglutinadas en torno a KAS ha estado compuesto por: ETA, como brazo armado; LAB, como brazo sindical; Jarrai, como organización juvenil; Egizan, como organización de mujeres, y finalmente, HASI, como partido político desaparecido en 1992. Sus miembros se integraron en el mismo KAS con la curiosa etiqueta de «militantes mancomunados» y KAS pasó a asumir las funciones del partido.

De esta forma, KAS es el núcleo dirigente alrededor del cual gira todo el MLNV y al que debe obediencia y subordinación la Unidad Popular conocida como Herri Batasuna (HB), la cual, sin embargo, tiene organización propia.

Creada en 1975 como Koordinadora Abertzale Socialista, obedece a un proyecto estratégico revolucionario para la toma de poder. En aquellos tiempos, forman parte de ella EHAS, LAIA, ETApm (ETA político militar) y LAB, y la apoya incondicionalmente ETAm (ETA militar). Estas organizaciones consideran que en el País Vasco español no existe ningún tipo de democracia, por lo que hay que luchar por la ruptura democrática y por conseguir la llamada «Alternativa KAS». Esta declaración, con sus cinco puntos, es elaborada por los dirigentes de ETA el año en que muere Franco y constituye el programa de mínimos de la izquierda *abertzale* para oponerse a la reforma democrática. En el documento, se recogen de manera esquemática las demandas de ETA. Con el tiempo, se convierte en un tabú intocable para la izquierda *abertzale*, hasta abril de 1995, en que viene a sustituirla la denominada Alternativa Democrática. Su famosa «propuesta de paz» (que HB utiliza como propaganda a difundir en los espacios gratuitos de las televisiones públicas en las elecciones generales de 1996, lo que lleva a la cárcel a toda la Mesa Nacional de HB) reformula algunos puntos de la primera «alternativa».

Para imponerla, KAS necesita grandes movilizaciones de masas en contra del sistema y, por supuesto, la acción constante de ETA. El nacimiento de KAS tiene, de hecho, su origen en ETA, y en la teoría del «desdoblamiento orgánico-estructural» entre la actividad armada y la actividad política de masas. Esta teoría plantea dos exigencias: que no haya problemas en la relación entre «políticos» y «militares» y que esté garantizada la unidad en la dirección política. ETA argumenta que es quien más aporta a todo el «proceso», por lo que asume tanto la dirección política como la militar, y se convierte en «la vanguardia».

Esta situación no se cuestiona hasta que en junio de 1987 ETA perpetra la matanza de Hipercor, que convulsiona al mundo *abertzale*. Hay dirigentes que opinan que ese atentado indiscriminado traspasa la línea de la «lucha armada» y que ETA ha comenzado a practicar terrorismo. De hecho, así lo manifiestan públicamente algunos destacados personajes de ese mundo en su periódico, *Egin*. En ese momento álgido, desaparecen de la vida política muchos dirigentes *abertzales* y comienza el desplome de otros.

LA SANGRE DE LA DISCORDIA

También *Egin* se ve afectado. El diario había tenido, tras su nacimiento en 1978, una primera época convulsa, marcada por la pugna desatada entre HB y EE (Euskadiko Ezkerra, posteriormente integrada en el PSOE), o entre *milis* (ETA militar) y *polimilis* (ETA político militar), por hacerse con el control del periódico. Gana HB, o, lo que es lo mismo, ETA militar, y a lo largo de ocho años el rotativo, que tiene como director a José Félix Azurmendi, se mantiene «tranquilo» después de despedir a muchos trabajadores supuestamente vinculados a EE. Sin embargo, a raíz de la matanza de Hipercor y de los artículos críticos que se publican en sus páginas, es cesado su director y ocupa su lugar un miembro de HASI, Pablo Muñoz, quien con el tiempo, y ya fuera del periódico, hará de intermediario entre miembros del PSOE y ETA, llevando las propuestas de pacificación de un determinado sector de ese partido, avaladas por el entonces ministro del Interior, José Luis Corcuera.

La matanza de Hipercor también remueve al sector *ortodoxo* del MLNV: el partido de KAS, HASI, cuyo secretario general, Txomin Ziluaga, tiene la «osadía» de sugerir a ETA que «se tome unas vacaciones» y propone que sea la formación que él dirige quien lleve la voz cantante en el seno de KAS. Esto hubiera supuesto ver cumplida una vieja ilusión: que el brazo político marcara, por fin, las directrices al «aparato militar» o, en otras palabras, que el quehacer político diario no se viera supeditado a las acciones de ETA. Pero la iniciativa fracasa.

Pocos meses después de este atrevimiento, HASI celebra un congreso en el que se da por cantada la reelección de Ziluaga. En el transcurso del mismo, Josu Muguruza (asesinado en 1989 en el Hotel Alcalá de Madrid por el policía Ángel Duce, el día en que él y otros dos diputados electos de HB iban a tomar posesión de sus escaños en el Congreso) se dirige a los asistentes en nombre de ETA, más concretamente de José Antonio Urrutikoetxea, *Josu Ternera*, y provoca un vuelco en la situación. Un centenar de militantes abandonan el partido junto a Ziluaga, que actualmente trabaja como profesor de Ciencias Políticas en la UNED. Entre las personas que se marchan está la hija de Santiago Brouard, un histórico del nacionalismo asesinado por los GAL en su consulta de pediatría de Bilbao.

Esta crisis es el principio del fin de HASI. En ese momento, comienza a producirse la imparable ascensión de ASK —la organización de KAS destinada a aglutinar y dinamizar los movimientos sociales— que, al tener la responsabilidad de coordinar los movimientos de masas, es la que aporta un mayor número de militantes. Y vuelve a cambiar el director de *Egin*. Cae en desgracia Pablo Muñoz, el director que venía de HASI, y pasa a dirigir el periódico una persona procedente de ASK. Pero el reinado de este organismo dura apenas dos años, ya que KAS emprende una reconversión en virtud de la cual la misma Coordinadora pasa a ser una especie de partido y engloba a los militantes de HASI. De esta forma, KAS se convierte en un elemento de delegación política que cubre la falta de capacidad y movilidad de la «vanguardia», esto es, de ETA. En un instrumento clave que asume, junto a ETA, el papel de motor de la organización.

EL NÚCLEO DURO

KAS es el bloque dirigente, porque lleva la iniciativa política del proceso y lo hace avanzar hacia los objetivos estratégicos. LAB, ASK o Jarrai deciden la línea de intervención en el movimiento obrero, popular y juvenil, respectivamente, pero es KAS quien ratifica o no la política de cada organización. KAS determina así una estrategia política unitaria, que adopta distintas formas: lucha armada, lucha de masas y lucha institucional. La existencia de organizaciones separadas permite la combinación de acciones legales y acciones ilegales.

El órgano máximo de dirección es el KAS Nacional, formado por delegados de las diferentes organizaciones y al que pertenecen en 1996 Xabier Alegria, Maitane Intxaurraga y Gorka Martínez. Ninguno de ellos forma parte de la Mesa Nacional de HB, pese a que ésta se encuentra dominada por miembros de KAS. Según diversos documentos incautados en Francia, existe además un KAS Técnico cuya misión es poner en contacto a los miembros de KAS con los de ETA. Sus integrantes tampoco deben formar parte de la Mesa Nacional. Y, por otra parte, está el denominado KAS Ejecutivo, formado por un total de 13 personas. Dos por cada uno de los siguientes organismos: ASK, LAB, Jarrai, Egizan y KAS Nacional; una en representación de Iparralde (País Vasco francés), otra del comité exterior y otra de HB.

Según la visión de KAS, Iparralde está sometido a un «Estado democrático burgués» mientras que Hegoalde (País Vasco español) padece un «Estado no democrático». Por tal motivo, la lucha debe ser dirigida por Hegoalde. La Coordinadora defiende sin disimulo alguno lo que denomina «lucha armada» de ETA. Así, en diversos homenajes a terroristas de la banda muertos en enfrentamientos con la policía o asesinados por los GAL, sus dirigentes afirman: «Usaremos las posibilidades que tenemos en nuestras manos para defender a nuestro pueblo y, por supuesto, también la lucha armada.» En diversas ponencias políticas elaboradas por KAS, se dice que «la lucha armada de ETA, en concreto, se configura como una clave importante e imprescindible a la hora de forzar nuevas situaciones», en referencia a una supuesta negociación con el Gobierno. En este aspecto se insiste en que «en el marco de la estrategia negociadora, ETA se ve obligada a asumir determinados saltos que a nivel operativo se pueden concretar en la utilización de métodos como el coche-bomba o la carta bomba».

Otro documento, elaborado en 1992, asegura que ETA no debe negociar su disolución, ni abandonar definitivamente las armas, tras un supuesto acuerdo político con el Gobierno. «Tras esto vendrá la paz, pero sólo en la medida en que el Estado español así lo quiera. Habrá un armisticio, efectivamente, y como consecuencia del mismo las armas callarán. Pero volverán a hablar tan pronto como el Estado pretenda dar marcha atrás y deje de cumplir lo pactado. Las armas no se entregan.»

KAS INVADE HB

Con ocasión de la renovación de la Mesa Nacional de HB realizada en abril de ese mismo año, KAS aterriza mayoritariamente en la coalición, hasta tal punto que de los 25 componentes de la Ejecutiva, 15 pertenecen a la Coordinadora, que se presenta a sí misma como «la expresión más directa y natural de la vanguardia»; esto es, de ETA. La reestructuración interna y la penetración de KAS se da, precisamente, en los puestos más relevantes. Así, Rufino Etxeberria, de 32 años, y Floren Aoiz, de 25, adquieren un peso determinante en esa dirección, al igual que Araiz y otros.

En esas fechas, el PNV y HB inician unas conversaciones para tratar de establecer un diagnóstico común sobre la violencia, pero la influencia de KAS y el control que ejerce del aparato organizativo de HB, las echa a pique. Por un lado, la Coordinadora las considera «de valiosa ayuda para favorecer la anhelada distensión», y por otro, «desafía al PNV a ser capaz de estar a la altura de las circunstancias, porque le corresponde un alto grado de responsabilidad de la que no puede evadirse, ya que favorece las tesis de los que apuestan por el alargamiento estéril y doloroso del contencioso vasco», cuyo origen está en la «negación del derecho de autodeterminación».

Los llamados «independientes», la cara amable de HB, son sustituidos por personas menos «díscolas». Los abogados, último reducto de la resistencia a KAS, desaparecen con la marginación de Iñaki Esnaola, Txema Montero o Christianne Fando.

En esas fechas (1991-1992), se produce en el seno de la izquierda *abertzale* un nuevo debate sobre la violencia, y se constata que un 14 por ciento de la militancia piensa que perjudica al proyecto político.

En julio de 1992, KAS pide por primera vez que los partidos políticos intervengan en el «proceso de pacificación de Euskadi»: «La sociedad tiene algo que decir y, en ese sentido, sus representantes, que son los partidos políticos, deben tener un papel activo ahora, impulsando la negociación, y después, si se avanza, en las distintas mesas que se monten», dice el entonces portavoz de la Coordinadora, Joselu Cereceda, encarcelado por colaborar con ETA.

DEFENSA DEL TERRORISMO

Los miembros de KAS son, de hecho, los que hacen defensas más fervorosas de ETA y los que suplen, cuando es necesario, la «falta de capacidad política de la vanguardia». Tras la caída de la cúpula etarra en Bidart, en 1992, y hasta que la dirección de la banda se reorganiza, es KAS quien suple esa carencia organizativa. Pronto empieza a decirse desde el Ministerio del Interior español y desde la Consejería vasca de Interior que «la estrategia de ETA se marca desde KAS», que «KAS ordena los atentados de ETA», o que «KAS dirige ETA». Se comienza a hablar de la «mesa civil» que dirige ETA y a sugerir que ante la falta de efectivos, la dirección de la organización terrorista se lleva desde KAS, a este lado de la frontera. También se le atribuye a la Coordinadora la elaboración de comunicados en nombre de ETA.

En esos años de «vacas flacas» para ETA, KAS defiende que la presencia activa de ETA es necesaria «para mantener abiertas las posibilidades de futuro del proyecto político de la izquierda *abertzale*». Defiende la legitimidad de la organización terrorista y afirma que es políticamente necesaria. «No han logrado descabezar a ETA» o «quieren jugar a cansarnos, pretenden crear división entre nosotros. Sin embargo, no tenemos motivo para el desaliento porque nadie mejor que nosotros conoce la dureza del camino», son frases de dirigentes de KAS recurrentes en aquellos días. Así pues, KAS y ETA fijan conjuntamente las líneas maestras de la estrategia del conglomerado, mientras que HB queda supeditada a la tarea de desarrollar lo que han decidido quienes mandan.

Apenas dos años después de la reestructuración de KAS, formalizada en 1992, aparece un documento de la Coordinadora en el que se afirma que «la situación de KAS es caótica». Según este escrito, solamente LAB y Jarrai funcionan adecuadamente, mientras que ASK y Egizan «se diluyen», y los denominados «militantes mancomunados», que son los antiguos militantes de HASI, «se desperdigan». En ese momento, los miembros de KAS ya consideran inaplazable la revisión de su modelo organizativo.

En el debate que se desencadena, algunos grupos expresan su preocupación por «los errores cometidos por ETA con las víctimas no deseadas». Estos grupos se muestran proclives a limitar la actividad de ETA, porque valoran que hay acciones que pueden resultar perjudiciales para atraer a diversos sectores sociales. Sin embargo, desde el «sector duro» de KAS se responde que «es mejor ser pocos, pero sin fisuras, que muchos con riesgo de disidencias y abandonos...». Otro grupo asegura que no todos los métodos de lucha armada son adecuados y apela a la existencia de una «ética revolucionaria». La postura oficial rechaza cualquier invocación a la «ética revolucionaria» porque «si la actividad de ETA produce víctimas, el único responsable es el Estado». KAS justifica la violencia, si la lucha armada sirve al proyecto político de ETA, con independencia del precio que haya que pagar por ella. «Nuestra posición es que la ética militante que nosotros adoptemos no puede conducirnos a inmovilizarnos y atarnos de pies y manos frente a un Estado que no tiene ningún problema en desinformar y manipular a la opinión pública, en hacer la guerra sucia contra ETA, en cubrirse con personas que no deberían verse afectadas de una manera frontal por el contencioso...»

Y es que la opinión pública preocupa mucho a la Coordinadora. La guerra entre KAS y los medios de comunicación comienza a conocerse ya en 1991 y es conducida a través de HASI, su partido político todavía operativo. Afirma este último que opera en España un «mando conjunto periodístico-policial», cristalizado tras el Pacto de Ajuria Enea, con el único objetivo de cercar a la izquierda *abertzale*. Para denunciarlo, elabora un listado en el que figuran las presuntas afinidades ideológicas y procedencia política de parte de los periodistas claves de los medios de comunicación, así como una estrategia. En una primera fase, hay que desgastar y denunciar al medio de comunicación. Luego, al individuo. «No perdamos de vista la presencia de ex *polimilis* arrepentidos en este campo y la capacidad de reacción corporativa de estos deformadores de la opinión pública.»

Para HASI el papel de los medios de comunicación es el de ser «auténtica avanzadilla para el intento de desgaste del MLNV», lo que les convierte en la cuarta pata del «entramado jurídico-político» que, junto con la represión, la colaboración internacional y las formaciones políticas del Pacto de Ajuria Enea, se opone a sus deseos. Este partido ve en consecuencia necesario presionar a los periodistas «obligándoles a medir más su mensaje y dificultándoles los niveles de impunidad actual en el desarrollo de la desinformación, la manipulación y la intoxicación», una de cuyas manifestaciones es, en su opinión, el intentar enfrentar a KAS con HB.

En un documento titulado «Una idea de actuación ante los *mass-media*» la Coordinadora propone en consecuencia no limitarse a mandar notas de rectificación a los medios de comunicación, sino hacer grandes tiradas de la información propia, para distribuirla en los buzones, con el fin de que si «una intoxicación o deformación nos afecta de manera especialmente grave, tenga respuesta en la calle». Simultáneamente, «los profesionales que manipulan o desinforman deben ser denunciados de manera sostenida y constante, intentando planificar un desgaste largo y eligiendo los ejes de denuncia más perdurables en el tiempo». Las opiniones vertidas en este trabajo son bien aceptadas en el mundo *abertzale*, que obra en consecuencia. Desde ese momento, proliferan los carteles en contra de determinados periodistas, los dosieres con sus informaciones y, en muchas ocasiones, puras invenciones sobre informaciones atribuidas a un determinado periodista que, en el más puro estilo practicado por Goebbels, terminan con una condena sin paliativos de ese profesional por algo que no ha hecho.

Sin embargo, pronto considera el conglomerado de KAS que la intimidación no ha sido suficiente, y ve necesario dar un paso más. Así, en enero de 1995, se filtra un documento en el que KAS defiende la idea de «dar un escarmiento» a los medios de comunicación, atentando contra periodistas. La tesis mantenida sobre el papel que desempeñan determinados medios de comunicación y algunos periodistas contra la izquierda *abertzale* es similar a la desarrollada por HASI cuatro años antes: «Blindados en nombre de la libertad de expresión y de la democracia, los periodistas se han creído que no se les puede tocar y KAS considera llegado el momento de cambiar esa realidad.» Los ideólogos del grupo no están seguros, sin embargo, de que sus bases entiendan una acción terrorista contra los informadores, por lo que reclaman la conveniencia de preparar el terreno: «Se precisa que, al igual que sucedió con la Ertzaintza cuando se decidió asesinar al sargento mayor, Joseba Goikoetxea, la acción tendrá que ser muy selectiva (sic). La legitimidad es un precondicionante. Los medios de comunicación, al ir por libre, perjudican no sólo un proyecto político, sino el futuro de un pueblo. Hay que medir el coste político que puede tener un atentado contra los periodistas.»

Esta escalada organiza tal revuelo, incluso entre algunos miembros de HB que desconocen el contenido del trabajo, que KAS salta a los periódicos al día siguiente reconociendo que el trabajo le pertenece, pero que la propuesta de asesinar periodistas es «un borrador de discusión que recoge, en su momento, un resumen provisional y poco elaborado de diversas reflexiones y aportaciones hechas por distintos militantes». Algunos miembros de HB rechazan la «propuesta» sin paliativos y así Patxi Zabaleta, miembro histórico de la coalición, manifiesta que el proyecto de atentar contra periodistas es «puro fascismo».

Estos y otros documentos, carteles o escritos elaborados por KAS pueden ser constitutivos de determinados tipos de delito, como apología del terrorismo, colaboración con banda armada o inducción al asesinato, según han entendido distintos fiscales que han pretendido encausar a los dirigentes de la Koordinadora. Es el caso del trabajo referido al asesinato a periodistas o a ciertos carteles cargados de amenazas para Juan María Atutxa o a la Ertzaintza... Los correspondientes sumarios, sin embargo, han sido siempre archivados, porque como ha quedado dicho, al ser KAS una organización «alegal» no existe como tal. Caso distinto es el de HB, que, de hecho, ha visto a sus máximos responsables ingresar en prisión por colaboración con banda armada.

UNA DIANA SOBRE LOS POLÍTICOS

ETA militar no hubiera aceptado el asesinato de políticos en su primera etapa. «A los políticos se les combate con la oratoria y nunca pueden ser un objetivo militar.» Así se expresa un militante de la vieja guardia, no adscrito a ninguna de las organizaciones de KAS. Sin embargo, tras la muerte de Txomin, la estructura se convierte en político-militar, de suerte que ETA pasa a actuar como los antiguos *polimilis*, y esto incluye atentar contra políticos.

La puesta en práctica de esta nueva estrategia tiene lugar en San Sebastián con el asesinato del dirigente del PP vasco, Gregorio Ordóñez, perpetrado unos días antes de que se conociera el trabajo denominado «Hormigas», dirigido contra los periodistas. Este asesinato provoca, de nuevo, la condena frontal de una parte importante de la vieja guardia, perteneciente a HB. Sin embargo, una vez más, KAS acalla la disidencia, porque ya domina el aparato de la coalición. Quienes dicen que KAS «cercena el proyecto tradicional de la izquierda *aber-*

tzale» llegan a redactar, no obstante, un comunicado, en calidad de militantes de HB de los cuatro territorios históricos, en el que aseguran que «la estrategia de KAS no tiene nada que ver con la suya.»

Según diversos documentos, también es KAS quien propone a ETA que atente contra algún líder del PP en Madrid, lo que lleva a la banda a intentar asesinar al entonces líder de la oposición y hoy presidente del Gobierno, José María Aznar. KAS pretende así retomar el principio acción-represión-acción, que tan buenos frutos le dio años atrás, y que consiste en justificar acciones terroristas por la reacción policial que provocan. También esta decisión suscita críticas, inmediatamente silenciadas.

La paulatina toma de poder por parte de KAS de todos los órganos de decisión de la izquierda *abertzale* hace prácticamente imposible que la disidencia se plasme formalmente. La Koordinadora controla la Mesa Nacional de HB desde 1992. La permanente de este partido, que es en realidad su dirección, también está ocupada por miembros de KAS. Los jóvenes de KAS que dominan el partido han crecido políticamente en Jarrai o en alguno de sus tentáculos. Ése es el interlocutor político del nacionalismo llamado «democrático», del Partido Nacionalista Vasco y Eusko Alkartasuna, en su apuesta por la unidad de acción nacionalista plasmada en el Pacto de Estella.

CAPÍTULO TRES

ARGEL. ETA VETA AL PNV

Existe un restaurante en Argel, llamado D´Janina, que presume de tener una de las mejores cocinas de la ciudad. Su propietaria, una viuda todavía muy hermosa y extraordinariamente simpática, se encarga de llevar personalmente el Libro de Honor del local a los comensales ilustres que lo visitan. Pues bien, en una de las páginas, correspondiente a 1983, están estampadas ni más ni menos que las firmas de los reyes de España, Juan Carlos y Sofía, que viajaron a Argelia en el mes de mayo de ese año. Inmediatamente debajo, escritos de su puño y letra, aparecen los siguientes nombres, cargos y alias, uno junto a otro y por este orden: Julián Sancristóbal (a la sazón director de la Seguridad del Estado), Belén, Antxon, Makario y Lasa Mitxelena (alias *Txikierdi*).

Esta página impagable como documento histórico, y delatora, demuestra dos cosas. Primero, la inconmensurable imprudencia, léase arrogancia, del entonces alto cargo del Ministerio del Interior, condenado años más tarde por el secuestro de Segundo Marey, quien no sólo se reunía con los máximos dirigentes de la banda terrorista, que residían entonces en Francia, cuando su Gobierno y su partido negaban esos contactos, sino que tenía la desfachatez de dejar constancia de sus encuentros en el Libro de Firmas de un restaurante famoso. Segundo, y más importante, que la capital argelina albergaba las citas inconfesables de los cabecillas de ETA con los enviados del Gobierno socialista español, mucho tiempo antes de lo que éste ha reconocido siempre.

Y no era el PSOE el único en hablar repetidamente con ETA. En la larga y conflictiva relación de amor-odio que protagonizan el Partido Nacionalista Vasco y la organización terrorista desde el nacimiento de esta última, allá por finales de los cincuenta, dos puntos marcados en el mapa, dos ciudades aparentemente carentes de vinculación alguna y distantes millares de kilómetros entre sí, han llegado a convertirse en referencia política obligada de cualquier analista que se precie. En «mojones» esenciales e inseparables de una historia en ocasiones sórdida, a veces dramática, con algún destello heroico y casi siempre inconfesable e inconfesado, cuyo punto de partida se sitúa en Argel y desemboca en Estella, diez años más tarde...

ARZALLUZ RECIBE UNA «BOFETADA»

Estamos en una sala de maquillaje de la televisión autonómica vasca, ETB, a finales de 1986. El dirigente de HB, Iñaki Esnaola, recadero cualificado en las conversaciones que el Gobierno socialista mantiene con ETA en Argel, participa junto al presidente del PNV, Xabier Arzalluz, en un debate político con dirigentes de otras formaciones. Fuera del alcance de los micrófonos, Arzalluz le sugiere a Esnaola que pregunte a Domingo Iturbe Abasolo, alias *Txomin*, número uno de ETA, si el PNV podría incluir a uno de los suyos en esos encuentros. Termina el programa y el abogado *abertzale* marcha a toda prisa hacia la capital magrebí.

Los nacionalistas moderados confían en tener una respuesta a la vuelta del viaje, pero se la encuentran, con enorme sorpresa, el lunes siguiente, en la página editorial semanal de *Egin*. El tono del artículo encierra un enorme desprecio hacia el PNV, lo que causa en este partido una irritación aún más profunda, si cabe, que la negativa de los etarras a dar asiento en la mesa a los de Arzalluz, o el hecho de que hayan tardado escasos minutos en contar al PSOE las pretensiones de los peneuvistas.

Hay gentes importantes, dentro del mundo nacionalista, convencidas de que esta actitud de la banda hiere tan hondamente al presidente del PNV, que el despecho es la causa principal por la que su partido decide liderar el Acuerdo de Ajuria Enea, conocido en el mundo de HB como el «pacto *antiabertzale*», que de hecho nunca llega a respetarse. Huelga decir que a Esnaola no se le perdona jamás lo que se considera su gran «traición», y en reuniones mantenidas años más tarde con otros dirigentes radicales se le convierte sistemáticamente en blanco de todas las críticas.

TXOMIN TIENE VISITA

En ese tiempo, noviembre de 1986, el PSOE ha obtenido en las elecciones al Parlamento vasco dos diputados más que el PNV, pese a lo cual los socialistas están dispuestos a ceder la lehendakaritza (presidencia del Gobierno vasco) al líder de Eusko Alkartasuna (EA), Carlos Garaikoetxea, o a José Antonio Ardanza. Tras algunos meses de negociación, finalmente pactan con el PNV y Ardanza vuelve a presidir el Ejecutivo de Vitoria. Carlos Garaikoetxea lo rechaza, temiendo ser «asfixiado» entre el PSOE y Euskadiko Ezkerra (EE), en lo que constituye, probablemente, el error más importante en su carrera política.

En ese contexto, los prolegómenos de las conversaciones de Argel arrancan el 12 de noviembre de 1986 con la llegada a la capital magrebí del secretario de Estado, Rafael Vera, acompañado del delegado del Gobierno en la comunidad autónoma vasca, Julen Elgorriaga, y del abogado Jorge Argote. También forman parte de la comitiva, los comisarios Jesús Martínez Torres y Pedro Martínez.

Al día siguiente, los responsables argelinos del Comité de Solidaridad entre los Pueblos trasladan a Domingo Iturbe Abasolo, *Txomin*, al que tratan conforme a su estatus especial de refugiado político, al lugar en que debe encontrarse con el abogado de los GAL, Jorge Argote.

Antes de que comience la conversación propiamente dicha, el dirigente etarra, un hombre alto y fornido, va saludando, uno por uno, a todos los presentes con un recio estrujón de manos. Cuando llega a Argote le clava una mirada de una seriedad heladora:

—Aquí, te doy la mano, pero en otras circunstancias te habría pegado dos tiros.

Argote es el abogado que ha defendido ante la opinión pública que Mikel Zabalza se ahogó en el Bidasoa, por ejemplo, y a los presuntos autores de algunos otros crímenes atribuidos a los GAL.

Txomin considera que él solo no puede arrogarse la representación de todo el MLNV en la negociación con el Ejecutivo español. Por eso solicita que Eugenio Etxebeste, *Antxon*, representante del sector más próximo a KAS, sea trasladado a la capital magrebí desde el país centroamericano en el que se encuentra deportado por las autoridades francesas. La llegada del ex responsable del aparato político de ETA y fiel portavoz del sector más cercano a los *polimilis* tiene lugar en julio de 1987.

Antxon procede de ETA político-militar y, más concretamente, de los llamados *bereziak* (comandos especiales)[1], un grupo con un estatus especial dentro de esa organización terrorista. Natural de San Sebastián, es hijo único y un personaje muy peculiar. Estudió Empresariales en el campus donostiarra de la Universidad de Deusto, donde coincidió con Íñigo Iruin y Eduardo Moreno Bergaretxe, *Pertur*, ideólogo de ETA político-militar desaparecido en extrañas circunstancias cuando abogaba por el final del terrorismo. Importantes sectores políticos y sociales vascos están convencidos de que Pertur fue asesinado y hecho desaparecer por los *bereziak*.

UNA MUERTE DE CONSECUENCIAS TRÁGICAS

Domingo Iturbe Abasolo, líder indiscutible de la organización terrorista y representante del ala nacionalista y no mar-

[1] Los *bereziak*, que constituían el grueso de los comandos armados de ETA político-militar, se escindieron de esta rama y se unieron a ETA militar en 1977.

xista de ETA, sólo puede mantener dos entrevistas con los enviados por el Gobierno español a Argel, porque fallece, a finales de febrero de 1987, víctima de un accidente, mientras perfecciona su adiestramiento militar en un viejo monasterio cercano a la ciudad de Argel. Las autoridades argelinas permiten que los etarras hagan prácticas en su país y los tienen hospedados en calidad de refugiados políticos. Argumentan (o al menos ésa es la explicación que da el presidente del Comité de Solidaridad entre los Pueblos a Carmen Gurruchaga en un viaje de ésta a Argel) que si han asilado a Felipe González y a Alfonso Guerra cuando ambos eran opositores al régimen del general Franco, por qué no van a hacer lo mismo con los miembros de ETA...

Pero lo cierto es que este accidente fortuito resulta crucial para el devenir de los acontecimientos dentro del MLNV. Hasta tal punto es importante, que personas afines ideológicamente a Txomin no acaban de creerse que sea producto de la mala suerte y envían a Argel a algunos emisarios con el fin de que lo comprueben *in situ*. Hasta la capital argelina viaja la letrada francesa Christianne Fando, amiga de la familia, que realiza una comprobación que confirma la versión de las autoridades del país.

Con la muerte de este dirigente, desaparece el representante del ala más proclive a la negociación y uno de los pocos catalizadores de sintonía personal entre la dirección de ETA y la del PNV. Iturbe es amigo, entre otros, del peneuvista Gorka Agirre, el cual, tras mucho tiempo de incomunicación con estos nacionalistas radicales, acabará por encontrar otras vías de diálogo y desempeñará un papel muy importante años más tarde, en la forja de la unidad de acción entre el PNV y la izquierda *abertzale*.

Pero volvamos a Txomin. Este cabecilla etarra llevaba años predicando entre sus correlegionarios que había llegado la época de las vacas flacas para su organización. Tras la muerte de Franco y la llegada a España de la democracia, se había dado cuenta de que el llamado «santuario francés» se había terminado para los etarras, porque España ya era reconocida como una democracia en Europa. Por este motivo las autoridades francesas habían comenzado a actuar contra la organización terrorista, tanto en el frente policial como en el judicial, al principio de una manera tímida, pero progresivamente más eficaz. El estatuto de refugiado político prácticamente había desaparecido para los miembros de la banda terrorista. Las fuerzas de seguridad francesas los detienen y, acto seguido, los deportan a terceros países, si son importantes; en caso contrario, los entregan a la Policía española en la frontera. En esas circunstancias, Txomin opina que cuanto antes se negocie una salida, más rentabilidad podrá obtenerse. Por el contrario, cuanto más se aplace esta negociación, peores serán las condiciones en las que se encuentre la banda para formular exigencias.

ACUMULACIÓN DE FUERZAS

Sin embargo, el sector KAS, conocido como «los duros», mantiene en aquellas fechas, y todavía hoy sostiene, otros planteamientos para que ETA salga «victoriosa» de una «guerra» que ya no puede ganar y ni tan siquiera empatar.

Para el sector menos nacionalista del MLNV, representante de la línea más marxista y coincidente generalmente con los representantes de KAS, la negociación política es producto de la «acumulación de fuerzas» a la que debe llegarse por la propia fortaleza de HB y no a través de un frente nacional compuesto por HB-PNV-EA. En su opinión, esta alianza sólo puede ser perjudicial para la izquierda *abertzale*, porque la conduciría, inexorablemente, a la asimilación del MLNV en el programa reformista español. A juicio de KAS, esa unidad de acción nacionalista supondría, asimismo, la tabla de salvación de «los intereses de clase burguesa» de los partidos nacionalistas moderados. En este sentido, consideran que para «acumular fuerzas» hay que generar un estado de gran inquietud en el sector de la población española al que se desee presionar —en ciertas ocasiones funcionarios, en otras concejales, periodistas, empresarios, etcétera—, con el fin de conseguir que ellos, a su vez, presionen al Estado para que negocie con ETA y ponga así fin a la situación que les genera turbación.

Ésta es la razón de ser del atentado de Hipercor, perpetrado el 16 de junio de 1987, con un saldo final de 21 muertos, así como de otras acciones terroristas cometidas mientras ETA mantiene contactos con el Gobierno y hasta que se afronta el tramo final de las conversaciones.

EL GOBIERNO RECONOCE LOS CONTACTOS

Estamos en el verano del año 1987 y en los alrededores de Burdeos hace un calor asfixiante, cuando el entonces presidente del Gobierno español, Felipe González, visita la finca que su homólogo francés, François Mitterrand, tiene en Latche, a las afueras de esa ciudad francesa. De acuerdo con la convocatoria enviada a los medios de comunicación para que cubran el encuentro, los dos mandatarios socialistas van a conversar sobre cuestiones relacionadas con la Unión Europea. Pero la realidad es bien distinta.

González y Mitterrand almuerzan temprano, pasean acompañados de los dos perros de raza collie propiedad del político francés y, finalmente, de manera informal, en los jardines de la casa, se reúnen con los representantes de los medios de comunicación. Allí, González, por consejo de Mitterrand, reconoce que su Gobierno está hablando con los terroristas, «pero no sobre contenidos políticos, sino sobre un fin dialogado de la violencia que incluya soluciones personales para los etarras», asegura el mandatario español.

Algo que ha sido negado sistemáticamente es, finalmente, reconocido con un: «Sí; el presidente Mitterrand me lo ha aconsejado y he seguido su consejo.» El mandatario galo, por su parte, diserta sobre la conveniencia de hablar con los terroristas para que éstos dejen de matar. Ante esta aseveración, González incide: «Aunque el Estado democrático no puede negociar políticamente con los terroristas, estoy dispuesto a establecer algún diálogo si con él se contribuye a la búsqueda de soluciones al problema.»

En Madrid, mientras tanto, el portavoz del Gobierno socialista, Javier Solana, trata de dejar claro ante la opinión pública que una cosa es negociar con ETA y otra mantener contactos, y afirma que «ha habido, hay y habrá diálogo del Gobierno con ETA para conseguir que dejen de matar y entreguen las armas». Ese diálogo se perpetuará, efectivamente, en el tiempo, hasta 1996, pero a partir del fracaso de las conversaciones de Argel será sistemáticamente negado por el Gobierno socialista.

EL PNV SE VENGA: EL PACTO DE AJURIA ENEA

De forma paralela al proceso de conversaciones que se desarrolla en la capital magrebí, en España se negocia el Pacto de Ajuria Enea, que es interpretado por el MLNV como un medio de presión para conseguir que ETA negocie a la baja en las conversaciones de Argel y como un instrumento del PSOE para provocar el enfrentamiento entre los vascos.

Lo cierto es que el PNV, que jamás habría entrado en un pacto de este tipo si hubiera tenido un lugar en la mesa de Argel, se afana por llegar a un acuerdo que va a cambiar la dialéctica política existente hasta entonces —nacionalistas *versus* no nacionalistas— por la de demócratas *versus* violentos, al menos formalmente, como veremos. La realidad es otra cosa.

Eusko Alkartasuna, el partido liderado por Carlos Garaikoetxea, que nunca llega a sentirse cómodo dentro de ese acuerdo, se niega a admitir que la normalización de la vida política llegue con la desaparición de ETA, si al mismo tiempo los representantes del Estado no se comprometen a aceptar la decisión que democrática y mayoritariamente tomen los ciudadanos vascos con respecto a su futuro político. Propone esa formación, además, que la negociación entre ETA y el Estado se haga extensible a todos los partidos vascos con representación parlamentaria.

Herri Batasuna, a su vez, es invitada por el lehendakari Ardanza en octubre de 1987 a formar parte del pacto, como un partido más, dentro de las conversaciones que está llevando a cabo para intentar poner a todas las formaciones de acuerdo sobre la manera de encontrar una salida al problema del terrorismo. En noviembre, los representantes de la izquierda *abertzale* acuden a una nueva reunión. Y al final de ese segundo encuentro, envían una carta al presidente vasco en la que le dicen: «Usted, señor Ardanza, convoca a HB para que apoye una iniciativa del Ministerio del Interior que preside Barrionuevo. Una iniciativa que, con la colaboración de ustedes, quieren convertirla en un mero frente *antiabertzale*. HB no le reconoce como lehendakari del pueblo vasco.» El 26 de noviembre de 1987 la coalición se retira de las conversaciones.

En la segunda ronda, continúan las discrepancias de los restantes partidos con EA. Inaxio Oliveri, como representante del grupo de Garaikoetxea, argumenta que el acuerdo *final* debe impulsar una regeneración o reforma del Estatuto de Gernika, la aceptación del derecho de autodeterminación y la creación de vínculos entre Navarra y la comunidad autónoma vasca.

El 12 de enero de 1988 se firma finalmente el Pacto de Ajuria Enea, que contiene un preámbulo, 17 puntos y la reserva de EA referente a la creación de una comisión de seguimiento del desarrollo estatutario y una segunda sobre el tratamiento que el acuerdo da a la policía autónoma vasca, Ertzaintza.

El PNV y, sobre todo, el lehendakari Ardanza, son quienes más rentabilizan un pacto cuyo objetivo principal es aislar socialmente a todo el MLNV, y que en determinados momentos lleva a sus firmantes a no acudir a debates televisivos en los que esté HB. Claro que, lo que ocurre lejos de las cámaras, es bien distinto...

LA RESPUESTA DE ETA

La respuesta que ETA da a la firma del Acuerdo para la Normalización Política es el secuestro del industrial soriano Emiliano Revilla, que tiene lugar en Madrid en febrero de 1988. Esta acción terrorista obliga a que el vicepresidente del Gobierno anuncie la ruptura de los contactos que se están manteniendo en Argel, una decisión tomada con el apoyo de todos los partidos políticos. Para entonces, ya han concluido los encuentros de toda la primera fase, en los que Eugenio Etxebeste lleva la voz cantante.

El ex responsable del aparato político de ETA entra en acción en septiembre de 1987, por medio de una entrevista que mantiene con los comisarios de Policía Manuel Ballesteros y Jesús Martínez Torres. A raíz de ese contacto, la banda terrorista pide que a los encuentros acuda un interlocutor político gubernamental al más alto nivel, para iniciar una nueva fase de conversaciones de índole política.

Los siguientes pasos constituyen un pulso entre ETA y el Gobierno. Así, en septiembre de 1987 la policía francesa detiene al dirigente etarra Santiago Arrospide, *Santi Potros*, y a José Ignacio Pikabea (detenido en España en febrero de 1979, elegido diputado del Parlamento autonómico y trasladado a la cárcel de Martutene, de donde se escapó en julio de 1985, escondido en los bafles del equipo de música del cantante Imanol, el cual desconocía lo que iba a suceder, en una furgoneta alquilada y conducida por un jovencísimo crítico de arte y escritor llamado Mikel Albisu, *Mikel Antza*, actual responsable político máximo de ETA). La banda armada, por su parte, en noviembre de ese mismo año coloca un coche-bomba contra la casa cuartel de Zaragoza, donde mueren cinco niños hijos de guardias civiles. El Gobierno asegura que con asesinatos no hay contactos, pero los reanuda de manera casi inmediata.

En octubre, Antxon se reúne con Julen Elgorriaga, en aquel momento gobernador civil de Guipúzcoa[2]. En noviembre, celebran otra reunión.

En esa primera fase, el abogado Iñaki Esnaola, amigo personal de Txomin, es todavía asesor oficial en los encuentros. Sobre dónde han de conducir, afirma: «El acuerdo sobre temas

[2] Julen Elgorriaga ha sido condenado a 71 años de cárcel por haber participado en el secuestro y asesinato de los miembros de ETA José Ignacio Lasa y José Antonio Zabala, junto con el que entonces era coronel de la Guardia Civil, Enrique Rodríguez Galindo —llegaría después al generalato—, y otra serie de guardias.

como Navarra, derecho de autodeterminación y demás puntos de la alternativa KAS, será firmado al final por todos los partidos políticos vascos.» Ésta es la primera vez en la historia de la organización terrorista en la que no se dice que la negociación debe ser entre ETA y el Gobierno, sino que se reconoce que la organización terrorista no puede llegar a acuerdos políticos que incumban a toda la población.

Obviamente, hay un sector del MLNV que no está conforme con este planteamiento, que defiende que ha de ser ETA la que negocie los puntos de la alternativa KAS, y que agrupa a las personas que más tarde defenestran a Esnaola y a la también abogada y asesora Christianne Fando. Son los ex *polimilis*, que, como tantas veces a lo largo de su historia, adoptan una actitud sectaria cerrada a cal y canto y, poco a poco, van excluyendo a todos los que no piensan como ellos. Es decir, a los *txominianos* o nacionalistas, hasta hacerse con todo el poder en el MLNV.

La banda terrorista, por su parte, en un comunicado hecho público en enero de 1988 transmite que, por el momento, se da por satisfecha con el hecho de que el Gobierno español la legitime al aceptarla como interlocutora. Exactamente dice: «El inicio de las conversaciones con el Gobierno español supone el reconocimiento de la legitimidad de la lucha desarrollada por el pueblo trabajador vasco, con ETA a la cabeza.»

ARDANZA PIDE UN OBSERVADOR

Es innegable que durante este periodo de los encuentros de Argel, el protagonismo político corre a cargo de PSOE y HB, lo que, evidentemente, incomoda al PNV y al Gobierno vasco, que son los grandes ausentes en esas conversaciones. Es tal el deseo de los peneuvistas de estar en ese foro, que el lehendakari Ardanza también solicita a Madrid que un observador suyo pueda seguir las reuniones, lo que es rechazado por el Ejecutivo de Felipe González. El presidente admite, sin embargo, que la formación liderada por Arzalluz no puede quedar al margen de ese proceso, aunque de momento prefiere que esté ausente.

Por otro lado, tras el atentado contra la casa cuartel de Zaragoza, el secretario de Estado para la Seguridad, Rafael Vera, transmite a los responsables argelinos, garantes del proceso de contactos, que ETA no quiere negociar, ya que, si deseara hacerlo, en su opinión no cometería esos brutales atentados. Las autoridades del país magrebí hablan con Antxon, el cual les garantiza los deseos de su organización de llegar a un final dialogado. Los argelinos se lo transmiten así a los españoles, quienes exigen del país anfitrión el compromiso de que, si fracasan los encuentros, Antxon y todo el resto de los etarras serán expulsados del país. Los anfitriones también transmiten a los terroristas la exigencia española de que la organización observe una tregua de 60 días, lo que dará paso a una nueva fase de conversaciones. Paralelamente, se establece una vía de contactos entre el PSOE y HB que, posteriormente, se ampliará a otros partidos.

ANTXON RETRATA A ARZALLUZ

Eugenio Etxebeste, que ha perdido muchos kilos desde que se ha vuelto vegetariano, se dedica, entre otras cosas, a estudiar el Corán, a consolidar su relación sentimental con Belén González Peñalva y a tratar de encontrar una salida al laberinto en el que está metido. Está convencido, o por lo menos eso dice, de que el camino iniciado es el acertado. Sin embargo, sus correligionarios que viven en Francia no son de la misma opinión. Así, José Antonio Urrutikoetxea, *Josu Ternera*; Francisco Mujika Garmendia, *Pakito*, y José Luis Álvarez Santacristina, *Txelis*, le envían un mensaje con Iñaki Esnaola, en el que le dicen: «Cuidado, estás corriendo mucho.»

Durante su estancia en el país magrebí, el ex responsable del aparato político etarra lee y estudia, además del libro sagrado de los musulmanes, manuales de política. En una habitación del Hotel L'Aurassi, a la hora del almuerzo y con un sándwich vegetal entre las manos, acompañado por un vaso de agua, cuenta una anécdota a Pedro J. Ramírez, entonces director de *Diario 16,* y a una de las autoras de este libro, Carmen Gurruchaga. Describe el único encuentro que ha mantenido en su vida con el presidente del PNV Xabier Arzalluz. Asegura Antxon que la capacidad de empatía del dirigente nacionalista es tal, que «al final de aquella conversación Arzalluz parecía el dirigente de ETA y yo el del PNV».

El cabecilla etarra vive rodeado de enormes medidas de seguridad, «para evitar que sufra un atentado», según los responsables del Comité de Solidaridad con los Pueblos. También puede ser una de las condiciones impuestas por las autoridades españolas que, por razones económicas, tienen bastante controlados a los argelinos.

PRIMERA TREGUA

Después de muchas conversaciones, el 8 de enero de 1989 ETA declara, por primera vez en su historia, una tregua unilateral de 15 días como prueba de buena voluntad. Tres días después, la policía francesa detiene en una villa de la localidad vasco-francesa de Anglet a Josu Ternera y a Elena Beloki, al poco rato de haber concluido un encuentro en una casa de Bayona con el entonces abogado de HB, Txema Montero, asesor ocasional en Argel. Hasta el día de hoy, en la dirección de ETA se abriga la sospecha de que Montero fuera seguido hasta aquel encuentro y su visita provocara las detenciones. Por eso, se extreman las medidas de precaución a la hora de establecer contactos personales, se intentan evitarlos a toda costa y se mantiene una profunda desconfianza hacia el PNV, partido al cual el ex abogado batasuno se aproxima mucho en los años siguientes, hasta el punto de entrar en la Fundación Sabin Etxea. Esos recelos dificultan mucho la relación personal entre miembros de ETA y representantes de EA o el PNV, cuando se está fraguando la tregua de septiembre del 98, y refuerza el papel de los pocos personajes que, como el peneuvista Gorka Agirre, tienen estrechos contactos en ese mundo, sin pertenecer a él.

Pero volvamos a Argel. Como consecuencia de la oferta de alto el fuego, viajan hasta la capital argelina el entonces ministro del Interior, José Luis Corcuera; el secretario de Estado para la Seguridad, Rafael Vera, y el miembro de la Ejecutiva federal socialista, Juan Manuel Eguiagaray, que mantienen un primer encuentro como representantes del Gobierno con Antxon, Belén González Peñalva e Ignacio Arakama Mendia. Acuerdan formar una mesa de conversaciones, elaborar un calendario común de trabajo, crear las figuras de interlocutores y asesores, y aprobar la participación del Gobierno de Argelia como mediador y moderador.

El chalet de Moretti, ubicado a las afueras de la capital magrebí y propiedad de los servicios secretos argelinos, es también el escenario de una segunda reunión oficial entre las dos delegaciones a finales de enero de 1989, cuando ETA ya ha prolongado esos 15 primeros días de alto el fuego. El grupo de abogados *abertzales*, asesores de ETA para estos contactos, está formado por Iñaki Esnaola, Christianne Fando e Íñigo Iruin, y lo capitanea este último, ya que el dirigente de ETA Francisco Mujika Garmendia, ha puesto en sus manos la responsabilidad de las negociaciones con el Gobierno.

Para acometer este segundo encuentro, el Ejecutivo español ha puesto como condición la prolongación del alto el fuego por parte de la organización terrorista. Para lograrla, acuerdan que sea HB quien se lo pida a ETA de forma oficial, y así se hace. Posteriormente, la banda publica un comunicado en el que confirma la extensión de su período de inactividad, en un texto que ha sido redactado por los asesores en Argel y por Antxon, de manera conjunta.

CONTACTOS POLÍTICOS

ETA considera que esta segunda fase de «conversaciones políticas» supone un salto cualitativo con respecto a la primera, en la que los interlocutores enviados por el Gobierno socialista eran personas relacionadas con los Cuerpos y Fuerzas de Seguridad del Estado. Así pues, los terroristas creen haber dado un paso hacia adelante en su estrategia negociadora, al encontrarse, en su opinión, en un estadio intermedio entre los contactos policiales y la negociación política a la que ellos aspiran.

Rafael Vera y Juan Manuel Eguiagaray han escuchado por boca de Antxon lo que ya habían leído en *Diario16* en una entrevista realizada por Carmen Gurruchaga al ex dirigente de HB, Iñaki Esnaola, en la que éste relataba parte de los objetivos que persigue ETA. En una de las habitaciones del chalet de Moretti, Antxon reitera lo expresado por Esnaola en el sentido de que ETA no tiene el monopolio del proceso: «ETA no ha pretendido en ningún momento arrogarse la representación exclusiva de este proceso, sino que entiende que la solución final de todo ello es algo que debe ser asumido mayoritariamente por el pueblo vasco, el cual ha de ser partícipe directo, a través de sus representantes políticos, de esa solución negociada que queremos encontrar para superar el contencioso entre nuestro pueblo y el Estado español.»

Con los mismos interlocutores que en las dos ocasiones anteriores, se celebran otras dos reuniones entre el Gobierno y HB/ETA, en las que se vuelve a repasar la historia de Euskadi, la de España, las guerras carlistas, los supuestos agravios, el franquismo, el castigo a las provincias vascas, las posibles soluciones, etcétera. Sin embargo, no se habla de los presos, ni de los deportados, ni de los problemas personales que afectan a los etarras, ya que los representantes de la organización terrorista no desean que los interlocutores españoles piensen que van a cambiarlo todo por la reinserción de los militantes de ETA. Es decir, no están dispuestos a cambiar «paz por presos» y sí «paz por soberanía» o por logros políticos. La historia se repetirá en los mismos términos muchos años más tarde.

SE ROMPEN LAS CONVERSACIONES

El 14 de marzo, se celebra en el mismo chalet y con idénticos interlocutores, un cuarto encuentro en el que la relación entre todos ellos ya no es tan relajada. Faltan pocos días para que concluya la tregua y los dos bandos creen poder obtener ventaja de las prisas del otro. Así, los enviados de Felipe González acuden con la misión de conseguir que ETA anuncie un alto el fuego definitivo, a cambio de una conversación a dos bandas: una técnica y otra política. Los etarras, por su parte, proponen a los españoles que acepten una negociación política y que la representación de ETA se amplíe con tres nuevas incorporaciones: Josu Ternera; Juan Lorenzo Lasa Mitxelena, *Txikierdi*, e Isidro Garalde, *Mamarru*, todos ellos encarcelados, en aquellas fechas, en Francia. Josu Ternera, además, está pendiente de juicio, lo que dificulta la posibilidad de trasladarlo, ya que no depende del Ejecutivo francés, sino del poder judicial galo, que en ningún caso lo va a permitir.

La quinta reunión, mantenida entre el 22 y el 23 de marzo, es la última y dura 30 horas. Antxon, Belén y Makario (que tienen en la habitación de al lado a Luis Núñez, autor de la entrevista que con posterioridad a la ruptura aparece publicada en *Egin*), Tasio Erkizia, Íñigo Iruin y Txema Montero, entregan un escrito a Rafael Vera con las reivindicaciones de ETA. Entre ellas se reitera la exigencia de sacar de la cárcel a los tres ex dirigentes mencionados, ya que la banda insiste en la necesidad de que se sumen a la mesa. Además, si se atiende a lo que piden los etarras en el documento, HB y PSOE deben montar, también en Argel, una mesa de negociación paralela, a la que podrían incorporarse, más tarde, las restantes formaciones políticas. Este documento, presentado por Antxon pero al parecer redactado por Íñigo Iruin, contiene otra condición *sine qua non* que es la que, al final, provoca la ruptura: la de iniciar una tercera fase de negociaciones políticas.

El acuerdo contempla dos versiones, para que cada parte dé a conocer a la opinión pública la que le corresponde: ETA da publicidad, el 27 de marzo, a un texto de ocho puntos en el que se explican los pormenores de lo pactado, mientras que el Gobierno, de acuerdo con su responsabilidad política, es quien manifiesta su disposición a avanzar en el diálogo hacia una solución negociada. Cada parte cumple con su papel. Pero, sorprendentemente, cuando se conoce lo acordado en

Argel, las mayores críticas surgen de los partidos que forman el Pacto de Ajuria Enea y del Gobierno vasco, con un PNV ejerciendo de caballo de Troya.

EL PNV MALDICE LA NEGOCIACIÓN...

Dicen estar escandalizados por los aspectos políticos de lo acordado. «No nos sentimos representados en las reivindicaciones de la sociedad vasca ni por HB ni, como quisiera esa formación política, por el PSOE», socio del PNV en el Ejecutivo de Vitoria. «No estamos dispuestos, de ninguna manera, a ser suplantados en nuestra representación por nadie, ni a admitir soluciones que sean acordadas en una mesa donde no estemos directamente representados», añade un PNV enormemente enfadado y preocupado por quedar fuera de un posible final dialogado al problema de la violencia, mientras que HB y PSOE obtendrían una indudable rentabilidad política y electoral por el hecho de haber encontrado una solución.

Los integrantes del Pacto de Ajuria Enea, encabezados por el PNV, invocan el documento suscrito y subrayan que impide que se acuerde contenido político alguno en cualquier tipo de negociación que se desarrolle fuera del marco de las instituciones autonómicas. Casualmente, se olvidan de otro artículo que habla de «propiciar una salida dialogada siempre que se den las condiciones objetivas necesarias». Diez años más tarde, serán los nacionalistas vascos quienes defiendan la negociación con ETA recurriendo, entre otros argumentos, a ese punto del pacto, ignorando por completo el referido al aislamiento de los violentos mientras persista el terrorismo, que, de hecho, no respetarán nunca.

Pero regresemos a marzo del 89. En esas circunstancias, el Ministerio del Interior realiza una ronda de contactos con los partidos políticos para comentar el comunicado, que es rechazado sin matices por Manuel Fraga Iribarne. Más tarde, da a conocer otro diferente, en el que hace mención explícita de la Constitución, los estatutos de autonomía y los acuerdos entre los partidos políticos. Asimismo, de una manera ambigua, pone en duda que los términos del comunicado de HB hayan sido pactados.

La otra parte, ETA, envía un comunicado a *Egin*, que sale publicado el día 29, en el que acusa al Gobierno de incumplir los acuerdos de Argel. Según la banda, el comunicado publicado por el Gobierno no se ajusta a los detalles de los acuerdos suscritos en la mesa, con el Gobierno de Argel como observador. Por lo tanto, la organización terrorista establece un plazo de 24 horas al Gobierno democráticamente constituido para que rectifique.

Y ETA LA REMATA

En ese momento, ETA pierde definitivamente la batalla de la opinión pública, porque la inmensa mayoría de los ciudadanos considera intolerable que una banda terrorista lance un órdago de esas características a sus legítimos representantes. Dicho esto, resulta creíble la afirmación de los terroristas cuando afirman que ellos jamás habrían firmado un papel en el que se dijera que el marco de una eventual negociación eran la Constitución y el Estatuto de Autonomía.

Ante esta incómoda situación, el Ejecutivo de Felipe González argumenta que en Argel se pacta un comunicado redactado en términos genéricos, en el que ETA introduce sensibles alteraciones que le ponen en serias dificultades, lo que a su vez provoca que el Gobierno introduzca algunas variaciones.

Una vez más, el sector duro de ETA, el que no quiere terminar con el terrorismo, tiene todas las cartas a su favor para conseguir que no se prolongue el alto el fuego y vuelva a ponerse en marcha la maquinaria asesina. Pese a los intentos de las autoridades argelinas para que se reanuden las conversaciones, el 7 de abril ETA reinicia los atentados y envía un paquete-bomba que hace saltar definitivamente por los aires las conversaciones de Argel.

CAPÍTULO CUATRO

ARZALLUZ SE QUITA LA CARETA

«No conozco ningún pueblo que haya alcanzado su liberación sin que unos arreen y otros discutan. (...) Unos sacuden el árbol, pero sin romperlo, para que caigan las nueces, y otros las recogen para repartirlas. (...) Antes, aunque sin un acuerdo explícito, había un cierto valor entendido de esta complementariedad. Desde hace unos años, tras la muerte de Txomin estamos olvidando esto. Y eso nos lleva a situaciones peligrosas.»

Estas palabras, que dan título al libro que tiene en sus manos, fueron pronunciadas por Xabier Arzalluz en una reunión con dirigentes de KAS; una reunión tan secreta que no la conocieron ni siquiera sus propios compañeros del Euskadi Buru Batzar (EBB, el comité ejecutivo del PNV). Arzalluz no quería que se hicieran públicas sus auténticas ideas. Pero un minucioso informe redactado por los proetarras dejó constancia, minuto a minuto, de todo lo que dijo el líder del partido que gobernaba en el País Vasco. Son unos papeles de una enorme importancia: nos presentan a Arzalluz al desnudo, Arzalluz sin careta.

El encuentro, celebrado a petición del peneuvista, sirvió para analizar y discutir unas propuestas de ETA, contenidas en un documento que le habían dirigido a él personalmente. La cita se produjo el 26 de marzo de 1991, es decir, más de un año antes de los primeros contactos con HB oficialmente reconocidos por el PNV tras la firma del pacto de Ajuria Enea.

Arzalluz acudió acompañado solamente por Gorka Agirre[1]. Sus interlocutores de la Koordinadora Abertzale Socialista (KAS) fueron José Luis Elkoro, que en aquel momento era miembro de la Mesa Nacional de HB; Rafael Díez Usabiaga, dirigente del sindicato *abertzale* LAB, y Martín Garitano, redactor jefe de *Egin* y actualmente de *Gara*. Garitano, que cubriría después informaciones tan delicadas y de tanta trascendencia para la banda como las relacionadas con el juicio a su Mesa Nacional en 1997 y 1998[2], fue presuntamente el encargado de redactar un largo informe de la cita con los peneuvistas que fue requisado en mayo de 1992 en el domicilio de Díez Usabiaga, en el transcurso de un registro judicial.

Este documento es clave, y a la luz de lo ocurrido en estos últimos meses demuestra que el pacto de Estella-Lizarra era, y sigue siendo, parte de un plan cuidadosamente diseñado. Su literalidad, mucho más elocuente que cualquier apostilla que se le quiera agregar, traduce a la perfección el pensamiento y las intenciones del líder del PNV, que se expresa con total libertad, amparado por la «absoluta confidencialidad» de la reunión, de la que se cerciora con gran interés en los primeros momentos de la misma.[3]

Entre otras consideraciones sin desperdicio para cualquier lector interesado en comprender la realidad del «problema vasco» y su evolución a lo largo de los últimos diez años, el mismísimo Arzalluz confiesa en estas líneas, con sus propias palabras: que «el PNV no considera a ETA su enemigo y no quiere verla derrotada». Que «el enemigo es el

---

[1] Gorka Agirre, uno de los miembros del llamado Trío de la Bencina, es secretario del EBB. Se considera que tiene grandes contactos en el mundo de los refugiados de ETA en Francia. Ver capítulo diez.

[2] Ver capítulo veintiuno.

[3] Por su indudable interés, la transcripción se reproduce textualmente, por lo que se observarán algunas incoherencias gramaticales. Asimismo, hay párrafos sobre el mismo tema con distintas redacciones, porque el contenido de la reunión se agrupa en varios epígrafes. Curiosamente, se castellanizan algunos nombres. Así Xabier Arzalluz pasa a ser Javier.

de siempre, aunque ahora gobernemos con él». Que «el Gobierno de Vitoria jamás ha utilizado a la Ertzaintza contra la banda terrorista, sino que, antes al contrario, ha frenado muchas actuaciones de la Policía Autónoma vasca, especialmente en Guipúzcoa, y, desde luego, jamás ha permitido que existiera flujo de información entre la Ertzaintza y la Policía Nacional». Que calcula «alcanzar la soberanía de Euskadi entre el 98 y el 2002».

También es importante por lo que no dice: en dos horas y media de conversación, el presidente del PNV no pronuncia una sola vez las palabras «asesinato», «atentado» o «terrorista».

EL DOCUMENTO DE LA VERGÜENZA

Aquí empezamos a ofrecer los distintos apartados del informe. El objetivo de este documento es que los destinatarios, evidentemente los miembros de la cúpula de ETA, puedan conocer con el máximo detalle no sólo las intervenciones de Arzalluz, sino incluso los gestos, las circunstancias y cualquier otro elemento que pueda servir de base a análisis o interpretación. Esto se ve claramente en el primer epígrafe, titulado «Estructura de la reunión», en el que se resume el contexto del encuentro:

«Fue una entrevista larga, de aproximadamente dos horas y media, celebrada a las once de la mañana, que se desarrolló básicamente con el siguiente esquema:

»JLE (José Luis Elkoro) hizo una pequeña introducción en la que de alguna manera expresó que a la iniciativa de JA (Javier Arzalluz) de pedir una apertura de relaciones nos enviaban a nosotros con una respuesta para ver si se aceptaba y se podía pasar al nivel de comunicación deseado.

»Inmediatamente GA (Gorka Agirre) matizó que no se trataba exactamente de que ellos hubieran solicitado una entrevista, explicando cómo surgió el tema y cómo se había llegado a la reunión presente lo que era cierto.

»JA tomó la palabra, quitó importancia a la cuestión de la iniciativa, poniendo el acento en la oportunidad e interés en sí de la posibilidad de diálogo y se extendió largamente sobre los temas que quería exponer y que más adelante se explican. La mayor parte de las dos horas y media estuvieron ocupadas por largas intervenciones de JA, que parecía tener interés en dar el máximo de argumentos a sus tesis y de mostrarse convincente.

»Después de una primera larga exposición de JA, consideramos que era el momento de trasladarle la respuesta (de ETA) que se nos había encomendado. Se le mostró el documento. GA se dedicó a tomar notas manuscritas de un ejemplar, con alguna intervención corta en algún momento, y JA se dedicó a leerlo, al tiempo que iba haciendo consideraciones. Luego los dos ejemplares volvieron a nuestras manos y la entrevista continuó alrededor de otra media hora más.

»La primera parte de la entrevista hasta la presentación del documento se desarrolló en euskera, y la segunda, a partir de dicha presentación, en español, quizá porque el ejemplar que eligieron para leer estaba en ese idioma.

»Finalmente se articuló un sistema para próximos contactos.»

«NOSOTROS SOMOS LOS DE SIEMPRE»

En las notas se explica que «la reunión comenzó en un tono tranquilo, que fue adquiriendo un carácter más cordial a medida que avanzaba y, sobre todo, tras el conocimiento por parte de JA del documento, y sus expresiones y afirmaciones positivas en cuanto a las propuestas que en el documento se contenían». Una vez subrayado que «al terminar, el ambiente era bueno y parecía que se había avanzado algún paso hacia unos niveles mínimos de confianza que permitieran una futura elevación del techo de interlocución», el redactor pasa a exponer el desarrollo argumental, que no cronológico, de la entrevista:

«Nada más hacer las presentaciones, lo primero que preguntó JA fue qué grado de discreción podíamos tener en aquel local, a lo que JLE (José Luis Elkoro) le respondió que totales. JA se extendió largamente sobre los siguientes temas puntos:

»—Nosotros somos los de siempre (nacionalistas).

»—Sin revolución, marxismo, ni tiros, pero con los mismos objetivos de siempre.

»—Aquí hay demasiados partidos. A medio plazo, tanto Eusko Alkartasuna (EA) como Euzkadiko Ezkerra (EE) van a ir hacia abajo... En cualquier caso, de cara al futuro puede preverse que en el campo nacionalista sólo habrá dos fuerzas importantes, PNV y HB, por lo que habrá que pensar en algún tipo de colaboración, aunque mientras sigan los tiros no haya mucho en que poder coincidir. Sin embargo, sí se puede hablar en todo momento. Hablar nunca es malo.»

Cabe recordar aquí, a efectos de situar al lector en el contexto del momento, que en marzo de 1991 el PNV está oficialmente alineado junto a PSE/PSOE, AP, CDS, EA y EE, en el Pacto de Ajuria Enea, el cual establece, entre otras cosas, lo siguiente: «El Estatuto de Gernika representa la expresión de la voluntad mayoritaria de los ciudadanos del País Vasco y constituye, en consecuencia, la norma institucional básica de que se ha dotado para acceder a su autogobierno, por lo que su asunción o acatamiento es una condición necesaria para alcanzar su definitiva normalización y pacificación.»[4] Y, más adelante: «Si se producen las condiciones adecuadas para un final dialogado de la violencia, fundamentadas en una clara voluntad de poner fin a la misma y en actitudes inequívocas que puedan conducir a esa convicción, apoyamos procesos de diálogo entre los poderes competentes del Estado y quienes decidan abandonar la violencia, respetando en todo momento el principio democrático irrenunciable de que las cuestiones políticas deben resolverse únicamente a través de los representantes legítimos de la voluntad popular.»[5]

---

[4] Artículo 2.a.

[5] Artículo 10. Ver en los anexos documentales, al final del libro, el texto íntegro del Pacto de Ajuria Enea.

«NO QUEREMOS QUE ETA SEA DERROTADA»

Volviendo al documento que nos ocupa, los siguientes epígrafes se titulan «Enfrentamiento PNV-ETA» y «Relaciones PNV-ETA». No tienen desperdicio. Arzalluz es brutalmente franco con sus interlocutores de KAS. Éstas son las opiniones que se recogen de él en la transcripción:

«—La dinámica de los tiros en una situación de falta total de canales nos ha puesto en varias ocasiones, y todavía hoy, en peligro de choque frontal.

»—Estáis equivocados si creéis que buscamos el choque.

»—Es falso que estemos impulsando a la Ertzaintza contra ETA. De hecho, es más bien lo contrario, que estamos frenando. Posiblemente la Ertzaintza tenga datos sobre más de un comando (alguno en Guipúzcoa) y no ha procedido. Lo que ocurre es que a veces no le queda más remedio.

»—No creemos que sea bueno que ETA sea derrotada. No lo queremos y no sería bueno para Euskal Herria.

»—Antes, a pesar de todo, teníamos alguna posibilidad de hablar (Txomin), ahora, la incomunicación puede llegar a ser muy peligrosa.

»—GA (Gorka Agirre) habla de la dificilísima situación que se produjo dentro del PNV a los partidarios de algún tipo de diálogo con ETA tras la muerte de Genaro García Andoain[6].

»—Nosotros no hemos pedido esa entrevista, pero eso no quiere decir que no nos parezca totalmente necesario abrir el diálogo PNV-ETA.

»—Es posible que ahora mismo, en vísperas electorales, no sea el momento más oportuno, pues cualquier filtración

---

[6] Genaro García Andoain fue un superintendente de la Ertzaintza, muy vinculado al PNV, que murió en un enfrentamiento con un pistolero de ETA, en el transcurso de la operación que permitió la liberación por parte de la policía autónoma vasca del industrial Lucio Aguinagalde, secuestrado por la banda terrorista.

sería muy perjudicial, pero después de las elecciones tenemos que hablar.

»—Sólo pedimos una condición para entrar en relaciones: "discreción". Esta reunión de hoy, por mi parte, es personal, no la conocen ni el EBB ni Ardanza.[7]

»—Si el diálogo continuara tendría que intercambiar con algunos miembros del EBB que están en esta actitud de diálogo con ETA.

»—Todos los pasos que hemos dado últimamente para reabrir una relación con ETA han sido malinterpretados o despreciados.»

NO HAY FLUJO DE INFORMACIÓN ERTZAINTZA-POLICÍA

Arzalluz rechaza con dureza la acusación formulada por ETA al PNV de haber tenido alguna responsabilidad en el asesinato de Josu Muguruza (el diputado de HB que fue abatido a tiros por Ángel Duce en el Hotel Alcalá de Madrid), subraya que tampoco Interior tuvo nada que ver en ese suceso. Después pasa a referirse a otras acusaciones contra su partido contenidas en el documento de ETA objeto de la conversación.

«—Rafael Vera y Corcuera valoraban muy positivamente que Muguruza fuera a Madrid, y habrían podido aprovechar su cobertura parlamentaria para facilitar en algún momento algún tipo de contacto.

»—No es cierto el alineamiento de la Ertzaintza con la PN (Policía Nacional) y la GC (Guardia Civil). La Ertzaintza no ha detenido más comandos por prudencia (concretamente Guipúzcoa).

»—Lo que ocurre es que si la Ertzaintza es una policía integral, y para nosotros lo es, debe de tener credibilidad de hacer cumplir la ley. Así, si después de una manifestación, como en

[7] Tampoco la negociación que conduciría al Pacto de Estella sería notificada al conjunto de la dirección nacionalista.

Oñati, unos cuantos se dedican a romper cristales o bienes, se le está obligando a intervenir y una vez que empieza el lío luego ya no es fácil que todo sea como debiera ser.

»—No hay flujo de información Ertzaintza-Policía, porque no queremos. Y para ello tenemos la ventaja de que ellos tampoco nos dan ninguna información. Esto nos salva de una situación más difícil. La Ertzaintza no ha dado nunca ni un solo dato a la Policía española

»—Estáis equivocados sobre la posición del PNV en la ruptura de las conversaciones. Estuvimos empujando al PSOE hasta el último momento (segunda carta bomba) para que se pudieran reanudar.»

«UNOS SACUDEN EL ÁRBOL, OTROS RECOGEN LAS NUECES»

El epígrafe «Enemigos/adversarios», que resume el pensamiento del presidente del PNV.

«—El enemigo número uno es el de siempre, aunque ahora gobernemos con él.

»—Ellos no se fían de nosotros, hacen como que sí, pero no.

»—FG (Felipe González) no se fía de mí.

»—No se fían de nosotros ni con la Ertzaintza ni con las cárceles. A Cataluña han transferido hace tiempo la competencia penitenciaria, a nosotros no, porque no se fían.

»—Madrid intuye que al final el objetivo principal del PNV y de ETA es el mismo.»

Éste es también uno de los puntos en los que el redactor hace más comentarios sobre los gestos y reacciones de Arzalluz:

«Según va leyendo en voz alta todos los párrafos del documento relativos al tema adversarios/enemigos [Arzalluz] , hace continuas expresiones de asentimiento, llegando a decir al finalizar la lectura de tal parte del documento:

»—"Esto no me disgusta." Esta frase, que por el tono y el contexto habría que traducir por "Esto me gusta bastante" se refiere al anteúltimo párrafo del punto 2 del documento: "Queremos, una vez más... LIBERTAD Y SOBERANÍA DE HEGO-EUSKAL HERRIA[8]".»

El redactor del informe detalla con especial cuidado todas las frases que pronuncia Arzalluz en las que éste expresa una teoría de complementariedad entre ETA y el PNV, que serían, para él, adversarios, pero nunca enemigos:

«—No conozco de ningún pueblo que haya alcanzado su liberación sin que unos arreen y otros discutan.

»—Unos sacuden el árbol, pero sin romperlo, para que caigan las nueces, y otros las recogen para repartirlas.

»—Antes, aunque sin un acuerdo explícito, había un cierto valor entendido de esta complementariedad. Desde hace unos años, tras la muerte de Txomin, estamos olvidando esto y nos lleva a situaciones peligrosas.

»Le contestamos diciendo que el tema viene de antes de la muerte de Txomin, del acercamiento del PNV al "enemigo", de la entrada del PNV en la política de pactos con el PSOE que marca una inflexión muy importante, posiblemente debida, apuntamos, a la debilidad del PNV a un intento de mantenerse aun a costa de pactar con el enemigo de nuestro pueblo. JA lo niega, pero sin mucha convicción. GA en cambio contesta: "Tampoco vosotros nos habéis dejado muchas salidas. Nos habéis puesto en varias ocasiones en situaciones límite." "¿Por ejemplo?" —preguntamos—. "Con la muerte de Genaro (García Andoain)", contesta.»[9]

»En esta parte JA hace una exposición del proceso que llevó a la formación del Gobierno PNV-PSOE. Al final él mismo se lía y es manifiesto que la razón de las preferencias del PSOE por el PNV se deben a que era más débil y no ponía las duras condiciones de Garaikoetxea... Cuando le recordamos

[8] Hego-Euskal Herria es la parte española del País Vasco (por abreviación de Hegoalde).

[9] Ver nota 6 de este mismo capítulo.

que nosotros ya hicimos entonces una oferta seria de apoyar un Gobierno nacionalista sin el PSOE y que valoramos la posibilidad de desarrollar un nivel de intervención institucional suficiente para sostener tal Gobierno, contestan que no era posible porque EA lo boicoteaba exigiendo condiciones humillantes para el PNV, aparte de que nuestro apoyo no era lo suficientemente comprometido, pues les podíamos dejar colgados en cualquier momento.

»Estas contestaciones sonaban un poco a excusas, pues de hecho ni siquiera se acordaban bien de nuestra propuesta e incluso del par de reuniones que mantuvo HB con el PNV, que JA confundía con las del año anterior, 86, en Vergara y Durango, sobre la negociación política.

»Volviendo al tema de adversarios/enemigos y a la propuesta de abrir un periodo de prueba/desbroce que permita ver si se puede llegar a un nivel de interlocución mayor, JA muestra su acuerdo diciendo: "El desarme (dialéctico) se hace poco a poco"... Le recordamos sus últimas declaraciones, en las que el mensaje es que ETA está acabada, a la desesperada, sin horizonte. Ese es el lenguaje que genera el enemigo para la guerra psicológica contra el MLNV. El PNV tiene que elegir el campo y el lenguaje correspondiente. Aparte la contradicción que supone el lanzar ese discurso por RNE y al tiempo estar pidiendo un diálogo con ETA para hablarnos de la teoría de la complementariedad, del valor entendido y de la necesidad del diálogo para incluso un futuro acuerdo político.

»Parece que el tema queda muy claro y finalmente, como un recurso psicológico para romper una pequeña tensión ambiental creada por nuestras palabras... JA termina el diálogo diciendo: "Bien, pero podré seguir metiéndome con Tasio Erkizia, ¿no?" El clima de la reunión vuelve a un ambiente más distendido.»

LA SOBERANÍA DE EUSKADI, ENTRE EL 98 Y EL 2002

La obsesión de método y precisión por dejar un relato notarial, muy característico del entorno de la organización terrorista, ha constituido históricamente una extraordinaria fuente de información para las Fuerzas de Seguridad y los jueces que han de combatirla. El redactor del informe recoge, al final del mismo, lo que él llama «frases sueltas de interés» pronunciadas por Arzalluz a lo largo de las dos horas y media de entrevista. Son éstas:

«—El pacto de Ajuria Enea nunca será obstáculo para una negociación ETA-Estado. Ya le dije a Corcuera cuando en el momento crítico previo a la ruptura de Argel intentaba innecesariamente tranquilizarnos por la posible pérdida de protagonismo del PNV: "No te preocupes por nosotros. No queremos protagonismo." Y no te preocupes por los pactos, pues nunca utilizaremos los pactos como arma arrojadiza contra una posible negociación. Aunque os paséis en diez kilómetros. El límite que establecen los pactos, nosotros no nos vamos a oponer, os paséis lo que os paséis.

»—Esta actitud nuestra se debe a que, protagonismos aparte, si mediante una negociación se consiguen avances para Euskadi, estamos seguros que también nosotros, incluso como partido, nos vamos a beneficiar.

»—Europa está interesada en que para el 93 eso esté en vías de solución... Nosotros tenemos un plan diseñado ya, y le hemos puesto fechas. La soberanía de Euskadi estilo Lituania, a proclamar entre el 98 y el 2002.

»—Lo que es impresentable en Europa es andar a tiros.[10]

»—Otra cosa que preocupa en Europa para el futuro es el tema de una posible conexión ETA-Magreb; es decir, el problema de la seguridad... Cualquier indicio de conexiones ETA-Magreb (regímenes revolucionarios, integristas o terroristas) pondría los pelos de punta a las potencias europeas y provocaría desconfianzas de cara a la soberanía vasca.

[10] Ésta es la única referencia expresa que hace Arzalluz en toda la entrevista a la violencia terrorista que practica la banda, y para hacerla recurre a la expresión «andar a tiros». No pronuncia ni una sola vez las palabras «asesinato», «atentado» u otras parecidas.

»—Lo que personalmente más me preocupa de vosotros de cara a Europa es lo del maxismo-leninismo, no por el tema ideológico en sí, sino porque es impresentable en Europa después del crack del Este y porque un marxismo-leninismo residual y recalcitrante os puede conducir a situaciones como la expuesta antes.

»—En este contexto del futuro, hay un momento en el que Gorka Aguirre, hablando de la evolución política posible en Euskadi, llega a afirmar que al final "tendremos que llegar a algún acuerdo porque para conseguir lo que buscamos, tendremos que gobernar con vosotros".»

Apreciaciones proféticas

Bajo el epígrafe «Finalización», el redactor —presumiblemente Garitano, como hemos explicado— señala:

«José Luis Elkoro propone un nuevo contacto, a lo que Javier Arzalluz dice que antes de las elecciones lo ve imposible. Finalmente se queda en la "posibilidad abierta" de un nuevo contacto en septiembre, a iniciativa de las dos partes, si se considera que hay alguna cuestión de interés. En cualquier caso, después de las elecciones quedamos emplazados. JA: "El día más uno[14], tenemos que hablar."»

Y llegamos así al apartado final, titulado «Valoraciones subjetivas», que contiene dos apreciaciones de carácter profético, vistas a la luz de los acontecimientos que suceden a esta reunión:

«—Parece que hay un interés importante en abrir una comunicación entre ETA y el PNV.

»—Una de las ideas más repetidas a lo largo de la reunión, "que no tienen interés de protagonismo", quizá habría que interpretarla como que no tienen prisas, ni precipitaciones en reclamar un protagonismo, pero que éste les vendrá

[11] Esto es, el día después de las elecciones.

obligatoriamente si vuelven a ser la fuerza política hegemónica en Euskadi.»

A lo largo de los nueve años siguientes y de los diez anteriores, el PNV y concretamente Arzalluz no dejarán de buscar ese diálogo en ningún momento y lo mantendrán incluso durante las ofensivas más sangrientas de la banda. Un sector del nacionalismo llamado democrático no romperá jamás sus estrechos lazos personales y su comunidad de objetivos con ETA.

CAPÍTULO CINCO

PRIMERA DESLEALTAD: LA AUTOVÍA DE LEIZARÁN

No sólo desea protagonismo el Partido Nacionalista Vasco, como demuestra su actuación en relación con las conversaciones de Argel, sino que plantea ese protagonismo como un ingrediente indispensable en cualquier fórmula de entendimiento que pueda plantearse en el País Vasco. Protagonismo y poder. El PNV es, ante todo, una maquinaria concebida para alcanzar y conservar el poder. A este objetivo se supeditan todos los demás y ésa es la meta que condiciona todas sus estrategias.

Para mantenerse en el poder, presentarse ante la sociedad vasca y española como la fuerza indispensable en el Gobierno vasco y evitar quedar al margen de un posible acuerdo susceptible de poner fin al terrorismo etarra, el PNV no duda en abanderar el Pacto de Ajuria Enea, alejarse de ETA y aliarse con el PSOE, en 1988. Para incrementar ese poder y arrebatar al partido de Garaikoetxea una parcela tan importante como la Diputación de Guipúzcoa, los de Arzalluz traicionan ese acuerdo, sin pestañear, apenas tres años después de firmarlo, entregan a Herri Batasuna una baza de oro, que ETA había convertido en bandera, y dejan desarmados al Estado de Derecho y a la sociedad vasca, en una batalla en la que un pueblo entero se había comprometido sin reservas, de una manera muy parecida a la que da lugar, mucho más tarde, al nacimiento del Espíritu de Ermua. Ésta es la historia real y verdadera de la autovía de Leizarán:

«SI NO PODEMOS CONTROLARLO, DESTRUYÁMOSLO»

El contencioso sobre el trazado de la autovía que une Navarra con Guipúzcoa, realizado en 1971 y que contempla inicialmente su paso por el valle de Leizarán, del que recibe su nombre la carretera de enlace entre las dos provincias, enfrenta durante años a los partidos firmantes del Pacto de Ajuria Enea con distintas organizaciones del MLNV. En un principio, encabeza la protesta un grupo de ecologistas de la zona guipuzcoana de Villabona, que se opone al proyecto por considerar que supone un grave deterioro para el valle. Sin embargo, en 1989, tras la ruptura de las conversaciones de Argel, ETA decide que Leizarán ha de convertirse en una nueva Lemóniz (la central nuclear que el terrorismo consiguió paralizar en la localidad vizcaína del mismo nombre) y emprende la correspondiente campaña de terror e intimidación.

En esos días el responsable del aparato político de ETA es Josu Ternera, quien ante un movimiento ciudadano de cualquier signo aplica la siguiente máxima: «Si no podemos controlarlo, destruyámoslo.» Así pues, la Coordinadora antiautovía es engullida por el MLNV, en 1986, y se transforma en Coordinadora Lurraldea, sin que la mayor parte de sus integrantes se dé cuenta. A la cabeza de la organización está Jonan Fernández.

Ya en 1988 se registran unos cuantos atentados contra las empresas adjudicatarias de la obra, que sin embargo nadie reivindica, ya que la primera intervención explícita de ETA en este terreno data de septiembre de 1989. En esa ocasión, la Guardia Civil desactiva en la localidad navarra de Orkoien un artefacto explosivo colocado en la puerta del edificio en el que está la empresa Cubiertas MZOV. Cuatro días más tarde, hace lo propio con una carta bomba dirigida contra el consejero de Obras Públicas del Gobierno navarro, Antonio Aragón.

Un mes más tarde, en octubre de ese año, la organización terrorista vasca amenaza de muerte, mediante sendas misivas, a los ingenieros, altos técnicos, responsables y propietarios de las empresas que han aceptado la adjudicación de la obra. Los etarras saben que todos van a acordarse inmediatamente de José María Ryan, el ingeniero de la central de Lemóniz brutalmente asesinado por ETA por el hecho de dirigir aquellas obras. Con su acción, los terroristas cumplen, además, otro objetivo: que el conflicto aparezca en los medios de comunicación como un contencioso entre ETA y las instituciones de las comunidades autónomas del País Vasco y Navarra. En un documento interno de la banda, se define, de hecho, «la lucha popular contra la autovía» como «una verdadera escuela con las mismas armas que el enemigo, como una lucha modélica de participación». En ese mismo documento, ETA expresa su convicción de que «si la organización no hubiese intervenido, el valle de Leizarán estaría totalmente destruido».

Mientras tanto, la Coordinadora Lurraldea, que es la voz de ETA ante las instituciones, pide la celebración de un referéndum para que los ciudadanos vascos decidan entre los dos proyectos de trazado enfrentados: Por un lado, el de la izquierda *abertzale*, que han denominado Lurraldea y, por otro, el oficial.

LA COACCIÓN Y EL MIEDO

ETA llega a considerar tan importante para su «prestigio» el triunfo en el conflicto de la autovía, que inscribe la salida a este problema dentro de las coordenadas de la negociación política con el Estado. En un documento incautado a ETA por aquellas fechas, la banda afirma: «El tema de la autovía debe estar presente como una de las condiciones a nivel de preacuerdo en esta primera fase de precontactos, antes de que se oficialice cualquier tregua, sea unilateral o bilateral.» Como puede comprobarse, la catadura moral de los terroristas es tan pobre como su capacidad expresiva.

La banda sabe perfectamente que sus amenazas y sus atentados provocan miedo, y ése es el motivo por el que cada vez que quiere frenar u obstaculizar algún acontecimiento, utiliza la coacción, el chantaje y el asesinato. En el caso de la autovía no tiene por qué actuar con métodos diferentes, así que las siete empresas que aceptan construir la carretera de enlace, que han creado una unión temporal denominada Utelan, reciben amenazas por escrito para que abandonen. También se trasladan hasta sus sedes sociales destacados dirigentes de Herri Batasuna, que tratan de convencerles de lo «inadecuado» del trazado oficial y de las «enormes ventajas» que para todos los sectores sociales tendría una modificación del mismo.

De modo que, quince días antes de la fecha fijada para el comienzo de los trabajos, que debían arrancar el 7 de enero, Utelan presenta a las instituciones guipuzcoanas una propuesta de modificación de trazado. No intentan engañar a nadie y admiten ser presas del pánico. Para entonces, en menos de dos años, se han producido 158 acciones terroristas, que han causado daños por valor de 1.000 millones de pesetas. De todas ellas, sólo 12 son reivindicadas por ETA y el resto forman parte de una incipiente *kale borroka* (violencia callejera) que encuentra en ese escenario sus primeras manifestaciones y que conocerá un desarrollo espectacular en los años siguientes, sobre todo a partir de 1992, cuando cumpla la misión de suplir la forzada inactividad de ETA.

EL PNV ABRE UNA LÍNEA SECRETA CON HB...

En aquellos momentos, recordemos, los partidos políticos autodenominados democráticos tienen un acuerdo, el Pacto de Ajuria Enea, cuya misión es aislar a los violentos, entre los que se encuentran las gentes de HB. En octubre de 1990, se celebran unos comicios autonómicos que revelan una tendencia ascendente del PNV en detrimento de EA, que es quien gobierna la Diputación de Guipúzcoa. El partido de Xabier Arzalluz está decidido a ir recuperando poco a poco unos votos y unas instituciones que se han llevado los seguidores de Carlos Garaikoetxea tras la escisión del PNV que da lugar al nacimiento de EA y, entre estas últimas, ocupa un lugar preferente la citada institución guipuzcoana. Para volver a hacerse con ella, los peneuvistas abren una línea secreta de diálogo con la izquierda *abertzale*. Apenas unos meses más tarde, en mayo de 1991, se celebran las elecciones forales y el PNV prepara el asalto a la anhelada Diputación de Guipúzcoa, de la mano de HB y con el consentimiento del PSOE.

La formación de Arzalluz sabe que la posición más firme en la defensa del trazado oficial de la autovía la ha sostenido Imanol Murua, el diputado general de EA, el cual ha actuado en todo momento, eso sí, animado por un PNV que ya tiene en mente proponer al MLNV una modificación del trazado, a cambio de que HB se abstenga a la hora de elegir al nuevo diputado general —el presidente de la institución—. El PNV ha hecho sus cuentas y sabe que, aunque en esos comicios de mayo resulte vencedora EA, como de hecho sucede, si HB se abstiene y los socialistas votan al candidato del PNV, éste saldrá elegido.

El precio que pagan el PNV y el conjunto de los vascos y los españoles por este *pequeño intercambio* es alto: se desmotiva y se desmoviliza a una sociedad que lleva años saliendo a la calle, porque así se lo han pedido sus dirigentes, para decirle a ETA que con violencia en democracia no se consigue nada, y se aprueba un trazado absurdo e improvisado, sin estudio medioambiental serio que valga, con unas curvas peligrosísimas que, de hecho, tienen que ser modificadas al poco tiempo de ser inaugurada la nueva vía, con un coste adicional de 1.800 millones de pesetas, y con unas cotas tan elevadas, que en invierno, cuando las demás carreteras están abiertas, ésta tiene que ser cerrada por acumulación de nieve o hielo. El premio, que recae únicamente en los seguidores de Arzalluz, no parece estar a la altura del desembolso: es ni más ni menos que el ansiado sillón de la presidencia de la Diputación de Guipúzcoa.

...Y FIRMA UN PACTO A GUSTO DE LOS TERRORISTAS

En otras palabras, y parafraseando a Henry Miller, el PNV «se pasa por el Arco del Triunfo» el contenido del Pacto de Ajuria Enea que ha impulsado y firmado con el resto de las formaciones democráticas; pacta con los que apoyan a los terroristas; hace mangas y capirotes del acuerdo según el cual el partido más votado de entre los demócratas ha de ser el que presida la institución que está en juego y, por si todo ello fuera poco, asesta un golpe traicionero por la espalda a Eusko Alkartasuna, su socio de Gobierno en Vitoria.

Para más escarnio, a principios de 1991, todos los partidos que forman la Mesa de Ajuria Enea, incluido por supuesto el Partido Nacionalista, acuerdan formalmente marginar a HB también institucionalmente y formar equipos de gobierno conjuntos para arrebatarle a la coalición proetarra las alcaldías que preside. Simultáneamente, Eudel, que es la asociación que agrupa a los municipios vascos, aprueba una propuesta a favor del trazado oficial de la autovía y en defensa de las instituciones.

En aquel entonces el PNV ya habla en secreto con la izquierda *abertzale*, aunque nadie lo confiesa y muy pocos lo saben. Uno tras otro van sucediéndose los actos y pronunciamientos en favor de la «A2» (denominación oficial de la autovía), incluidos los del presidente del Gobierno vasco, José Antonio Ardanza, ajeno a los manejos y deslealtades de algunos dirigentes de su partido.

El 8 de febrero de 1991, se reúne la Mesa de Ajuria Enea y en el comunicado habitual que se hace público al final del encuentro señala: «Vista la nueva estrategia amedrantadora, centrada en la autovía Guipúzcoa-Navarra, los partidos han expresado su pleno respaldo a las instituciones guipuzcoanas más directamente afectadas y han decidido sumarse y apoyar la convocatoria hecha por las mismas y por los partidos para una movilización popular el próximo día 16 en Donostia.» Al final de este multitudinario acto de protesta ciudadana, José Antonio Ardanza garantiza que «la autovía se hará porque está en juego la libertad frente al reto de los violentos».

LAS PRUEBAS DE LA TRAICIÓN

El primer encuentro para consumar la traición tiene lugar el 8 de enero de 1991 y el escenario elegido es Zarauz. HB pide al PNV una «solución negociada» y asegura que, de ser así, ETA aceptará el trazado propuesto por los empresarios de Utelan, que, en realidad, ha sido sugerida a éstos por la izquierda *abertzale*. El actor que actúa de marioneta de la banda en esta tragicomedia orquestada por ETA, pero que oficialmente representa el papel de «grupo ecologista» ante la opinión pública, es la Coordinadora Lurraldea, la cual negocia con un PNV que ya sabe cómo hacerse con el mando de la Diputación en mayo de ese mismo año. HB/ETA y los de Arzalluz conocen claramente el camino a seguir. Así pues, en este primer borrador de la obra, tanto el PNV como la Coordinadora aceptan el trazado de los empresarios y ponen punto final al problema. Ninguno de los dos tiene en cuenta que en el escenario hay más actores, dispuestos a complicarles el final de la representación.

En marzo, todavía nadie sabe que los peneuvistas y los terroristas están negociando, pero más de un observador se extraña cuando en el comunicado emitido por la banda para reivindicar el asesinato del delegado de Ferrovial en Valencia, José Edmundo Casas Ferrer, ETA se declara dispuesta a «no intervenir en el conflicto de la autovía, con la esperanza de que esté en vías de encontrar una solución pactada».

El día 15 de ese mismo mes vuelven a reunirse, entre otros, Xabier Arzalluz, por parte del PNV, y Jon Idígoras, en representación de HB. Arzalluz subraya a este último los innumerables inconvenientes que plantea Imanol Murua, el diputado general guipuzcoano de EA, para la búsqueda de una fórmula de consenso, y le advierte de que con él a la cabeza de la Diputación será imposible alcanzar una solución dialogada. Argumenta que Murua se ha comprometido de una manera tan radical en ese conflicto, que su partido, EA, jamás dará marcha atrás. Cosa bien distinta sería que fuera el PNV quien dirigiera esa institución... para lo que es imprescindible que HB se abstenga. «Si lo hacéis, yo cambio tres curvas del trazado y podéis vender ante los vuestros que habéis ganado», llega a asegurar Arzalluz a su interlocutor, Idígoras.

Por esas fechas, los empresarios de Utelan, hartos de coacciones, renuncian a la adjudicación de la obra, y Eusko Alkartasuna, en su afán por impedir que ETA se salga con la suya, consigue adjudicársela a la empresa Ramos Hidalgo, la única que se atreve a aceptar ese trabajo. En cuanto se hace pública esta información, *Egin* comienza a denigrar al empresario en cuestión y ETA envía un paquete bomba a su consejero delegado.

UNA CLAUDICACIÓN REMUNERADA

Finalmente, se celebran los comicios forales y el candidato del PNV, Eli Galdos, es elegido diputado general, gracias a la abstención de HB. Resulta curioso que su primer paso sea expresar su indignación por el hecho de que EA haya adjudicado las obras de la autovía a una empresa «tan poco seria» como Ramos Hidalgo. Al mismo tiempo, expresa su deseo de «echar imaginación» para buscar una «solución global» al conflicto de la autovía. Acto seguido, da fecha y hora a la coordinadora de Jonan Fernández para una entrevista.

A partir de este momento, la función la representan Eli Galdós y Jonan Fernández, pero detrás de ellos, entre bambalinas, están los verdaderos artífices del acuerdo: Joseba Egibar, por el PNV; e Íñigo Iruin y Rufi Etxeberria, en nombre de HB.

En los primeros días de agosto, el diario *El Mundo* publica una información, firmada por Carmen Gurruchaga, en la que se afirma que ETA y el PNV han sellado un pacto para cambiar el polémico trazado. La mensajera recibe los insultos de rigor, sobre todo por parte del PNV, pero como el tiempo corre y ETA no perdona, dos semanas más tarde Eli Galdós y Lurraldea anuncian que han llegado a un principio de acuerdo para modificar el trazado de la autovía. La reacción no se hace esperar y todos los partidos se pronuncian inmediatamente en contra, incluido el PSOE, que es socio del PNV en la citada Diputación. El socialista Txiki Benegas califica el acuerdo de «cesión inadmisible», mientras el secretario general de EA, Inaxio Oliveri, dice que es «como poner a la dirección de ETA al frente de la política del País Vasco».

Los peneuvistas han hecho creer al ministro del Interior, José Luis Corcuera, y a Rafael Vera que están hablando con HB para sondearles sobre la pacificación, cuando en realidad hablan de algo que sólo interesa al PNV: cómo conseguir el sillón de diputado general en Guipúzcoa. Y es que el PNV, acostumbrado a hacer y deshacer en la política vasca, no acepta que los demás partidos no sigan dócilmente sus iniciativas, y no entiende que sus compañeros del Pacto de Ajuria Enea no bendigan, sin más, un acuerdo con HB que supone una claudicación ante ETA.

Paradójicamente, en esas mismas fechas Eusko Alkartasuna es expulsada del Gobierno de Vitoria por firmar unas proclamas independentistas en algunos ayuntamientos vascos con HB. Garaikoetxea entiende esta expulsión como «un pretexto para recuperar al PSOE en el Gobierno vasco, quizás a cambio de un apoyo en el cambalache de la autovía». Sea esta interpretación correcta o no, lo cierto es que los socialistas entran en el Ejecutivo autonómico y firman con sus socios un nuevo trazado de la autovía, que sustituye al denominado «A2» y pasa a llamarse «A4».

El lehendakari, que en este asunto actúa al dictado de Xabier Arzalluz, tiene que dar alguna explicación pública ante la inopinada decisión de expulsar de su Gobierno a un partido nacionalista, por defender reivindicaciones propias de cualquier partido con esa ideología, que su propio grupo defenderá, en versión corregida y aumentada, un poco más tarde. Forzado por las circunstancias, en el comunicado hecho público para la ocasión, Ardanza asegura que EA, al firmar el acuerdo de Gobierno con el PNV seis meses antes, ha renunciado a su derecho a plantear iniciativas independentistas y a resucitar el debate sobre la autodeterminación, por lo que su iniciativa ha quebrado, «de manera flagrante, el compromiso de defender el marco estatutario, elemento básico y fundamental del acuerdo de coalición». Esto afirma el jefe del Gobierno vasco, sin vacilar, después de que su partido, el PNV, ha rubricado con ETA un acuerdo que supone una claudicación en toda regla de los demócratas, tras varios meses de conversaciones secretas para conseguirlo.

EL PSOE SE DEJA ENGAÑAR

Como es lógico, esta serie de decisiones unilaterales —e interesadas— por parte del PNV plantean algunas dificultades en el seno de la Mesa de Ajuria Enea, porque el partido de Xabier Arzalluz vulnera abiertamente las normas de convivencia de ese club en el que, según lo que hay escrito, las decisiones que afecten a la izquierda *abertzale* deben ser adoptadas de forma mancomunada o, cuando menos, deben ser comunicadas al resto de los integrantes del foro.

Una vez firmado el acuerdo entre el PNV y Lurraldea, EA, que ha sido la formación más perjudicada por lo sucedido, se opone frontalmente al nuevo trazado A4. Ardanza, para impedir la crisis, convoca una reunión de la Mesa de Ajuria Enea, a la que Garaikoetxea anuncia que no acudirá si, con carácter previo, el PNV no rectifica su posición sobre la autovía. Arzalluz necesita el apoyo de sus socios del PSOE para salir del atolladero, y éstos están dispuestos a dárselo, aunque eso sí, de forma disimulada. Así pues, los socialistas presentan en la Diputación de Guipúzcoa una moción dividida en dos partes: Por un lado, apoyan la propuesta de EA y EE de ratificar el proyecto oficial. Por otro —y aquí está la trampa para consumar los designios de ETA y el PNV—, plantean una enmienda para que se sume a esa propuesta, en virtud de la cual se podrán «introducir mejoras técnicas de carácter medioambiental en el trazado».

El Partido Socialista hace suyo el título de una canción de Lennon y, en tono filosófico, afirma: «Hay que dar una oportunidad a la paz y no sólo en esta obra, sino en toda nuestra realidad.» Y es que el PNV consigue hacer creer al PSOE que el cambio de trazado de la autovía es el primer paso de un camino que conduce a la pacificación del País Vasco.

Para mayor desconcierto y confusión de una ciudadanía vasca ya profundamente confundida y desconcertada, aparece un nuevo trazado intermedio entre el A2 y el A4. A estas alturas, lo importante ya no es el trazado en sí, sino lograr, en primer lugar, que sea aprobado, independientemente del desastre ecológico que provoque; y sobre todo, que se le cambie el nombre. En uno de los encuentros entre PNV y HB, la delegación de este último partido ha sido tajante: «Lo importante es que no sea la A2 y que no se llame Leizarán, porque ETA no lo aceptará nunca.»

SE CONSUMA LA CHAPUZA

Ha pasado más de un año desde que PNV y HB comenzaran a hablar del cambio de trazado de la autovía, y los partidos democráticos siguen sin ponerse de acuerdo. Llega el mes de marzo de 1992, y el día 27 Ardanza convoca una vez más a la Mesa de Ajuria Enea, con el conflicto de la autovía como primer punto en el orden del día. Carlos Garaikoetxea no asiste a la reunión y acusa al PNV de haber roto el Pacto por negociar unilateralmente con HB y ceder a la presión de la violencia.

En abril, PNV y PSOE dicen que ese trazado intermedio entre la A2 y la A4, denominado *Muga* (frontera, en vasco), contiene las mejoras medioambientales con respecto al trazado inicial oficial a las que ellos hacían mención en la segunda parte de la moción presentada en la Diputación. Dichas «mejoras» son de tal calibre, que cuando se empieza finalmente a construir la carretera el tramo navarro y el guipuzcoano no confluyen, lo que obliga a introducir nuevos y costosos cambios de última hora. Eso así, de esta forma, la solución al conflicto queda en manos del Consejo de Diputados, en el que el PNV ostenta la mayoría. Y así, el 22 de abril de 1992, el Consejo de Diputados aprueba la alternativa Muga, con una pequeña variación que permite cambiar este nombre por el de San Lorenzo.

Ese mismo día, HB cita a los fotógrafos de prensa a una hora determinada en su sede de la calle Urbieta de San Sebastián, y les recibe con una copa de champán. Rufi Etxeberria asegura allí: «Hoy hemos ganado, como en su día ganamos Lemóniz y mañana la autodeterminación.» Xabier Arzalluz precisa: «Si ETA hubiese querido, esta autovía no se habría construido.» Ramón Jáuregui explica: «Si hubiéramos apoyado el proyecto oficial, se habría roto la alianza con el PNV.» Garaikoetxea acusa al PNV y al PSOE de premiar a ETA por los atentados cometidos. Y José María Aznar califica a González y a Corcuera de «enterradores del Pacto de Ajuria Enea».

CAPÍTULO SEIS

LOS CONTACTOS QUE NUNCA EXISTIERON

Mientras el PNV multiplica las relaciones directas e indirectas con el entorno de KAS, otro tanto hace el Partido Socialista en el Gobierno, en el más absoluto secreto, con ETA. A partir de la ruptura de las conversaciones de Argel, estos contactos son obstinadamente negados desde el Ministerio del Interior y desde La Moncloa.

En realidad, lo único que ha cambiado es el escenario. Estos contactos «que nunca existieron», están relatados detalladamente en una serie de documentos incautados a terroristas de la banda. Es la primera vez que son publicados la mayor parte de estos escritos, que tienen una enorme importancia para entender qué es lo que realmente se estaba negociando de forma secreta en Argel y la República Dominicana.

DEL COMISARIO AL BOTIJERO

La ruptura de las conversaciones de Argel tiene una consecuencia inmediata para los etarras: su expulsión fulminante del país magrebí y su envío a la República Dominicana. Sin embargo, el hecho de que «los españoles» —calificativo usado por los etarras para referirse a los emisarios o representantes del Gobierno español— cumplan su amenaza de expulsión, no significa, ni mucho menos, que interrumpan la comunicación con los terroristas.

Así pues, si la Mesa en la capital argelina termina de mala manera en marzo de 1989, en mayo de ese mismo año los comisarios franceses Joël Cathalá y Roger Boslé, enviados por el secretario de Estado para la Seguridad, Rafael Vera, tienen ya sus primeros escarceos con algunos miembros de la dirección de ETA encarcelados en prisiones francesas. Los destinatarios de esas propuestas son Eloy Uriarte Díaz de Guereño, *Señor Robles*; José Luis Arrieta Zubimendi, *Azkoiti*, José Antonio Urrutikoetxea, *Josu Ternera,* e Isidro Garalde, *Mamarru.* Los dos emisarios de Vera tratan de sondear la opinión de estos «históricos» con el fin de retomar los contactos.

En noviembre de ese mismo año, Cathalá vuelve a visitar a Azkoiti y éste, en contra de lo que esperan el comisario y todos los que habían impulsado la denominada «vía Azkoiti», pide permiso a la dirección de ETA para mantener ese encuentro, e instrucciones sobre lo que debe decir. Le contestan que deje claro al francés que es el último contacto policial que admite la banda, así como que los presos no son los interlocutores adecuados. Las tres personas designadas por ETA para ese fin están en esos momentos en Santo Domingo y son: Eugenio Etxebeste, *Antxon*; Belén González Peñalva y Arakama Mendia, *Makario.* Además, los terroristas exigen que la reapertura de las conversaciones no se produzca ni en la República Dominicana, por ser un lugar de castigo, ni en Francia, por falta de seguridad.

Atendiendo la exigencia de la banda, el Gobierno deja de enviar a comisarios y opta por una persona a la que califica de «emisario político», que se traslada a la capital de la República Dominicana en marzo de 1990. Los etarras que residen allí se refieren a él como «El Botijero» (calificativo que procede del dicho «ser más español que un botijo».) Se trata de Ángel Guerrero, un antiguo militante del PCE con residencia en París y que tiene la misión de «abordar el tren perdido en Argel».

JUNTOS Y REVUELTOS

En las afueras de Santo Domingo, en una vivienda unifamiliar, residen los seis miembros de la organización terrorista vasca que han sido expulsados de la capital magrebí. Entre ellos está la «interlocución oficial» designada por la cúpula de la banda. A la cabeza, Eugenio Etxebeste, *Antxon*. A su lado, Belén González Peñalva y Arakama Mendia, *Makario*. Todos ellos próximos a la línea oficial impuesta tras la desaparición accidental de Domingo Iturbe Abasolo, *Txomin*. (Antxon forma pareja sentimental con Belén, después de que ella conviviera durante muchos años con Makario, cuando ambos integraban el comando *Madrid*.) En la misma casa viven también: Ángel Iturbe Abasolo —hermano de Txomin—, Peio Gantxegi y Soares Gamboa, quien años más tarde volverá a España de forma voluntaria para entregarse a la Justicia.

Todos ellos, que en realidad forman dos grupos que mantienen relaciones sólo correctas entre sí, están permanentemente vigilados por agentes de la DNI, la policía dominicana, que les acompaña en todos los desplazamientos, tanto si van a hablar con algún enviado del Gobierno, como si se entrevistan con un periodista, ven a un familiar o hacen la compra. Asimismo, controlan sus conversaciones telefónicas, aunque pueden marcar ellos mismos.

UN INCIDENTE CON CORCUERA

El primero de éstos tiene lugar el 15 de marzo de 1990, aunque su existencia es insistentemente negada por todos los miembros del Gobierno y muy especialmente por José Luis Corcuera, entonces ministro del Interior.

Cuando *El Mundo* informa sobre esas reuniones secretas, José Luis Corcuera responde con gran cinismo: «El Gobierno no ha negociado con ETA desde Argel.» A continuación, Tomás de la Quadra Salcedo, titular de Justicia, asegura: «Si los etarras dejaran de matar, se tomarían medidas por consenso.» Declaraciones de este tenor son efectuadas reiteradamente por distintos miembros del Ejecutivo de Felipe González, mientras no dejan de enviar «recados» a ETA. Eso sí, descalifican a quien osa desvelar la existencia de esos contactos.

Una de las autoras de este libro, Carmen Gurruchaga, recuerda un infortunado encuentro personal con José Luis Corcuera, en la toma de posesión como gobernador civil de Guipúzcoa, de su homónimo, José María Gurruchaga, ya fallecido. Unos días antes, ella había publicado en *El Mundo* una entrevista con Iñaki Esnaola, dirigente de HB y uno de los emisarios de Rafael Vera para transmitir mensajes a ETA.

Corcuera rompió el protocolo y fue directamente hacia donde estaba la periodista:

—Carmen, quiero hablar contigo.

El grupo de altos cargos y gobernadores civiles del País Vasco miró con cara de asombro cómo el ministro cogía por el brazo a la reportera.

—Usted dirá, ministro.

—¡Me parece intolerable el trato que da tu periódico a los cómplices de los terroristas!

—Ministro, mi misión es informarme e informar a mis lectores. En eso consiste precisamente ser periodista.

—¡Tu director, ese Pedro J. Ramírez...!

La conversación se había ido por unos derroteros surrealistas, Corcuera encolerizado, la vena del cuello hinchada. Carmen Gurruchaga zanjó con una frase la conversación que se había convertido en el centro de todas las miradas en aquel acto oficial:

—Mire, señor Corcuera, nosotros hacemos entrevistas públicas y las damos a conocer, mientras que ustedes se encuentran con los terroristas de forma oculta y lo niegan ante la opinión pública.

Por la tarde sonó el teléfono en la redacción de *El Mundo* en el País Vasco. Era el jefe de prensa de Interior.

—Carmen, soy Agustín Valladolid. Mira, yo creo que esa discusión tan tonta de la mañana no tiene ningún interés. Corcuera... ya sabes, es buen tipo, pero le ha salido la vena machista, y no ha podido aguantar sus deseos de humillar a Pedro J.

Gurruchaga tuvo que explicar a Valladolid que el interés de aquel incidente lo decidirían en el periódico. Al día siguiente, en efecto, *El Mundo* informó a sus lectores de la reacción del ministro. Corcuera no ha perdonado todavía la publicación de esa noticia.

LOS CONTACTOS, CONTADOS POR LOS TERRORISTAS

Pero lo cierto es que, más allá de los falsos desmentidos del entonces ministro del Interior, el primer encuentro entre Ángel Guerrero, enviado de Rafael Vera, y Antxon tiene lugar el 15 de marzo de 1990, y existe constancia documental de ello. Como es costumbre en ETA, los terroristas elaboran informes muy detallados de todas y cada una de las reuniones que mantienen con los representantes del Gobierno español, informes a los que las autoras de este libro han tenido acceso a la hora de escribir estas líneas.

Aquel 15 de marzo, el oficial de custodia del jefe de la interlocución etarra le comunica que tiene que asistir a una cita, sin especificarle nada más. Antxon está a punto de no acudir, pero piensa que si actúa de esa manera, sus *anfitriones*, los dominicanos, podrían enfadarse. De modo que recapacita y, finalmente, se viste —casi siempre anda en pantalón corto y camiseta—, sale de casa y se sube al coche que le espera en la puerta. Durante el trayecto que separa el domicilio de los etarras del Hotel Sheraton, en el que va a celebrarse la reunión, el agente de la DNI le informa de que se trata de un enviado del Gobierno español que cuenta con el aval del Gobierno dominicano.

Tras las presentaciones de rigor, Guerrero le dice a Antxon que sería bueno que ETA evolucionara al mismo ritmo que lo hace la sociedad, en lugar de seguir con «la inercia de la actividad armada», a lo que el etarra le responde que está de acuerdo en la necesidad de superar inercias, «pero empezando por la primitiva, la del Estado español hacia Euskadi». Aprovecha la ocasión para transmitirle las exigencias mínimas de los terroristas: «Territorio neutral y que el Gobierno acepte la representación indicada por ETA en Argel.»

A VUELTAS CON LA TREGUA

El segundo encuentro se produce en similares circunstancias y en el mismo lugar, el día 3 de abril de 1990. En el mismo, Guerrero ofrece a Antxon la posibilidad de trasladarlo a otro país y, previamente, mantener un encuentro con Rafael Vera. No obstante, le recuerda que cualquier inicio de contactos debe ir precedido de una tregua y en este punto, tanto en este encuentro como en los siguientes, se establece una discusión dialéctica sobre si el alto el fuego es anterior o posterior al encuentro con Vera y sobre si es una exigencia previa o una consecuencia lógica.

«También nosotros podríamos especificar una tabla de condiciones», dice Antxon. Entre ellas, aunque él se niega a calificarla de «condición», está el conjunto de personas que junto a él deban ser trasladadas al país elegido: Belén y Makario, los presos encarcelados en Francia que ya fueron propuestos en la capital magrebí, y algunos miembros de HB.

En ese punto, Guerrero, con el fin de ver cómo respira el etarra —ya que había profundas divisiones entre los dirigentes de HB—, le pregunta cuáles son las personas de su confianza en la coalición *abertzale*, a lo que Antxon contesta: «El conjunto de la Mesa Nacional, si me habla a nivel de dirección.» La reunión termina sin acuerdo alguno entre las partes, salvo en el compromiso de ser discretos.

COCHE BOMBA A SEVILLA

A la tercera cita, mantenida el 22 de abril de ese año, el representante español llega indignado ya que días antes, Henry Parot, el jefe del comando *Itinerante* de ETA, ha sido descubierto en la carretera, camino de Sevilla, con un coche cargado de explosivos destinado a cometer un brutal atentado en la capital hispalense.

«Han cambiado las condiciones», comienza diciendo Guerrero, «lo que pretendíais hacer en Sevilla es tal burrada, que hemos estado a punto de no asistir». Y advierte: «Una nueva cuestión de éstas y, por supuesto, se rompe.» También le asegura a Antxon que si no hay tregua, aunque sea tácita, no hay nada que hacer, y que, en caso de producirse un proceso negociador, comenzaría con el traslado de los interesados a un tercer país, probablemente Argelia. Primero serían llevados allí los tres interlocutores de Santo Domingo, y transcurridos dos meses sin violencia habría un nuevo periodo que daría comienzo tras una reunión con Rafael Vera. Los etarras se dan 10 días para contestar.

Hasta junio no hay un nuevo contacto entre las dos partes. A ese encuentro, el enviado del Gobierno español llega enfermo, por lo que la conversación con Antxon es muy corta. El interlocutor de ETA le confirma que están de acuerdo con el traslado de país, pero no con la exigencia de una tregua, ni con el hecho de que no se incorporen, aunque sea de manera tardía, los presos encarcelados en Francia.

El quinto y último encuentro de esta ronda tiene lugar el 20 de junio. En el mismo, el emisario de Vera expone que las circunstancias políticas por las que atraviesa Argelia desaconsejan ir a aquel país, por lo que los interlocutores oficiales de ETA, Antxon, Belén y Makario, serían trasladados a Suecia. El resto de las condiciones se repiten, con un añadido. Guerrero establece con firmeza que «el PNV no puede quedarse fuera del proceso». A continuación, de manera enigmática, afirma que «pueden existir saboteadores por ambas partes».

Tras esta reunión, Antxon consigue que los dominicanos le dejen contársela a la cúpula de ETA a la que indica: «Da la impresión de que se creen [los españoles] a pies juntillas las tesis de la movida liquidacionista [Iñaki Esnaola y Christianne Fando]: la existencia de dos sectores, uno dialogante y otro que mantiene una dinámica de inercia, casi pura, sin más perspectiva. Piensan que la dirección la llevan estos últimos con Pakito como elemento nuclear de la misma.»

El otro sector estaría centrado en históricos, encarcelados o deportados, como José Luis Arrieta Zubimendi, *Azkoiti*; Isidro Garalde, *Mamarru*; Juan Lorenzo Lasa Mitxelena, *Txikierdi*, y Eloy Uriarte, *Señor Robles*.

Conforme a esa convicción, el Ministerio del Interior español trata de abrir una vía de negociación con ETA a través del citado Azkoiti, histórico militante de la organización terrorista, amigo íntimo de Domingo Iturbe Abasolo, *Txomin*, con quien compartía opinión sobre cómo y cuándo poner punto final a la práctica de la violencia. «Cuanto antes, mejor», solía decir Txomin en los años anteriores a su muerte. Y ciertamente lo intentó, hasta el día en que tuvo lugar el accidente en el que perdió la vida.

Su amigo piensa de la misma manera y, al igual que Txomin, nunca ha terminado de fiarse de los *polimilis*, los activistas de los comandos *bereziak* que pasaron a engrosar las filas de ETA militar y que, finalmente, terminaron por hacerse con el mando en ETA y en todo el MLNV. Hasta tal punto esto es así, que cuentan quienes conocieron a Txomin que jamás pasó a los *polimilis* ni el control de las finanzas, ni el de las pistolas. De modo que sus sucesores en la dirección etarra tuvieron que vivir al día, del dinero que obtenían a través de los secuestros y del mal llamado «impuesto revolucionario».

Azkoiti permanece seis años encarcelado en Francia, como responsable de «los papeles» pertenecientes a ETA hallados en un *zulo* habilitado en la fábrica de Sokoa. Transcurrido ese tiempo, es excarcelado en julio del 92 y confinado en un chalet a las afueras de Toulouse, donde recibe frecuentes visitas. Entre otras, las de los mismos interlocutores que Rafael Vera envía a Santo Domingo.

Las autoridades francesas toman la decisión de poner a Arrieta en libertad vigilada, porque conocen sus opiniones proclives a encontrar una salida negociada. Piensan que éstas pueden tener cierto predicamento entre los activistas de ETA, ya que, dentro de la organización, Azkoiti es un *general* con muchos galones. Y así, de Toulouse es trasladado a París, donde comparte piso con otros dos históricos: Peio Ansola, *Peio el Viejo*, y Eloy Uriarte.

ESTREPITOSO FRACASO

Sin embargo, el resultado final de ese camino no puede ser más divergente del imaginado por quienes lo impulsaron. Sorpresivamente, en unas declaraciones hechas al rotativo *Egin* desde su apartamento en la capital del Sena, el dirigente etarra expone su total coincidencia con la línea oficial que había aparecido en ese mismo diario unos días antes, consistente en exigir que se produzca un contacto físico entre Antxon y Vera, como condición previa a una declaración de tregua. Además, insiste en que Eugenio Etxebeste es el único interlocutor válido, de suerte que lo que diga él mismo es papel mojado o «palabras que se lleva el viento».

Era tal la confianza que las autoridades españolas y francesas habían depositado en esa vía, que la juez parisina Levert, azote de los terroristas de ETA, idea en su día una estratagema legal, pero estratagema al fin y al cabo, para impedir que Azkoiti sea extraditado a España. Y así, el dirigente de ETA es inculpado ante los tribunales franceses por inducción al asesinato del ciudadano francés Clément Perret, presunto miembro de los GAL, perpetrado en Castellón por el comando *Itinerante* de Henry Parot. De esta forma, queda postergada su eventual extradición, sustentada en una presunta inducción al asesinato en España del vicealmirante Colón de Carvajal.

En esas circunstancias, los planes de Interior, secundados por algunos sectores políticos y judiciales en Francia, prevén que Azkoiti comience a trabajar para conseguir aunar voluntades en torno a una negociación plausible. Pero no es así. No se sabe si porque los terroristas creen todavía en la posibilidad de golpear al Gobierno español en los dos eventos importantes que se preparan en 1992: la Expo de Sevilla y las Olimpiadas de Barcelona; o porque no quieren propiciar una nueva escisión en el seno de ETA, lo cierto es que un buen día José Luis Arrieta Zubimendi deja de presentarse ante la Justicia, como era su obligación, y pasa a la clandestinidad.

Inasequible al desaliento y deseoso de mantenerse en su puesto de secretario de Estado, haciéndose pasar por un hombre imprescindible por sus contactos en ETA, Vera mantendrá abierta hasta el final esta presunta vía de diálogo, que apoya, además, con entusiasmo, el Partido Nacionalista Vasco. De hecho, de manera paralela a las gestiones que efectúa el emisario de Interior ante el dirigente etarra, éste se entrevista regularmente con Gorka Agirre, un miembro de la dirección del PNV muy bien relacionado con la banda, que volveremos a encontrar en un capítulo posterior de este libro, como integrante del llamado «Trío de la Bencina», encargado de la interlocución con ETA y KAS desde los albores de la transición.

La llamada «vía Azkoiti» no produce jamás resultado positivo alguno. Los contactos entre el PNV y ETA, así como entre la banda terrorista y el Gobierno socialista, se mantienen y multiplican con el correr de los años, como veremos más adelante. En 1992, sin embargo, suceden una serie de acontecimientos cruciales para el desarrollo de esta historia, que merecen capítulo aparte.

CAPÍTULO SIETE

BIDART: LA DEBACLE DE ETA

ETA considera que los dos grandes eventos que celebra España en 1992: las Olimpiadas de Barcelona y la Expo de Sevilla, son cruciales para lograr no sólo sentar al Gobierno en una mesa de negociaciones, sino imponerle sus condiciones, a cambio de no cometer acciones terroristas en esas dos capitales. El preámbulo de los Juegos parece confirmar los peores pronósticos, pero en pocos meses la situación experimenta un giro de ciento ochenta grados y el 92 se convierte en el año de la debacle terrorista, con una ETA descabezada y devorada por la crisis interna.

Una combinación de acciones policiales deja a la banda sin dirección, muy escasa de recursos financieros, casi privada de infraestructura en Francia y con pocos comandos operativos. El resultado es la paralización forzada de los atentados, de suerte que los fastos conmemorativos del V Centenario se celebran con una tranquilidad inusual.

A ello contribuye que José Luis Urrusolo Sistiaga, un histórico etarra jefe en esas fechas del comando *Itinerante*, que actúa en Barcelona, es descubierto por la Policía y en su huida abandona una agenda. Por los documentos encontrados en ella se averiguan muchas cosas. Entre ellas, que mantiene serias divergencias con quienes en ese momento dirigen ETA, que no son otros que Francisco Mujika Garmendia, *Pakito*, jefe del llamado «aparato militar» y considerado en aquel momento el número uno de la organización; José Arregi Erostarbe, *Fiti*, jefe de «logística», y José Luis Álvarez Santacristina, *Txelis*, jefe del «aparato político».

UNA OLEADA DE TERROR Y SANGRE

Con el objetivo de obligar al Gobierno español a negociar, Pakito pone en práctica una máxima según la cual: «con muchos muertos sobre la mesa, el Gobierno claudica y mejora nuestra situación, consiguiendo una negociación al alza». El Ejecutivo, por su parte, trata por todos los medios de conseguir una tregua, y va a discutirla, como ha quedado visto, con Antxon a Santo Domingo.

Sin embargo, ETA hace exactamente lo contrario de lo que pretende Madrid. Recuerda que las conversaciones de Argel se han producido tras la masacre de Hipercor, el atentado contra la casa cuartel de Zaragoza y el secuestro de Emiliano Revilla y, aplicando una sencilla regla de tres, intenta reproducir el escenario. En el espacio de pocos días de enero, la banda asesina en Barcelona al comandante Arturo Anguera; en Bilbao, al policía nacional José Ansean; en Valencia, al catedrático y miembro del Consejo de Estado, Manuel Broseta, y en Barcelona, a dos suboficiales del Ejército. La oleada de terror surte el efecto deseado por los terroristas.

En esas circunstancias, lo normal hubiera sido que el Ministerio del Interior cerrara cualquier vía de diálogo, pero antes al contrario, Rafael Vera no tarda en hacer llegar a Antxon un doble mensaje: por un lado, el Gobierno acepta Argelia como escenario de conversaciones, tras un alto el fuego. En caso de que no haya tregua, amenaza, el terrorista será enviado a España.

Transcurren apenas quince días y no sólo no se produce un cese de actividades terroristas, sino que Madrid sufre el 6 de febrero un brutal atentado, con la explosión de un cochebomba, en el que mueren tres oficiales del Ejército, un soldado y un funcionario.

Tras este baño de sangre, ETA estima que su situación ha mejorado lo suficiente como para sentarse en torno a una mesa y defender una negociación al alza.

LAS FOTOS DE LA VERGÜENZA

Ante esta insostenible situación, el Gobierno francés decide ayudar al español a aliviar la presión a la que le está sometiendo la banda armada, con el fin de hacer posible la celebración de las conmemoraciones del 92. Por eso se procede a la detención de la cúpula de la organización en el país galo, en una operación que podría haberse llevado a cabo mucho tiempo antes, a tenor de lo que se descubre más tarde.

Y es que, en los días siguientes a esa importantísima desarticulación, la policía francesa interroga a algunos detenidos en la operación y les muestra fotografías de Pakito saliendo de la casa de Josu de Mondragón, así como otras de *Txelis*, entrevistándose en el sur de Francia con el dirigente de LAB, Rafael Díez Usabiaga. Estas instantáneas demuestran que los dirigentes etarras están siendo controlados desde mucho antes de que se produzca su detención.

Pero más vale tarde que nunca... El 28 de marzo de 1992 (casi siete años después de la primera actuación llevada a cabo contra ETA con la colaboración de Francia, que permitió desarticular la anterior cúpula de la banda, no sin que antes el Ejecutivo español se comprometiera a poner fin a las actividades de los GAL en el país vecino, a cambio de la detención y entrega de presuntos miembros de ETA por parte de las autoridades francesas), la policía gala se pone en marcha. En un caserío de la localidad vasco francesa de Bidart consiguen un éxito total: detienen al estado mayor etarra, Pakito, Txelis y Fiti.

LA PELÍCULA DE LOS HECHOS

La acción policial que más ha hecho tambalearse a ETA comienza en la tarde del 28 de marzo. A esa hora, Txelis se dirige al caserío Xilokan con una pizza que ha comprado para cenar. Va sin conductor, por lo que la Policía puede acercarse y ver exactamente el edificio en el que entra el ideólogo etarra. Al mediodía, ha comido en Bidart, en el Hotel Des Pyrénées, tras lo cual ha partido hacia el caserío, para preparar la reunión del día siguiente con sus dos compañeros. Transcurrido un buen rato, vuelve a salir y se acerca al despacho que tiene en la urbanización Des Pastorels, la misma en la que viven algunos de los policías franceses que participan en la operación. Cuando concluye su trabajo, pasa por la pizzería y regresa al caserío Xilokan. Poco menos de veinticuatro horas después, Txelis sale con las manos esposadas y acompañado de Pakito y Fiti, que han llegado a la vivienda, por separado, al mediodía.

Ese 28 de marzo, los temidos dirigentes etarras que creían poder echar un pulso al Gobierno español, con motivo de los fastos del 92, se convierten en tres presos más de los muchos que tiene la banda, sin ningún peso específico dentro de la organización.

ETA NO PAGA REBELDES

La pérdida momentánea de la cabeza de la serpiente coincide con una profunda crisis interna en el seno del MLNV. Los abogados Iñaki Esnaola y Christianne Fando se han enfrentado a la cúpula de ETA y han cuestionado su estrategia. Urrusolo Sistiaga tampoco está de acuerdo con los métodos utilizados por la dirección detenida. El abogado Txema Montero afirma que considera que un primer paso aceptable para construir la nación vasca podrían ser el Estatuto de Gernika y el Amejoramiento del Fuero Navarro, por lo que es expulsado fulminantemente de la organización. El navarro Patxi Zabaleta, amigo personal de Montero, cree oportuno que sea ETA quien dé el primer paso y oferte una tregua para comenzar a negociar. Los presos Isidro Etxabe, Jon Urrutia y Guillermo Arbeloa, manifiestan públicamente su protesta por la línea llevada a cabo por Pakito.

Ante tanta discrepancia expresada con luz y taquígrafos, la dirección etarra se ve en la necesidad de dar la cara y lo hace mediante el procedimiento habitual: Una entrevista en *Egin*. El texto, redactado íntegramente por la banda, sigue la tónica habitual y descalifica abiertamente a los disidentes, a los que tilda de «cobardes, escisionistas» y una larga retahíla de calificativos similares. El mensaje es el de siempre, pero los etarras se molestan en contestar una a una todas las críticas referidas a lo que ellos denominan «lucha armada».

A los que dicen que ya no tiene ningún sentido, les replican que su postura es claramente «liquidacionista» del proceso: «La lucha armada sigue siendo un factor decisivo en el desgaste de nuestro enemigo político, determinante a la hora de posibilitar un contexto político favorable a la acumulación de fuerzas en torno a unos objetivos y condiciones mínimas que garanticen el futuro de Euskal Herria como pueblo.»

Una segunda postura, «más sutil, si cabe», en opinión de ETA, es la de aquellos que plantean «la necesidad de un brazo armado, pero bajo la dirección de una cabeza política que no sea la Organización». Este intento de sustituir a ETA en la dirección política es una constante a lo largo de su historia, y la banda siempre responde lo mismo: «Si el diseño y la estrategia de la lucha armada estuvieran bajo la dirección de HB, ello conllevaría inexorablemente el abandono de la lucha armada, la entrega en los brazos del reformismo y la hipoteca del proceso de liberación.»

Hay una tercera postura, la de quienes asumen el papel de la lucha armada pero critican determinadas formas como los coches-bomba. A éstos, ETA les indica que «tienen una insuficiente clarificación con respecto al papel de la lucha armada».

Pese a que siempre ha quedado la duda sobre si los interlocutores de aquella entrevista fueron verdaderos dirigentes de ETA o miembros de KAS instalados a este lado de la frontera, los entrecomillados recogidos arriba continúan vigentes hoy y seguirán estándolo durante el tiempo que dure la actividad terrorista de ETA, porque, históricamente, siempre es el sector más duro el que se hace con las riendas de la organización.

OBJETIVO: DESCABEZAR A LA SERPIENTE

Pese a ello, el año 1992 marca un antes y un después en la historia de ETA, ya que a partir de entonces el problema principal de la banda terrorista pasa a ser el acoso sistemático que sufren sus estructuras en Francia. La desarticulación de la cúpula es el inicio de otra serie de operaciones llevadas a cabo para evitar que la serpiente vuelva a tener cabeza.

El 28 de abril de ese año, es detenido en París el responsable de finanzas, Sabino Euba, *Pelopincho*, cuando va a embarcar en un vuelo hacia México. La Policía francesa le sigue desde su refugio de Bretaña, lo que permite detectar a otros terroristas, entre ellos Faustino Estanislao Villanueva, *Txapu*. Todos ellos aceptan la *hospitalidad* y ayuda de los nacionalistas bretones. Se organiza una redada policial en esa región francesa y son detenidos 42 ciudadanos con nacionalidad gala, con lo que se pretende que esa zona deje de ser un lugar de refugio para los etarras.

El 31 de mayo de 1992 cae en manos policiales Iñaki Bilbao Beaskoetxea, brazo derecho de Pakito junto a Rosario Pikabea, en un estacionamiento de Bayona. El 5 de junio es apresado en París Miguel Ángel Gil Cervera. En agosto, en Burdeos, *Txapu* y, el día 10 del mismo mes, en Nantes, Josu Amantes Arnaiz, *Txirlas*. El 3 de octubre, en Ciboure, Alberto Aldana Barrena. Las siguientes detenciones son las de Alberto López de la Calle, *Mobutu*, y Juan Vicente Jauregizuria, *Juanvi*.

Esto demuestra que las autoridades francesas pueden actuar contra ETA siempre que se lo proponen. Sin embargo, en demasiadas ocasiones por esa época, la colaboración entre estamentos policiales sólo se produce a cambio de importantes sumas de dinero, con cargo a los fondos reservados.

GOLPES EN CADENA

El eslabón más importante para que ETA pueda funcionar es el financiero. Pues bien, este «aparato» queda seriamente mermado tras la desarticulación, ese mismo año, de la red de cobro del «impuesto revolucionario» que lleva a cabo la Policía autónoma vasca. En París son detenidos Mitxelena Malaxetxebarrieta y Carlos Almorza, que es quien lo dirige.

El llamado «aparato de logística» tiene muchos problemas tras la detención en París de Miguel Ángel Gil Cervera, quien había creado en la capital del Sena una trama empresarial ficticia para comprar sustancias destinadas a fabricar explosivos. El golpe es tan certero que ese grupo tiene serias dificultades para rehacerse hasta el año 2000.

Un año después de Bidart, se detiene a Pedro Gorospe, *Txato el Viejo*, y se descubre la más importante fábrica de armas de ETA, ubicada a escasos metros del caserío en que ha sido localizada meses antes la cúpula etarra, y cuando la organización terrorista está todavía en situación de extrema debilidad. El «aparato» de fabricación de armas y explosivos es, de hecho, el único que todavía se encuentra intacto, mientras que todas las otras estructuras han sido seriamente dañadas por la acción policial.

Ante esta serie de catástrofes, KAS intenta evitar la desmoralización de las bases y afirma que «los descalabros actuales de ETA no son sino una mala racha coyuntural, que será superada por el tiempo, como ha ocurrido en otros momentos de la historia de esta Organización».

Y lo triste es que tiene razón. En 1992 se pierde una oportunidad de oro para dar el golpe mortal a la banda terrorista, porque, como sucederá una y otra vez a lo largo de los años, pronto acude en su auxilio el nacionalismo llamado democrático con el balón de oxígeno del diálogo político, mientras el Gobierno del PSOE no para de «abrir ventanillas».

CAPÍTULO OCHO

EL PSOE SIGUE ABRIENDO VENTANILLAS

Cada vez que la organización terrorista contacta con el Gobierno español, pone en marcha una serie de mecanismos que obligan a la dirección a realizar movimientos peligrosos, que pueden facilitar su detección y posterior detención. Tras las múltiples operaciones policiales que ponen a la banda al borde del colapso a lo largo de 1992, y coincidiendo con su momento de máxima debilidad, ETA *se mete en el armario*, por utilizar una frase que suele emplear en aquellos tiempos Jesús María Zabarte, miembro del comando *Donosti*, cada vez que tiene que extremar las medidas de autoprotección por miedo, por ejemplo, a un atentado de los GAL. Eso no impide, sin embargo, que en los años siguientes el Gobierno que preside Felipe González haga mangas y capirotes de lo que se dice en el Pacto de Ajuria Enea.

VERA LLAMA A OTRAS PUERTAS

Ante la dificultad de acceder a los responsables de la organización terrorista, Rafael Vera ensaya otra vía de comunicación y mantiene a finales del 92 y principios del año siguiente, varios encuentros con los abogados de HB, Iñaki Esnaola y Christianne Fando, en un intento de promover a Azkoiti a la dirección de la banda, e iniciar conversaciones con él. Esta solución no es del gusto de la «interlocución oficial» de ETA. Antxon, en un escrito enviado poco tiempo antes a la cúpula en Francia, califica a estas dos personas de «cáncer liquidacionista», porque, en su opinión, quieren terminar con la organización terrorista como en su día lo hizo ETA político-militar cuando anunció su autodisolución.

Tampoco en Madrid se ven esos movimientos con muy buenos ojos, aunque por otras razones. Así, a mediados de 1993, una persona adscrita a Presidencia del Gobierno trata de hacer llegar a la dirección de ETA, a través Txema Montero, un mensaje del propio Felipe González, que ya no se fía del secretario de Estado. El contenido del mismo es lacónico pero inequívoco: «Vera está quemado.»

Por aquellas fechas, Luis Roldán, a la sazón director general de la Guardia Civil, *abre otra ventanilla* con el miembro navarro de HB, Patxi Zabaleta. El entonces presidente del Gobierno foral de esa comunidad, el socialista Gabriel Urralburu, se compromete a su vez a establecer una vía de negociación con ETA si HB facilita su reelección. Y al mismo tiempo, el secretario de Organización del PSOE, Txiki Benegas, establece otro canal de comunicación con el ex director del diario *Egin*, Pablo Muñoz. El intermediario que concierta la cita es el abogado Fernando Múgica, hermano del político Enrique Múgica, recientemente nombrado Defensor del Pueblo. ETA asesinaría a Fernando a pesar de esta labor de intermediación tres años después. Muñoz introduce en este enrevesado guión a Jonan Fernández, que ya se había estrenado en calidad de co-protagonista en el teatro organizado para cambiar el trazado de la autovía de Leizarán, y que en este momento es ya portavoz de Elkarri, un movimiento *pacifista* surgido de las filas de KAS en 1991, que luego cobra vida propia y empieza a caminar de manera autónoma.

Vera, por su parte, sigue utilizando sus conductos habituales: el del comisario Joël Cathalá y el de Gernika Gogoratuz, un centro de estudios para la paz, nacido en 1987 y dirigido por Juan Gutiérrez, el cual hace de puente habitual entre

Rafael Díaz Usabiaga, secretario general de LAB, y el secretario de Estado para la Seguridad.[1]

EN BUSCA DE UNA TREGUA

Rafael Vera empieza a ponerse nervioso, porque se da cuenta de que él no es el único camino que tiene el Gobierno para llegar a la organización terrorista y porque no obtiene la tan anhelada tregua. Además ETA ya no se cree nada de lo que se le dice, porque son muchos y de muy variadas procedencias los mensajes que recibe con el mismo fin aparente: que ponga sobre la mesa un alto el fuego.

En esas condiciones, en marzo de 1993 los terroristas envían un escrito al secretario de Estado, a través de Juan Gutiérrez, que dan a conocer también a la opinión pública en las páginas de *Egin*. La dirección de la organización terrorista indica en ese escrito que ha recibido información «distorsionada» a través de vías y canales inusuales, y acusa al Gobierno socialista de «falta de coordinación y seriedad». Las propuestas, según ETA, presentan distintas versiones, aunque el fin sea el mismo: la obtención de un periodo lo más largo posible sin asesinatos, chantajes y extorsiones. «Nuestra organización, como lo hemos venido manifestando hasta la saciedad, tanto pública como privadamente, está dispuesta a hacer el gesto que fuera necesario con vistas a empezar a buscar vías de solución negociada al largo y duro conflicto que enfrenta a Euskal Herria y al Estado español», dicen los etarras. A continuación, recuerdan que hay nombrada una interlocución, que se encuentra en Santo Domingo, y, lo que resulta más sorprendente, expresan sus preferencias por Rafael Vera, ya que de todos los posibles, es el único que dicen percibir como el «interlocutor gubernamental». Por ese motivo le piden a él personalmente que «cualquier propuesta» sea refrendada por escrito y a través de Antxon.

---

[1] Ver capítulo nueve.

En octubre de ese año, 1993, contra todo pronóstico, el PSOE vuelve a ganar las elecciones y el miembro de Elkarri, Jonan Fernández, propone a Txiki Benegas establecer un espacio secreto de diálogo entre el Gobierno y ETA. Entre tanto, el secretario de Estado de Seguridad cumple con la exigencia planteada por ETA en marzo, por lo que Fernández viaja a la capital de la República Dominicana para trasladar la propuesta en cuestión a Antxon. Éste, a su vez, designa para las tareas de interlocución con el Ejecutivo a un equipo que recibe el pomposo nombre de «frente negociador» y que está formado por Karmelo Landa, profesor de la Universidad del País Vasco (UPV) e integrante de KAS, procedente del Movimiento Comunista (EMK); Rafael Díez Usabiaga y el histórico José Luis Elkoro.

ENCUENTROS SECRETOS

Sin embargo, no es este «frente negociador» quien traslada a Antxon las correspondientes consignas de la dirección etarra, sino los dos portavoces de HB, Jon Idígoras y Floren Aoiz, que se desplazan a Santo Domingo para decirle qué debe hacer en caso de que le llegue alguna propuesta del Gobierno. Así se desprende de un documento inédito hasta ahora, al que las autoras de este libro han tenido acceso. En el mismo, se habla de una de las fórmulas planteadas en algún momento en la mesa de conversaciones, según la cual ETA y el Gobierno hablarían sólo de cuestiones referentes a la organización terrorista, mientras que HB sería el interlocutor designado para tratar asuntos de carácter político, que, desde el punto de vista de la izquierda *abertzale*, deberían incluir necesariamente ofertas tales como el derecho de autodeterminación y la unidad territorial con Navarra. El MLNV considera que esta propuesta les beneficia, y así se lo hace saber a Antxon.

Para entonces, hace tiempo ya que Rafael Vera inspira desconfianza al presidente del Gobierno, Felipe González, aunque cuenta con el apoyo del ministro del Interior, José Luis Corcuera. Un mes después del triunfo electoral socialista, sin embargo, Corcuera dimite porque el Tribunal Constitucional rechaza su famosa ley conocida como la de «la patada en la puerta». Le sustituye al frente de Interior Antonio Asunción, el cual, nada más llegar al despacho, anuncia: «No creo en el diálogo con ETA» y ordena a Vera que empiece *a cerrar ventanillas.* El «frente negociador» se pone en contacto con Vera y Benegas para tratar de superar la crisis abierta, y unos y otros deciden que lo único que puede frenar a Asunción, de quien ETA dice que es «un obstáculo para el final de la violencia», es un alto el fuego efectivo.

Con el propósito de conseguirlo, Vera empieza a tocar todas las puertas que conoce, lo que vuelve a generar desconfianza en los terroristas. Finalmente, a principios de enero de 1994, el ministro Asunción anuncia implícitamente que a finales de mes termina una larga etapa de contactos con ETA que ha durado muchos años, y comunica la inminente salida del Ministerio de Interior de Rafael Vera.[2]

Pese a este anuncio, Vera no se da por vencido y el 8 de enero mantiene un encuentro, que hasta la publicación de este libro ha permanecido secreto, con algunos representantes de la banda terrorista. La cita es organizada por Elkarri, aunque la parte *abertzale* de la reunión rechaza la presencia del grupo pacifista, por lo que no puede sentarse en la mesa. El punto de encuentro es Lezaun y el lugar exacto, la casa del padre de Txiki Benegas. En el mismo participan, además de Vera y Benegas, Santiago Val, miembro de KAS y de la Mesa Nacional, que según el documento inédito al que han tenido acceso las autoras de este libro acude en representación de ETA, y José Luis Elkoro, el histórico de HB que forma parte del «frente negociador». Los dos son emisarios de ETA.

Vera y Benegas, a su vez, afirman actuar en representación del Gobierno y del PSOE, y expresan su deseo de «aclarar la confusión creada por la reciente publicación de distintas vías de contacto con ETA y su entorno, aparentemente

[2] Un año después, el juez Baltasar Garzón lo encarcelaría por su implicación en la trama de los GAL.

descoordinadas entre sí». Argumentan que todo formaba parte de una estrategia destinada a crear una cortina de humo que evitara «el conocimiento de las intenciones del Gobierno por los medios de comunicación», así como llegar a todos los sectores del MLNV «de cara a una posible solución de la violencia que, al tener en cuenta todos los sectores de ETA, evitara posteriores divisiones».

La finalidad de la reunión es crear «un marco secreto de relaciones» en el que Vera y Benegas representen al Gobierno, y Elkoro y Val, a ETA. Este frente negociador debe conseguir una tregua de ETA que desbloquee la apertura de un nuevo proceso de conversaciones. A cambio, el Gobierno se compromete a hacer gestos y estudiar las cuestiones logísticas: a partir del alto el fuego, se abrirán dos o más foros de conversaciones, unos secretos y otros públicos. Los representantes del MLNV dicen que ven factible la tregua, pero siempre que existan garantías de que el Gobierno va a dar algo a cambio.

Asimismo, exigen que la interlocución, desde el primer momento, tenga capacidad de actuación política. Consideran necesaria la libertad de movimientos y la capacidad para acceder a los medios de comunicación y a los diversos agentes sociales y políticos, con el fin de poder exponer sus posturas en igualdad de condiciones con el Ejecutivo. Recuerdan, a este respecto, la situación de Argel, que valoran como negativa, ya que ETA no pudo manifestarse en aquella ocasión más que a través de comunicados, lo que distorsionó su mensaje.

La salida definitiva de Vera de Interior truncaría esas conversaciones.

EL REINADO DE KAS

Entre tanto, la mala situación generalizada por la que atraviesa el entramado etarra en 1994 hace que las decisiones importantes se adopten desde «el interior»; es decir, desde el llamado «núcleo duro de KAS», según se asegura en otro documento de la banda, desconocido hasta hoy por la opinión pública. De acuerdo con dicho escrito, las personas revestidas de dicha responsabilidad están ubicadas en el entorno del diario *Egin*, y algunas de ellas son allegadas a Txelis, quien se encuentra en prisión.

En el documento en cuestión, se recoge la opinión de varios militantes del MLNV muy crítica con esos dirigentes de KAS, responsables en ese momento del «aparato armado», por lo poco selectivos que son los asesinatos cometidos en aquellos meses contra jubilados y pequeños traficantes. Creen dichos críticos que para conseguir que el Gobierno se siente a negociar son necesarios atentados de mucha mayor enjundia, contra gente importante en Madrid o en el País Vasco, «porque si sacudimos fuerte, el Gobierno de Madrid se muestra dispuesto a un acercamiento». También están en desacuerdo con el hecho de que la dirección auténtica del MLNV se encuentre dentro del periódico *abertzale*, «porque esa situación perjudica a *Egin*».

En esas condiciones de debilidad y reinos de taifas dentro del mundo *abertzale*, surgen proyectos alternativos al ortodoxo, como el del histórico fundador de ETA, Julen Madariaga, equidistante entre el PNV y HB, que renunciando a la lucha armada defiende los objetivos de ETA desde unos parámetros democráticos. La organización terrorista y su entorno temen que sea una maniobra dirigida a provocar una escisión en el MLNV.

Todo comienza a finales de 1993 cuando Julen Madariaga se entrevista con representantes de Euskaria (un grupo de intelectuales nacionalistas no adscritos a partido político alguno y que teorizan sobre el derecho de autodeterminación), de Elkarri, y de otros grupos nacionalistas de ambos lados de la frontera. Les expone Madariaga su punto de vista personal respecto al empeño de KAS y HB por «bloquear la voluntad negociadora de ETA» y les hace escuchar una cinta de audio que recoge las reflexiones de otro histórico fundador de ETA: Juan José Etxabe, amigo de José Luis Arrieta Zubimendi, *Azkoiti*, el cual considera oportuno también buscar vías más «posibilistas», que permitan una salida rápida de los presos a cambio del cese de la lucha armada.

Madariaga propone la creación de una plataforma integrada por notables de ese mundo y encargada de defender el fin de las actividades de ETA, el derecho de autodeterminación, la soberanía de Euskal Herria y el establecimiento de negociaciones con el Gobierno para buscar soluciones técnicas al problema de presos y refugiados.

El MLNV recibe esa iniciativa con profundos recelos, temeroso de que esta plataforma pueda ser el embrión de un nuevo partido que aglutine a los históricos de ETA, agrupados en torno a Azkoiti, y a los disidentes de HB, como Txema Montero, estrechamente relacionado con Madariaga o Iñaki Esnaola, también amigo de Azkoiti. Para paliar los efectos negativos que pueda ocasionar esta idea en su militancia y cerrar filas, desde HB y KAS empieza una campaña de descrédito y difamación de los promotores de la idea a través del diario *Egin* a los que tilda, como es habitual, de participar en una «ofensiva contra la izquierda *abertzale*».

ARZALLUZ ANUNCIA UN ALTO EL FUEGO

La desaparición de Rafael Vera de la escena política provoca un largo periodo de *impasse* en el que ninguna de las dos partes hace nada por contactar. Mientras tanto, en el Ministerio del Interior se produce la sustitución de Antonio Asunción por Juan Alberto Belloch, prestigioso magistrado, que impulsa la política de reinserción de presos etarras.

Los terroristas no soportan la incomunicación con el Gobierno, y en junio de 1995 envían tres emisarios a Buenos Aires a hablar con el premio Nobel de la paz, Adolfo Pérez Esquivel, para pedirle que haga de mediador. Él acepta el encargo y se pone en contacto con la secretaria de Estado de Interior, Margarita Robles.

El presidente del PNV, Xabier Arzalluz, conoce a través de Robles estos contactos y un mes después, en julio, asegura a Belloch que habrá seis meses sin acciones terroristas, en lo que denomina una «tregua tácita» de ETA que, en su opinión, es necesario aprovechar. El líder nacionalista propone en vano al ministro la convocatoria inmediata del Pacto de Madrid, para unificar criterios sobre las medidas a adoptar y el entonces consejero de Interior del Gobierno vasco, Juan María Atutxa, en consonancia con el presidente de su partido, apoya la idea de mantener contactos informales con ETA. En diciembre de ese año, sin embargo, transcurrido seis meses sin acciones terroristas, durante los cuales no se ha producido más que algún intercambio de recados a través de Pérez Esquivel, un comando etarra mata en el puente de Vallecas a seis personas y, una vez más, cierra la posibilidad de encontrar una salida negociada a la violencia.

Entre tanto, sin embargo, se producen en el escenario otros muchos movimientos de actores, que ratifican inequívocamente, por si quedara alguna duda, que la organización terrorista nunca ha estado ni sola, ni aislada políticamente.

DE AJURIA ENEA A ERMUA (1992-1997)

CAPÍTULO NUEVE

WASHINGTON, LA HIPOCRESÍA

El Gobierno socialista y el Partido Nacionalista Vasco no se recatan de hablar con ETA. Pero no son los únicos. A mediados de septiembre de 1991, en una magnífica residencia campestre del Estado norteamericano de Virginia, se celebran unas «jornadas de reflexión» sobre el problema vasco, a imagen y semejanza de las promovidas desde años atrás por el Gobierno de Washington a través de distintos organismos, incluida la CIA, para buscar solución al conflicto de Oriente Medio. Se trata de un encuentro secreto, celebrado entre rocambolescas medidas de seguridad, en el que participan portavoces cualificados de todos los partidos políticos con representación en el Parlamento de Vitoria: PNV, PSE/PSOE, EE, EA, PP y HB.

Al margen de sus conclusiones, esta reunión es la ceremonia de la hipocresía colectiva, la puesta en escena más clara e inequívoca del doble lenguaje que practican todas las formaciones políticas en sus relaciones con los portavoces de la banda terrorista, que se encuentran oficialmente aislados por las fuerzas democráticas unidas en el Pacto de Ajuria Enea, pero que no tienen la menor dificultad para entablar diálogos individuales o conjuntos con los grupos e instituciones que les vienen en gana en cada momento, sin tener siquiera que pedirlo.

COMO EN UNA PELÍCULA DE ESPÍAS...

La idea de celebrar ese encuentro surge del Instituto de Análisis y Resolución de Conflictos de la Universidad George Mason, de Virginia, y del Centro de Estudios para la Paz, Gernika Gogoratuz, creado en 1987 a iniciativa del Parlamento vasco y subvencionado por el Gobierno de Vitoria. Ambas organizaciones, de similares características, han estudiado juntas el año anterior el problema de la violencia terrorista en Euskadi, e intentan buscar fórmulas para atajarla. Su objetivo es reunir en torno a una mesa, lejos de casa y sin la presión de los medios de comunicación, a interlocutores que en España no pueden siquiera acercarse unos a otros, so pena de invalidar el pacto de marginación de los violentos que mantienen las fuerzas democráticas. Interlocutores, algunos de cuyos nombres producen auténtica sorpresa, incluso diez años más tarde... Para garantizar el éxito de la operación (financiada en gran medida con fondos públicos) es indispensable el secreto más absoluto.

Y así es como a partir del 10 de julio empiezan a viajar hacia Virginia los trece políticos vascos protagonistas de esta cita, en vuelos separados, con diferentes rutas y escalas, en algunos casos incluso con nombres falsos para evitar dejar cualquier pista y, por supuesto, con los más dispares pretextos en cuanto a los motivos de su viaje. Han sido invitados dos representantes de cada partido, excepto de HB, que ha impuesto como condición la presencia de tres de sus hombres, y se ha salido con la suya.

Una vez en la casa de campo escenario del *seminario*, los integrantes de la expedición son informados por sus anfitriones de la metodología que será aplicada en las conversaciones, que coincide a grandes rasgos con la mantenida a lo largo de los años en las negociaciones para la paz en Oriente Medio, en las cuales alguno de los consultores estadounidenses tiene amplia experiencia. Se trata de apartar en primera instancia todas las cuestiones que plantean conflictos irreconciliables entre las partes, para explorar puntos de acuerdo o coincidencia y, a partir de ahí, avanzar en la búsqueda de consensos.

Para facilitar esta línea de actuación, impulsar las *tormentas de ideas* que han de dar lugar a los debates e impedir la toma de posiciones preconcebidas e inflexibles, se dispone de una enorme mesa cuadrada, en la que todos los políticos están alejados de sus compañeros de formación y colocados entre representantes de formaciones rivales, con una única excepción: los tres de HB están todos juntos, porque así lo han exigido ellos, en términos de *sine qua non*.

QUIÉN ES QUIÉN

¿Pero quiénes son los protagonistas de ese diálogo de sordos —como veremos más adelante— del que no emana resultado alguno? Pues una serie de personajes muy conocidos para cualquiera que siga por aquellos años la actualidad del País Vasco, algunos de los cuales siguen en primera línea:

Por el Partido Nacionalista Vasco, Juan María Ollora y Gorka Agirre, integrantes —junto con Joseba Egibar— del llamado «Trío de la Bencina», que merece capítulo aparte en este libro por su histórica vinculación al mundo de ETA.

Por el PSE/PSOE, José Antonio Maturana y Jon Juaristi, actualmente desligado del socialismo y convertido en auténtico «azote» del nacionalismo.

Por el PP, Javier Peón y Eugenio Damboriena, dirigentes de Vizcaya y Guipúzcoa respectivamente, hoy alejados de la política activa, aunque en aquel momento eran dos jóvenes en la veintena.

Por Euskadiko Ezkerra —fusionada más tarde con el Partido Socialista— Mario Onaindía y José Luis Lizundia.

Por Eusko Alkartasuna, Juan Porres y Joseba Azkárraga, que sigue intentando durante años la Vía de Washington, una vez concluida ésta de mala manera, mediante la organización de encuentros en su caserío alavés. Abandonada la esperanza, él y su compañero se apartan de la actividad pública.

Por HB, Floren Aoiz —miembro de la Mesa Nacional de HB, en la que sigue desempeñando, diez años más tarde, una labor muy intensa—, Iñaki Aldekoa, partidario ahora del fin de ETA, y Andoni Gorostiza, apartado ya de la primera línea.

Oficia de anfitrión animador del encuentro el líder de Gernika Gogoratuz, Juan Gutiérrez, un personaje de considerable influencia en el tormentoso universo vasco, con excelentes relaciones en todos los partidos políticos y discreción suficiente para mantenerse siempre fuera del alcance de los focos y merecer la confianza de unos y otros.

Ingeniero de caminos, doctor en Filosofía y sociólogo, además de políglota, este antiguo militante de la ORT, exiliado en Alemania durante veinte años y muy vinculado a distintas organizaciones pacifistas, viaja frecuentemente por el mundo para participar en diversos foros de debate en torno a la paz, mientras teje sólidos lazos de amistad personal con distintos actores de la vida española y vasca, que le convierten en más de una ocasión en emisario entre ETA y el Gobierno (concretamente entre Rafael Díez Usabiaga, Floren Aoiz y José Luis Elkoro, por una parte, y Rafael Vera, por la otra), transmisor de recados desde y hacia la organización terrorista e interlocutor habitual y privilegiado de políticos de tanto relieve como Jaime Mayor Oreja, por el PP, y Ramón Jáuregui, por el PSOE, con quienes a mediados del 2000 todavía mantiene excelentes relaciones. Y es que Juan Gutiérrez, que según quienes le conocen es hombre de excepcional inteligencia y capacidad de análisis, es una de las personas mejor informadas de cuanto acontece en la trastienda de la política vasca.

QUÉ DICE CADA CUAL

A esa mansión de Virginia, situada en un precioso paraje boscoso, cada cual acude con una intención bien distinta y un discurso perfectamente diferenciado, que evoluciona poco a lo largo de los cinco días que dura el *seminario*. El PSOE desea, ante todo, salvar las celebraciones del 92 y, en la medida de lo posible, recuperar la confianza de la banda para retomar las conversaciones frustradas en Argel. El PP quiere informarse de la situación y explorar si realmente la vía del diálogo ofrece alguna posibilidad de solución. El PNV está empeñado en dejar claramente sentado que cualquier fórmula de negociación con ETA ha de contar necesariamente con su participación en calidad de protagonista. Y HB se propone, como queda evidenciado más tarde, subrayar que no cede un milímetro en sus planteamientos de siempre y demostrar que lo de su aislamiento es una filfa. Los demás son actores secundarios de esta tragicomedia.

En el transcurso de las largas sesiones de debate, quien más se distingue por su encarecida defensa del Estatuto de Gernika es Mario Onaindía. A diferencia del portavoz de EE, contundente y conciso, el peneuvista Juan María Ollora hace gala de su maestría en el arte de la dialéctica y pergeña allí mismo la que da en llamar «teoría del marco», como años más tarde acuñará el concepto de «ámbito vasco de decisión». Una y otra ocurrencias son claros exponentes de su capacidad para manipular las palabras.

Lápiz y papel en mano, Ollora dibuja incansablemente una figura rectangular dentro de otra más amplia y repite esta idea: «Aceptemos que el marco sea el actual; eso no significa que su contenido no pueda variar sustancialmente en el futuro...» Lo cual, según la interpretación de la mayoría de los presentes, significa: de acuerdo, llamémosle Estatuto de Gernika, pero eliminemos sus límites de manera que sirva de base para la aceptación de las reivindicaciones históricas del nacionalismo. Y, por supuesto, vayamos a la negociación política con ETA, sabiendo que en ella el PNV ha de actuar de director de orquesta. Ese mensaje es repetido una y otra vez por la delegación del PNV, pero no es muy del agrado de los representantes más cercanos a la banda.

Los portavoces batasunos, de hecho, repiten sus conocidas posiciones sobre la autodeterminación, la recuperación de la «unidad territorial» con la integración de Navarra, etcétera, etcétera, pero, sobre todo, exigen la ruptura del aislamiento a que están sometidos formalmente en España, mientras subrayan el «cinismo de los demócratas» que les tratan como apestados en público, pero allí están, hablando con ellos, lejos de las cámaras.

HB no sólo reclama luz y taquígrafos para las conversaciones, sino que se encarga de desvelarlas a las pocas horas de darlas por concluidas, con una filtración a *Egin* de la que tienen conocimiento los demás asistentes a la reunión antes incluso de llegar a la Península. Con ella, los portavoces de ETA persiguen poner de manifiesto ante la opinión pública que, en la práctica, no sufren marginación alguna y, al mismo tiempo, dejar bien claro que, en contra de los deseos de los restantes grupos, que proponen repetir experiencia probablemente en Oslo, a la dirección de la banda no le interesa seguir adelante por esa vía, que califica, en uno de sus documentos internos, como «mucho más *ful y flete* [falso, amañado] de lo que se pretende. En principio, poca calidad, y organizativamente un desastre. (...) La única conclusión válida que se puede sacar es que, efectivamente, ese Gutiérrez tiene todas las bendiciones y parabienes de las más altas instancias, contactos e influencias».

EXTRAÑAS COINCIDENCIAS

En el último día del encuentro americano se pide a cada uno de los participantes en el foro que presente una propuesta cerrada y anónima, y se someten todas a la aprobación de la concurrencia. La que más respaldos encuentra es... la del secretario general del PP en Vizcaya, Javier Peón, que plantea, como hipótesis de trabajo, cambiar el trazado de la autovía de Leizarán a cambio de una tregua y, una vez comprobada la sincera voluntad de la banda de abandonar la violencia, abrir una mesa de diálogo con representación de todos los partidos y terminar así con la marginación de HB.

A lo largo del debate, el batasuno Iñaki Aldekoa comenta en más de una ocasión: «Tendría cojones que nos fuéramos a entender mejor con el PP que con el PSOE. Pero no sería la primera vez que un conflicto de éstos lo resuelve un Gobierno de derechas y no de izquierdas.»

De vuelta a la realidad española, el líder de los populares vascos, Jaime Mayor Oreja, concluye que todo está muy verde para entablar negociaciones, aunque mantiene el contacto permanente con Juan Gutiérrez hasta bien entrada la primera legislatura de José María Aznar.

El PNV, por su parte, entrega las dos bazas que había reclamado insistentemente ETA, sin demandar nada en contrapartida a la banda. En lo que respecta a la autovía, ya ha quedado expuesto cómo unos meses antes ha cedido ante HB a cambio de una Diputación, cesión que se formaliza en abril del año siguiente.[1] Por las mismas fechas, el partido de Arzalluz se presta también a entablar un proceso público de diálogo con los batasunos, que se escenifica en el bilbaíno Hotel Ercilla, ante decenas de periodistas, y que supone una traición abierta a los acuerdos de Ajuria Enea.

MENSAJERO EN LA SOMBRA

La experiencia de Washington, aunque fallida, consolida el prestigio del director de Gernika Gogoratuz como mediador o mensajero, y le convierte en uno de los emisarios de referencia —aunque no el único— entre Rafael Vera y ETA, representada indistintamente por Rafael Díez Usabiaga, José Luis Elkoro y Floren Aoiz.

Entre los muchos «recados» que tramita Gutiérrez para ellos está la queja que hace llegar la banda a finales de 1992 por la falta de voluntad de diálogo que demuestra el Gobierno al mantener prácticamente incomunicado a Antxon, en Santo Domingo, o la propuesta que Vera le pide que transmita a ETA, a finales del año siguiente. Es, a grandes rasgos, la repetida una y otra vez, aunque con un papel protagonista para Gutiérrez: Declaración de tregua unilateral por parte de los terroristas; encuentro subsiguiente, inmediato y no desmentido del propio Vera con los enviados de HB; reunión de todas las fuerzas políticas bajo los auspicios de Gernika Gogoratuz, como embrión de una futura «Mesa» de partidos; apertura de conversaciones en Santo Domingo con

[1] Ver capítulo cinco.

los interlocutores habituales de la banda y traslado de éstos a un país europeo, probablemente Francia; conversaciones públicas aunque de contenido secreto y agenda abierta a todas las cuestiones; paréntesis de tres meses durante los cuales se procedería a un reagrupamiento de los presos en cárceles vascas, y apertura formal de la negociación ETA–Gobierno.

En una charla telefónica mantenida por esas fechas entre el número dos de Interior y el líder del citado movimiento pacifista, Vera se queja de la proliferación de vías de contacto abiertas con la banda —a pesar de estar él mismo en el origen de la mayoría de ellas—, y reitera a su interlocutor que no hay más diálogo posible que el entablado a través de Gernika Gogoratuz. En realidad, para entonces Rafael Vera se siente ya muy amenazado dentro de su propia casa, sospecha lo que se le viene encima y se aferra a la negociación con ETA como única tabla de salvación.

EL FIN DE RAFAEL VERA

Pero ni sus ruegos, ni sus amenazas, ni el sistema de gratificaciones espléndidas que ha montado en el Ministerio del Interior mediante el control de los fondos reservados, que no paran de crecer desde 1982; ni el apoyo entusiasta del PNV, que sigue recordándole, seis años después, con admiración y nostalgia, ni sus apoyos en Francia, muchos de ellos generosamente remunerados, ni mucho menos Felipe González, salvan a Rafael Vera de ser cesado.

Tras las elecciones de junio de 1993, el nuevo y efímero ministro del Interior, Antonio Asunción, recibe la orden directa del presidente del Gobierno de prescindir de los servicios del secretario de Estado de Seguridad, a quien José Luis Corcuera no ha podido despedir, a pesar de haber recibido en más de una ocasión idéntico encargo. En los meses que siguen, Asunción ofrece a su todavía segundo, con el aval de González, las embajadas de España en Lisboa y Buenos Aires, que son rechazadas sin contemplaciones.

Vera, que en aquellos meses mendiga desesperadamente y por los canales más dispares una tregua de la banda terrorista, advierte a sus superiores: «No hay cojones para cesarme. Yo tengo la solución al problema de ETA y quiero ponerla en marcha.» Pero se equivoca.

El 4 de enero de 1994, Asunción convoca una rueda de prensa en el ministerio en la que anuncia, con gesto circunspecto, su pesar y frustración por no haber sido capaz de retener en su cargo a quien durante los últimos doce años ha sido el máximo responsable de la lucha contra el terrorismo. Vera se entera así por los boletines de noticias de la radio de su decisión irrevocable de abandonar su despacho el día 28 de ese mismo mes.

Y LA GUINDA: EL PISO DE ROLDÁN

El de Vera es el primer cese conflictivo al que se enfrenta el ministro valenciano que con tanto alivio dimite de su cargo pocos meses después de ser nombrado, al percatarse de la «herencia» que le han dejado sus predecesores. El segundo, que acabará provocando la marcha del propio Asunción y una de las crisis más graves en la historia del Partido Socialista, es el del director general de la Guardia Civil, Luis Roldán.

El ministro cita compungido a Roldán en su despacho y le dice:

—Luis, tengo que cesarte.

A lo que Roldán, visiblemente preocupado, responde:

—Ministro, no me ceses, que tengo graves problemas económicos.

Asunción, haciendo gala de una angelical ingenuidad, se interesa:

—¿Te has metido en un piso y no puedes pagar las letras?

Y Roldán, que lleva años cobrando un sobresueldo aproximado de cinco millones de pesetas mensuales, al igual que otros altos cargos de Interior, zanja la cuestión:

—No, eso aquí lo tenemos perfectamente resuelto. ¿A ti no te han dicho nada?

CAPÍTULO DIEZ

EL GAL

El legado que se encuentra Antonio Asunción a su llegada al Ministerio del Interior, en 1993, es ni más ni menos que una bomba de relojería a punto de estallar; uno de los mayores escándalos de la democracia; un cadáver sepultado en los armarios de su departamento durante una década, cuyo hedor ya resulta imposible de ocultar: el GAL.

TERRORISMO DE ESTADO

Los asesinatos de Joxe Lasa y Joxian Zabala, nunca reivindicados, y el secuestro del ciudadano francés, Segundo Marey, son las primeras acciones de los Grupos Antiterroristas de Liberación (GAL): una banda terrorista surgida en 1983 del interior de los aparatos del Estado para practicar la *guerra sucia* contra ETA. En su sangriento historial quedan 28 asesinatos. Catorce de las víctimas son totalmente ajenas a la organización terrorista vasca y al mundo nacionalista.

Con estos asesinatos «por equivocación» consiguen sembrar el pánico en el País Vasco francés y, de ese modo, perjudicar seriamente la economía de una región que vive fundamentalmente del turismo. Sus atentados indiscriminados contra bares y lugares públicos crean una sensación de inseguridad generalizada en una zona de Francia hasta entonces muy tranquila, en la que ETA y su *alter ego* francés, Iparraterrak, no han realizado atentados, para evitar la intervención de las autoridades francesas y la posible pérdida de su *santuario*.

Pero precisamente la destrucción de ese *santuario* es uno de los objetivos principales de los mencionados Grupos Antiterroristas. Con sus bombas y sus amenazas, los GAL desestabilizan la zona en la que ETA encuentra refugio, y sus responsables políticos controlan una baza poderosa para negociar que el Ejecutivo francés empiece por fin a combatir a los miembros de la banda etarra mediante expulsiones, extradiciones y deportaciones, a cambio de que la nueva organización criminal cese en sus actividades terroristas.

Esto sucede, por supuesto, en el secreto más absoluto, sin que ninguno de los implicados reconozca lo que está pasando y entre negativas permanentes de responsabilidad por parte del Gobierno español, que rechaza sistemáticamente cualquier vinculación con esos asesinos. «Ni hay pruebas ni las habrá», asegura en ese tiempo un Felipe González muy seguro de que ese asunto no le salpicará nunca ni a él, ni a ninguno de sus ministros. En el País Vasco, no obstante, casi nadie duda de que detrás de los GAL está el Ministerio del Interior, que ha utilizado a determinados sectores de la Guardia Civil (Enrique Rodríguez Galindo), la Policía (José Amedo y Míchel Domínguez) y el Cesid, para los citados fines. Demostrarlo, sin embargo, resulta mucho más difícil, y han de pasar muchos años hasta que la Justicia, tras un arduo y penoso trabajo de algunos de sus representantes, consiga probar la participación en esos crímenes de destacados miembros de los distintos gobiernos socialistas.

AMEDO Y DOMÍNGUEZ

En Francia las cosas van más deprisa. Pese a la inestimable ayuda que algunos policías franceses prestan a los asesinos de los GAL para cruzar impunemente la frontera en ambas direcciones después de sus fechorías, existe un grupo de colaboradores de la banda, no vinculados a los Cuerpos y Fuerzas de Seguridad del Estado, que proceden en su mayoría del hampa de Burdeos y Marsella, que pronto son detenidos y comienzan a contar lo que saben en los interrogatorios a que son sometidos. Están visiblemente enojados porque sus superiores inmediatos, los policías José Amedo y Míchel Domínguez, les han pagado la mitad de lo que les habían prometido y, en algunos casos, ni siquiera eso. Amedo se ha dejado en las ruletas del casino el dinero destinado a los mercenarios, y éstos no se recatan a la hora de inculparle. Teresa Rilo, viuda de Jean-Pierre Cherid, uno de estos mercenarios muerto en Biarritz al explotarle una bomba con la que iba a atentar contra un ciudadano vasco, no duda un segundo en pedir al Gobierno español una pensión de viudedad.

La primera investigación judicial española sobre este tema data de 1986 y corre a cargo de Francisco Castro Meije, a la sazón juez titular del Juzgado Central de Instrucción número 5 de la Audiencia Nacional. Cuando este magistrado pasa a ocupar una plaza en la Sala de lo Penal de la propia Audiencia Nacional, su puesto es cubierto por el juez Baltasar Garzón, que procede del servicio de inspección del Consejo General del Poder Judicial (CGPJ). Es él quien concluye la investigación abierta, y en julio de 1988 decreta la prisión incondicional de José Amedo y Míchel Domínguez. En septiembre de 1991, la Sección Tercera de la Sala de lo Penal de la Audiencia Nacional dicta sentencia condenándoles a penas que superan los cien años de prisión para cada uno, como responsables de los delitos de asociación ilícita, asesinatos en grado de frustración, lesiones y falsificación de documentos. La sentencia describe a estos policías destinados en Bilbao como dos individuos que por propia iniciativa y con dinero propio, ahorrado de sus salarios o recibido de familiares, se han dedicado a contratar a mercenarios extranjeros para que asesinaran a otras personas. Según el auto de condena, Amedo y Domínguez no pertenecen a una banda organizada.

EL PRECIO DEL SILENCIO

Una vez sucedido lo que ninguno de los responsables de los GAL espera: la celebración de un juicio con el desenlace de una sentencia condenatoria, a los policías encarcelados se les ordena permanecer en silencio hasta que se les pueda sacar de prisión. Por supuesto, ese silencio, que debe proteger a quienes están por encima de ellos en el organigrama del grupo terrorista, tiene un precio, que el Ministerio del Interior español paga religiosamente en Suiza, en unas cuentas específicamente abiertas para tal fin. El dinero procede de los fondos reservados, presuntamente destinados a la lucha contra el terrorismo etarra.

Mientras el saldo de sus cuentas corrientes sigue incrementándose, los dos policías encarcelados se mantienen callados. Cuando el entonces ministro del Interior, Juan Alberto Belloch, decide clausurar definitivamente el grifo que había cerrado Asunción, al poco tiempo de ocupar su puesto, Amedo y Domínguez amenazan con hablar y de hecho así lo hacen. Corre el año 1993 y el juez Baltasar Garzón ha saltado a la política como número dos del PSOE en las listas de Madrid para las elecciones generales que se celebran ese año. Sin embargo, el noviazgo del magistrado con la política dura muy poco: exactamente, hasta que se da cuenta de que ha sido utilizado. Se enfrenta precisamente a Belloch, quien le quita el puesto de ministro al que aspiraba, de una forma particularmente humillante, y se vuelve a su Juzgado de Instrucción número 5 de la Audiencia Nacional, sólo unos meses después de haberlo abandonado.

LA VENGANZA DE GARZÓN

Cuentan las malas lenguas que antes de irse, y a modo de salvaguardia, archiva una bomba: el caso del secuestro de Segundo Marey, pendiente de una comisión rogatoria en Francia, que reactiva en cuanto regresa a su despacho. Para ello, dispone de la inestimable ayuda de Amedo y Domínguez que, decididos a vengarse de quienes no han cumplido su palabra, empiezan a contar todo lo que saben, en la certeza de que, con las condenas que ya pesan sobre ellos, en el peor de los casos no verán aumentado su tiempo de estancia en prisión.

Ciertamente están en la cárcel y eso les hace perder credibilidad, pero tienen en su poder una prueba irrefutable y demoledora para los implicados: la reivindicación manuscrita del secuestro de Segundo Marey. Una parte la ha escrito Ricardo García Damborenea, dirigente del PSOE en Vizcaya durante los primeros años ochenta, arrumbado en los desvanes del partido y refugiado en su profesión de médico en cuanto al PSOE deja de interesarle un dirigente con un discurso tan radicalmente antinacionalista, que le impide llevar a efecto las alianzas suscritas a mediados de la década con el PNV. Una vez que Garzón tiene el escrito delator en sus manos, sin decir nada al político vizcaíno, ordena una prueba pericial caligráfica con unos papeles de banco, que confirma su autoría.

Se produce en ese momento una situación especialmente dramática, el día en que en el programa *La Linterna*, de la Cope, su director, Luis Herrero, ofrece en directo la noticia de que uno de sus tertulianos, que está presente en el estudio, ha resultado ser el autor del escrito de reivindicación de una de las acciones de los GAL, de acuerdo con la prueba caligráfica ordenada por el juez Garzón. García Damborenea se queda mudo y se pone pálido. Se hace un enorme silencio en las ondas y se da paso a la publicidad...

En un principio, tanto el propio Damborenea como los responsables del Ministerio del Interior que en aquellas fechas están destinados en Bilbao niegan su implicación en el secuestro. Sin embargo, unas semanas más tarde, el socialista vizcaíno ofrece una conferencia de prensa y reconoce su participación en los hechos, a la vez que implica a toda la cúpula del Ministerio del Interior de aquella época, con José Barrionuevo a la cabeza, así como a Felipe González. Asegura que él no habría hecho nada sin la autorización expresa del presidente del Gobierno, y describe detalladamente un par de visitas realizadas a La Moncloa para hablar del asunto del GAL con González. Éste no es llamado a declarar, ni siquiera en calidad de testigo, porque algunos magistrados del Supremo estiman que hacerle subir las escaleras que conducen al Alto Tribunal sería «estigmatizarlo».

Los restantes implicados aceptan su culpabilidad, apostando por la prescripción del delito reconocido, pero fallan en sus cálculos y el 29 de julio de 1998 el Tribunal Supremo condena al que en ese tiempo era ministro del Interior, José Barrionuevo, al entonces secretario de Estado para la Seguridad, Rafael Vera, y a su predecesor, Julián Sancristóbal, por un delito de secuestro. Cuando un periodista pregunta a uno de los abogados defensores, José María Stampa Braun, si tiene intención de recurrir la sentencia, éste responde: «¡Cómo no sea ante Dios y ante la Historia!...» Meses más tarde, el Gobierno de José María Aznar tramita con inusitada rapidez un indulto parcial, por lo que los condenados son puestos en libertad.

LA ESCASA CURIOSIDAD DEL PNV

Pese a que, finalmente, uno de los casos juzgados sobre los GAL ha reconocido a ese grupo como «organización armada», en una reciente sentencia dictada con motivo de la implicación del camionero Brescia en uno de estos asesinatos, las dificultades y las trabas que han de superar los interesados en llevar adelante las investigaciones son inenarrables. Por ello, a lo largo de los últimos quince años ha habido muy pocas personas dispuestas a llegar al fondo de este asunto. Entre ellas, destacan algunos periodistas de *Diario 16* y *El Mundo*, el ex juez Javier Gómez de Liaño, algunos policías como el comisario De Federico, uno de los testigos de cargo, o el también policía destinado en San Sebastián, Ángel Carrillo, y pocos nombres más.

Ningún partido político, incluido el Partido Nacionalista Vasco, muestra excesivo celo en el esclarecimiento de los 28 asesinatos perpetrados por los GAL. Es más, en un almuerzo compartido con una de las autoras de este libro, Carmen Gurruchaga, el ex presidente del Gobierno vasco, José Antonio Ardanza, le dice textualmente:

—El único que está interesado en aclarar esto es tu periódico. ¿Por qué no lo dejáis y pasamos página?

En este sentido, hay que reconocer que el periódico del PNV, *Deia*, es el primero en publicar en su día informaciones veraces, procedentes de la Ertzaintza, sobre las extrañas andanzas del comisario José Amedo. Sin embargo esas noticias pronto desaparecen de sus páginas. Inmediatamente, órdenes superiores impiden a los profesionales dedicados a ellas seguir con las investigaciones.

Los GAL dan lugar a multitud de anécdotas, algunas sangrantes y otras que provocan hilaridad, pese a la gravedad de los hechos...

MARÍA DE LOS GUARDIAS

No se desvela el nombre de la protagonista ni el número del juzgado, por razones obvias, pero los siguientes acontecimientos se producen en uno de los juzgados de la Audiencia Nacional que investiga un caso sobre el terrorismo de Estado: Rafael Vera no tiene forma de conocer qué es lo que realmente se sabe en ese despacho y hasta dónde pueden llegar las acusaciones contra él, así es que idea una estrategia. En todo juzgado de instrucción existe un secretario que conoce en profundidad el contenido del sumario. Vera, que se juega mucho en el envite, piensa que en caso de ser el secretario en cuestión un varón, le mandaría a una señorita físicamente espectacular, para que tratara de seducirle y le arrancara información... De modo que aplica dicha máxima, y como resulta ser una secretaria, le envía a los agentes más apuestos de su departamento, con la misión de sonsacarle. La secretaria del juzgado, hoy felizmente casada, termina con el apodo de «María de los guardias», aunque no se sabe si Rafael Vera consigue la información deseada.

Volviendo al terreno del rigor judicial, una vez iniciado el proceso reabierto por Garzón, el fiscal general del Estado, Javier Moscoso, sugiere al fiscal del caso, Ignacio Gordillo, que solicite el procesamiento de los dos policías, pero, al mismo tiempo, le ordena que no se oponga a las peticiones de libertad de uno y otro. Las presiones y obstrucciones son tan fuertes, que el fiscal de la Audiencia Nacional, Melitino García Carrero, pide el traslado sin dar demasiadas explicaciones. Su sustituto, Eladio Escusol, no quiere problemas, y en abril de 1989, Gordillo, el representante del ministerio público que más interés ha demostrado en aclarar estos asesinatos, es apartado de los cuatro sumarios que se instruyen en relación con los GAL.

Probablemente atienda también órdenes de la superioridad Escusol, cuando le exige a Gordillo que desista de la petición que ha formulado al Ministerio del Interior para que remita a la Audiencia Nacional toda la información que se tenga en dicho departamento sobre el uso y destino de los fondos reservados.

UNOS HUESOS ANÓNIMOS

Concluido el «caso Marey», el siguiente en ser juzgado es el denominado «Lasa y Zabala». José Ignacio Lasa y José Antonio Zabala son dos jóvenes de Tolosa, miembros del comando *Gorki* de ETA militar, huidos a Francia. En octubre de 1983 desaparecen en la calle de Los Toneleros, en Bayona. Cerca de allí, en San Juan de Luz, un miembro de ETA apartado de la primera línea, Mikel Goikoetxea, ha decidido días atrás cambiarse de casa, y ha contratado a esos dos muchachos para ayudarle a hacer la mudanza a su nuevo domicilio, en una zona residencial un poco apartada del centro de la localidad. Muy pocas personas, aparte de Lasa y Zabala, conocen la nueva dirección. Pues bien, en ese lugar, en diciembre de ese año, 1983, Goikoetxea cae abatido de un certero disparo en la cabeza, reivindicado por los GAL. La conexión con el secuestro y posterior asesinato de los dos jóvenes tolosanos, cuyos cadáveres presentan señales inequívocas de haber sido brutalmente torturados, parece evidente. Pero para establecerla hace falta mucho tiempo.

Durante trece largos años, se mantiene una incógnita total sobre el paradero de estos dos chicos, cuyos restos mortales, sin identificar, permanecen en el depósito de cadáveres de Alicante, desde el 20 de enero de 1985, cuando son encontrados por Ramón Soriano, un cazador alicantino de la zona de

Bussot, que alerta a la Policía de su macabro hallazgo. En esa fría morgue quedan depositados esos huesos anónimos, hasta que los descubre el inspector Jesús García, el cual empieza a relacionar unas cosas con otras y a tirar del hilo. García fallece, precisamente, de un infarto, en los primeros meses del 2000, mientras declara en la vista oral del juicio en el que resultan finalmente condenados los asesinos.

Para comprobar si los restos hallados en Alicante pertenecen, efectivamente, a los dos jóvenes desaparecidos en Bayona, el fiscal Gordillo se pone en contacto con el representante legal de ambas familias, el abogado Íñigo Iruin, que, haciendo honor a su reputación, desarrolla su labor jurídica de manera inapelable y solicita al representante de la Fiscalía que le facilite radiografías bucales de los dos cadáveres. Iruin, a su vez, consigue placas de Lasa y de Zabala en un dentista del País Vasco francés, y las pone en manos de la Justicia. Se comprueba que unas y otras coinciden. Más tarde, el fiscal jefe de la Audiencia, José Aranda, retira al fiscal encargado del caso, porque, probablemente, considera que está poniendo demasiado interés en aclararlo y llegar hasta las últimas consecuencias. Gordillo es sustituido por Jesús Santos, quien también investiga con un tesón inusitado, hasta esclarecer por completo el asunto.

LOS MARTIRIOS DE LASA, ZABALA Y ZABALZA

El 13 de diciembre de 1999, 16 años después de su desaparición, comienza el juicio por el secuestro, torturas y asesinato de José Ignacio Lasa y José Antonio Zabala. El magistrado que vuelve a sentar en el banquillo a buena parte de la plana mayor de Interior, incluido Rafael Vera, pero sobre todo al general de la Guardia Civil, Enrique Rodríguez Galindo, responsable durante años del cuartel de Intxaurrondo, es Javier Gómez de Liaño, que sustituye a Bueren en el Juzgado de Instrucción número 1 de la Audiencia y que da el impulso final necesario para decretar la conclusión de las actuaciones en abril de 1998.

El sumario establece que el día de autos, cuatro guardias civiles secuestran a los dos jóvenes, los trasladan al Palacio de la Cumbre, en San Sebastián, entonces en desuso, los bajan al sótano, los encadenan y, esa misma noche, comienzan a interrogarles y a torturarles para arrancarles información sobre ETA y posibles futuros atentados. Lasa y Zabala permanecen allí varios días, durante los cuales son visitados por el entonces comandante Enrique Rodríguez Galindo y por el gobernador civil de Guipúzcoa, Julen Elgorriaga, que acuden ambos encapuchados. Ante el lamentable estado que presentan los detenidos, Galindo ordena que sean trasladados a Alicante, donde se les hará «desaparecer».

Efectivamente, los dos jóvenes son llevados hasta Alicante en el maletero de un coche y, una vez allí, en un descampado solitario, les quitan toda la ropa, excepto las vendas que rodean sus tobillos, así como las que les cubren las heridas que les han producido por todo el cuerpo las brutales torturas padecidas. Después les tapan la boca y ojos. A continuación, los sitúan ante una fosa de 190 x 80 x 90 centímetros, previamente excavada. Acto seguido, uno de los guardias civiles de Intxaurrondo, en presencia de sus compañeros, efectúa tres disparos de arma de fuego. El primero, sobre la cabeza de Joxian Lasa, de atrás hacia adelante; el segundo y el tercero, sobre la cabeza de Joxe Zabala, realizados a quemarropa. La muerte se produce de forma casi instantánea y los cuerpos sin vida son arrojados al interior de la fosa y mezclados con 50 kilos de cal viva, con el fin de hacer desaparecer sus restos.

Algo similar debió sucederle en su día a Mikel Zabalza, un conductor de autobuses de la línea municipal de San Sebastián, detenido en 1985 de madrugada en su domicilio del barrio donostiarra de Herrera por miembros de la Guardia Civil. Tras ser sometido a largas sesiones de la tortura conocida como «la bañera», apareció, ya cadáver, flotando en las aguas del río Bidasoa. Corría el año de 1985 y Mikel Zabalza había sido operado en el hospital de Aránzazu unas semanas antes, por lo que su estado de salud no era el más deseable para soportar semejante suplicio. Esta forma de tortura es especialmente cruel, ya que el torturado mira a la muerte a los ojos a cada instante, «resucita» y vuelve a sufrir el mismo martirio. La «técnica» se practica con un cronómetro y obliga al torturador a sacar del agua la cabeza del torturado en el instante preciso, para evitar su muerte. En el caso de Mikel Zabalza, evidentemente algo falló.

La versión oficial, mantenida públicamente por el abogado Jorge Argote, sostiene que unos guardias civiles de Intxaurrondo trasladaron a Zabalza, con las manos esposadas en la espalda, al túnel de Endarlaza, en el límite entre Guipúzcoa y Navarra, con el fin de que descubriera un «zulo» de ETA. AL pasar el túnel, en la parte más escabrosa de esa zona, el detenido se habría tirado al Bidasoa, en un desesperado intento de fuga. Sin embargo, Mikel Zabalza nada tenía que ver con ETA, con lo cual no podía saber dónde se escondía un arsenal con armas pertenecientes a la organización terrorista. Por el mismo motivo, su desvinculación absoluta a banda amada, difícilmente se habría lanzado al agua, con las manos esposadas por detrás, cuando, por añadidura, no sabía nadar.

Este caso aún no ha sido juzgado en julio del 2000, pero existen numerosos testimonios que confirman que Zabalza murió en el cuartel de Intxaurrondo y que, más tarde, precisamente cuando la Cruz Roja había terminado de rastrear minuciosamente el río Bidasoa en busca del joven, alguien depositó oportunamente su cuerpo sin vida en el mismo lugar en el que el día anterior habían estado buceando voluntarios del organismo humanitario.

UNA COARTADA PARA ETA

El terrorismo organizado desde el interior del Estado es una de las mayores fuentes de legitimación a las que puede aspirar una organización terrorista como ETA. Nada le ha proporcionado a esta banda más balones del oxígeno ante los ciudadanos vascos que la existencia de los GAL.

«Asesinos por asesinos, prefiero los míos.» Esta frase, pronunciada por un joven vasco, absolutamente ajeno a los planteamientos de la izquierda *abertzale*, revela el daño que ha hecho en el seno de la sociedad vasca la existencia del terrorismo de Estado. Y es que ese muchacho, al igual que otros muchos, considera que «sus asesinos», a los que no duda en calificar como tales, no gozan de la impunidad de todo un Gobierno, tampoco persiguen enriquecerse y, con suerte para la democracia, terminan dando con sus huesos en la cárcel durante muchos años. Los otros, los del GAL, no. De ahí que la existencia de esos terroristas vinculados a las cloacas del Estado haya producido y siga produciendo unos efectos devastadores en la juventud vasca. Por eso resulta no sólo cínico, sino profundamente erróneo, afirmar que lo nocivo de los GAL «no fue su existencia, sino lo mal que se hicieron las cosas». Los asesinos de los GAL han proporcionado un respaldo moral y una ayuda impagables a los asesinos de ETA.

CAPÍTULO ONCE

EL «TRÍO DE LA BENCINA»

En las circunstancias más dramáticas, tras los atentados más sangrientos, coincidiendo con las condenas públicas más tajantes y los distanciamientos formales más absolutos con respecto a ETA, el PNV —o, mejor dicho, algunos miembros de su dirección que no dan cuenta de sus actos más que a un reducidísimo número de *burukides* (miembros del EBB)— nunca deja de hablar con los representantes políticos de los terroristas, con los emisarios legales o *alegales* que la dirección de la banda en Francia designa en cada momento para representarla. Estos emisarios, fieles a las consignas de la organización armada, elaboran metódicamente detallados informes de dichas reuniones, que más pronto o más tarde son capturados a terroristas detenidos y caen en manos de las Fuerzas de Seguridad. Dos de esos documentos, inéditos hasta ahora, ilustran la información de este capítulo y dan cuenta de la evolución en el tiempo de ese interminable y conflictivo *idilio* protagonizado por los nacionalistas llamados democráticos, y los terroristas.

Cuanto más fuerte y activa se encuentra la banda, menor intensidad alcanzan esos contactos, que, al igual que la violencia callejera, cumplen el papel de equilibrar y complementar las acciones criminales, para mantener en todo momento un mismo nivel de presión sobre el Estado español. En cuanto ETA se siente debilitada por la persecución policial y/o judicial, así como por la repulsa de la ciudadanía, intensifica su relación con el Partido Nacionalista Vasco. Se puede comprobar con qué exactitud funciona esta estrategia si se analiza lo sucedido en 1992, tras la desarticulación de la cúpula etarra en Bidart, o en 1998, como consecuencia del nacimiento del Espíritu de Ermua y de la acción de la Justicia contra KAS.

El PNV, por su parte, no rechaza jamás el diálogo, sino que dispone de un trío de interlocutores oficiales u oficiosos, escogidos para tal fin por su facilidad de diálogo con los terroristas. Son los integrantes del equipo negociador conocido en medios políticos como el «Trío de la Bencina».

TRES, ERAN TRES...

Un ex dirigente nacionalista, actualmente refugiado en la actividad empresarial y muy crítico con el rumbo que ha tomado su partido, recuerda una anécdota acaecida a mediados de 1991, en un pequeño pueblo de Vizcaya. Se disponía a tratar algún asunto oficial con el alcalde, cuando éste le dijo:

—¿Sabes quién está en la trastienda de ese bar?

—No, ¿cómo voy a saberlo?

—Pues asómate y verás.

Para gran sorpresa suya, dada la coyuntura política del momento y el presunto aislamiento oficial de HB propiciado por el Pacto de Ajuria Enea, los parroquianos de aquel reservado eran sus compañeros de formación Joseba Egibar, Gorka Agirre y Juan María Ollora, que compartían mesa y mantel con los miembros de la Mesa batasuna, Rufi Etxeberria, Floren Aoiz y Jon Idígoras. Siete años después, la representación de ETA/HB en la negociación previa a los acuerdos de Estella había variado ligeramente, pero la del PNV era exactamente la misma. Éste es el retrato de sus integrantes.

—Joseba Egibar: Nacido en Andoain, Guipúzcoa, el 23 de noviembre de 1959, es licenciado en Derecho, casado, padre de dos hijos y funcionario en excedencia del ayuntamiento de su pueblo. Ha sido diputado en el Parlamento de Vitoria desde 1990, y presidente del PNV de Guipúzcoa hasta el 2000, así como portavoz del partido y miembro de su Ejecutiva Nacional, desde 1986. Estrecho colaborador de Xabier Arzalluz, es uno de los más firmes candidatos a su sucesión, o al menos lo era hasta el fracaso de la apuesta de Estella. En aquel entonces, verano del 98, Egibar se comprometió públicamente, igual que Arzalluz, a dimitir si ETA volvía a matar. A la hora de cerrar esta edición, dos años y nueve asesinatos más tarde, no había cumplido su palabra.

— Gorka Agirre: Nacido en París, en 1945, sobrino del histórico lehendakari José Antonio Agirre, este hijo del exilio se crió en la Francia de la posguerra, donde estableció sólidos lazos con todos los refugiados vascos que fueron llegando en sucesivas oleadas. Afiliado al PNV en la agrupación de Abando, Vizcaya, y secretario del Consejo Nacional del partido, la principal contribución que ha hecho Agirre al llamado «proceso negociador» ha sido la aportación de contactos y vías de comunicación en el sur del país galo, en el que se mueve como pez en el agua. También ha efectuado labores de intermediación en más de un secuestro y en la negociación y pago del llamado «impuesto revolucionario» de muchos empresarios, como se relata en otro capítulo de este libro. Perfectamente bilingüe en castellano y euskera, igual que Egibar, no hay constancia de que su participación en las conversaciones con distintos interlocutores de KAS haya sido especialmente relevante.

—Juan María Ollora: En el extremo opuesto se sitúa este vitoriano de cincuenta años de edad, miembro del EBB, parlamentario en la Cámara autonómica y ex diputado general de Álava, que no sabe hablar correctamente la lengua vasca pero es el autor de toda la doctrina política que, con el nombre de «Vía Ollora», ha dado lugar a la propuesta de «paz por soberanía» formulada por el PNV a ETA en Estella. Economista, casado y padre de dos hijos, Ollora ha desempeñado y desempeña un papel protagonista en la elaboración de la estrategia seguida por el Partido Nacionalista Vasco a lo largo de la última década en relación con el terrorismo etarra.

«PAZ POR SOBERANÍA», O LA VICTORIA DE MIKEL ANTZA

La doctrina elaborada por Ollora en el transcurso de los años, que, como veremos más adelante, llega a su culminación en las elecciones autonómicas del 98, aunque no con los resultados esperados por su autor, se inspira en la experiencia irlandesa y establece como requisito indispensable el mantenimiento de un diálogo permanente con ETA, por una parte, y con el Gobierno, por la otra. Una consigna que el PNV ha seguido a rajatabla siempre, aunque el contenido de ese diálogo haya sufrido importantes modificaciones con el discurrir del tiempo.

Así, mientras en las primeras reuniones más o menos «públicas» (o sea, conocidas, aunque no desveladas en sus contenidos) celebradas en 1992 entre el trío negociador del PNV y los representantes de la banda terrorista, aquéllos defienden enérgicamente la vigencia del Estatuto de Gernika, no por convicción, sino porque consideran imposible conseguir la independencia, en el 98, el PNV abraza de lleno los postulados etarras y se compromete ante sus dirigentes a romper con las instituciones democráticas.

Ese vuelco estratégico de los de Arzalluz, que a partir de mediados de 1997 se convierten en cómplices de la izquierda *abertzale* en su viejo empeño de deslegitimación del marco de convivencia que se han dado los vascos veinte años antes, constituye tal triunfo para ETA, que consolida a su cabecilla, el terrorista Mikel Antza, como número uno de la organización.

Y es que en Estella, con el señuelo más o menos bienintencionado de conseguir la paz, el PNV «se echa al monte», acepta las exigencias históricas del entorno terrorista y quema definitivamente las naves que hasta entonces le habían permitido navegar por el océano de la ambigüedad. Pero ese proceso no se hace en un día.

DE LA DEFENSA DEL ESTATUTO DE GERNIKA FRENTE A ETA...

Entre junio de 1992 y agosto de ese mismo año se celebran nueve reuniones entre Egibar, Aguirre y Ollora, por parte del PNV, y Rufi Etxeberria, Floren Aoiz, Jon Idígoras e Íñigo Iruin, por parte de ETA/HB/KAS, de las que Etxeberria elabora el correspondiente y detallado informe, que envía a la dirección etarra. Algunas de esas actas son capturadas en Saint Denis (Francia) al terrorista Juan Ramón Dorronsoro, en el momento de su detención, en 1995. Ésta es la primera vez que se desvela públicamente su contenido.

Como primer apunte anecdótico, Etxeberria recoge en su escrito la polémica organizada antes de empezar a hablar por la decisión firme de los de KAS de utilizar el euskera en las reuniones:

«Les indicamos que podrían traer un traductor para que Ollora siguiera el curso del debate. Ellos nos trasladaron su desacuerdo, afirmando que esa actitud nuestra era un obstáculo... Nosotros hablamos en euskera, Ollora obviamente habló en español, Agirre, la mayor parte de lo poco que dijo, en euskera, y Egibar, las exposiciones en español y las discusiones sobre todo en euskera.»

Una vez resueltas las cuestiones de procedimiento, el diálogo adopta un contenido político que empieza remontándose a... la vieja polémica reforma o ruptura, los orígenes del «conflicto vasco» etcétera, etcétera. Una constante en prácticamente todas las conversaciones mantenidas por el entorno de ETA, que muestra una auténtica obsesión por las disquisiciones históricas. Llegados al momento de la transición y la aprobación de la Constitución, el diálogo se hace más ilustrativo. Ésta es la transcripción que del mismo hace Rufi Etxeberria:

«Según ellos, las elecciones del 15 de junio del 77 fueron muy importantes, porque se consiguió una fotografía de la sociedad... Afirman que la i.a (izquierda *abertzale*) y especialmente ETA no tuvo valor para medir sus fuerzas, porque no quería renunciar a su papel de vanguardia; actitud ésta que hoy —según ellos— pervive, porque ETA no renuncia a ese protagonismo e incluso pretende para sí el papel de garante tras unos hipotéticos acuerdos. "Sin duda —afirman— nosotros optamos por el camino del pragmatismo y rompimos con la i.a. que apostaba por una vía revolucionaria."»

«Nuestra contestación fue en el sentido de afirmar que se diferenciaban dos estrategias. Una, que buscaba el pacto con Madrid renunciando a la soberanía y la integridad territorial, y otra que priorizaba esas reivindicaciones y se negaba a legitimar el marco naciente. Les recordamos que nosotros aspiramos a un pacto con el Estado, pero no de cualquier tipo, sino en base al derecho de autodeterminación e integridad territorial.»

«En el debate constitucional dicen que ellos no defendieron el concepto de Autodeterminación, pese a estar de acuerdo, porque no lo veían posible. Prefirieron agarrarse a la Historia y garantizar que el texto reconociera los Derechos Históricos sin comprometerse por ello a darle un voto afirmativo. Por ello, dicen que lo que hicieron en aquel debate fue una "argucia" para garantizar que una puerta quedara abierta por medio del reconocimiento explícito de que los Derechos Históricos son anteriores a la Constitución. Afirman que no comparten nuestro concepto de autodeterminación, porque es marxista-leninista. Tras lo cual reciben una pequeña lección de Derecho Internacional que sin duda les vendrá bien. Aseguran que ellos nunca votarán "sí" a ninguna Constitución española ni francesa. Ven muy difícil pensar en una reforma constitucional. (Reforma constitucional, ni para Dios.)»

«Para ellos, en el debate constitucional se perdió una ocasión de solventar el contencioso, pero por medio de los Derechos Históricos se han conseguido cosas como la Ertzaintza, las transferencias de Enseñanza y el Concierto Económico... Ollora en un momento dado dice que no entiende cómo podemos decir que la vía estatutaria impide la construcción nacional, porque él nunca se atrevería a decir tanto de nuestra estrategia.»

Como queda claro a través de esa selección de comentarios, las diferencias son en ese momento mucho más importantes que las coincidencias, las cuales no se producirán hasta años más tarde, sobre la base de los planteamientos batasunos. De hecho, esa primera tanda de conversaciones, cuya transcripción revela el profundo desprecio con el que ETA/HB ha tratado siempre al PNV, concluye sin acuerdos, con profundas desconfianzas mutuas y graves discrepancias de fondo sobre la cuestión clave del Estatuto de Gernika:

«Nuestra idea base: el Estatuto es dar dos para no tener que dar diez; es decir, no es un instrumento de construcción nacional, sino un elemento de división territorial y de freno a las reivindicaciones *abertzales*. Ellos están convencidos de que el Estatuto de la Moncloa tiene más potencialidades que nuestro Estatuto Nacional. Entienden que su Estatuto ha sido un punto de encuentro democrático entre los nacionalistas y los no nacionalistas... Su idea central: el nacionalismo del bienestar abre camino al del corazón. (Grave error de cálculo.) Garantizando el bienestar, los no nacionalistas darán por bueno el autogobierno (correcto) y se irán haciendo nacionalistas de corazón (erróneo.) Es un proceso imparable, afirman.»

«A una pregunta nuestra, contestan que sí están dispuestos a romper el marco, pero "sin pistolas". Repiten que sin ETA serían mucho más radicales y que Madrid tiembla de pensar en un acuerdo *abertzale*. Nosotros les decimos que no nos fiamos de su voluntad y ellos nos contestan que les parece normal, y que ellos tampoco se fían de la firmeza de la i.a. en una negociación con el Estado.»

«El problema es que no les creemos muchas cosas de las que dicen, porque no nos fiamos de ellos. Les apuntamos que ellos han aparecido con discursos contradictorios y que es obvio que en el PNV hay sensibilidades diferentes sobre las conversaciones. Reconocen que tienen sensibilidades diferentes y afirman que en el PNV hay tres "generales" que son Ardanza, Egibar y Arzalluz.»

«Les hacemos una pregunta clara: ¿condicionar las conversaciones a los atentados, sí o no? Ellos dicen que cuando hay atentados la situación se pone muy difícil, sufren una "envolvente" y lo pasan muy mal.»

El 23 de junio, el PNV plantea una nueva oferta con amenaza incluida: El Gobierno del PSOE no está dispuesto a tomar la iniciativa de unas nuevas conversaciones y se propone redoblar la actividad policial, a menos que ETA declare una tregua. Para que la banda pueda hacerlo sin *perder la cara*, el PNV se ofrece a firmar una declaración conjunta que preceda el anuncio de «alto el fuego» (exactamente lo que ocurre en Estella años más tarde) y se propone como garante de las conversaciones entre el Ejecutivo y los terroristas. HB se niega, porque el Partido Nacionalista obtendría con ello una enorme rentabilidad política, y la reunión se termina sin acuerdos. Unos días después, el 30 del mismo mes, se produce un nuevo encuentro infructuoso.

El diez de julio, la banda hace saber a sus tres interlocutores del PNV que podría abrir un «periodo de distensión» de dos meses, siempre y cuando diera comienzo una nueva ronda de conversaciones con el Gobierno, en un país neutral y con sus portavoces habituales, provistos del correspondiente estatus diplomático. En la sexta reunión, se valoran las conversaciones de Argel y las reacciones suscitadas por la oferta de tregua de ETA. Tras la cita, Egibar declara que ambos partidos se han marcado un plazo de diez días para «fijar una dinámica de pacificación, que para el PNV está contemplada en los puntos 7, 8, 9 y 10 del Pacto de Ajuria Enea». Aoiz se apresura a rechazar las manifestaciones del portavoz nacionalista y asegura que las diferencias de HB con el PNV no residen únicamente en sus diferentes apreciaciones sobre la lucha armada como medio para alcanzar un proyecto político, sino que afectan a los propios objetivos del proyecto. HB reprocha al partido de Arzalluz haberse negado sistemáticamente a plantear públicamente al Gobierno cualquier exigencia.

Los encuentros que siguen terminan igualmente sin acuerdos y con una sensación de fracaso generalizada. El PNV concluye, no obstante, que ha cumplido el objetivo de recuperar el diálogo.

...A LA CLAUDICACIÓN, POR EL EUFEMISMO

Seis años después de aquella conversación, en octubre de 1998, uno de los interlocutores del PNV, Juan María Ollora, declara a *La Vanguardia:* «Claro, hubo momentos difíciles con los atentados a concejales del Partido Popular, pero también cuando falleció un miembro de ETA del comando de Gernika en un encuentro con la Ertzaintza. Pero todos sabíamos que a pesar de todo teníamos que seguir hablando.»

Para entonces, ya se ha producido la transformación del PNV y se han incorporado las tesis radicales de la banda, aunque con alguna adaptación terminológica.

En diciembre de 1996, inmediatamente después de la publicación de un libro en el que expone su «propuesta de paz para Euskadi», el mismo Ollora desvela en *El País* las claves de ese giro estratégico del PNV, que oficialmente, sin embargo, no pasa de ser, por aquel entonces, una postura personal. Por vez primera de forma tan rotunda, el ideólogo nacionalista afirma en dicha entrevista: «El Estatuto no ha resuelto una situación de bloqueo. También el consenso estatutario debe ponerse en cuarentena.»

A continuación, Ollora acuña una expresión que llegará a hacerse célebre en los años siguientes, como eufemismo con el que el nacionalismo llamado democrático pasa a denominar, a partir de entonces, lo que hasta ese momento se había llamado independencia o autodeterminación. Se trata del «ámbito vasco de decisión» La explicación de Ollora, es ésta:

«Quiero precisar que no estoy obsesionado con el reconocimiento del derecho a la autodeterminación, porque la plasmación formal de ese derecho es para mí un asunto de segundo orden. Me parece más interesante diseñar una estrategia política en paz que pueda conducir al ejercicio de esa autodeterminación. Por eso subrayo la importancia de que se respete lo que denomino "el ámbito vasco de decisión", el respeto por los demás ámbitos de lo que la sociedad vasca decida democrática y pacíficamente. Es ahí donde está la madre del cordero del problema.»

A continuación, el artífice del vuelco estratégico del PNV, en un alarde de sinceridad, reconoce dos años antes de que lo hagan sus compañeros:

«Ya sé que me satanizarán por estos planteamientos y por sostener, efectivamente, que hay que negociar con ETA más allá de la legitimidad democrática, pero creo honestamente que éstas son las actitudes que deberán ser adoptadas por ambas partes; también el MLNV».

Los cimientos de Estella han sido establecidos con firmeza y se concretarán en una serie de reuniones celebradas a lo largo de 1998 con los representantes batasunos Arnaldo Otegi e Íñigo Iruin. Pero previamente hay que asentar y afianzar el otro pilar de la construcción ideológica que, desde la premisa «paz por soberanía», conduce a la «construcción nacional». Hay que llevar al Gobierno de España al terreno en el que desea jugar el PNV.

LOS PRESOS, LABORATORIO DE PRUEBAS

A mediados de septiembre de 1996, Ollora, Egibar y Agirre mantienen una reunión con el dirigente de KAS y presidente del sindicato *abertzale* LAB, Rafael Díez Usabiaga, en la que los integrantes del trío promotor del encuentro anuncian a su interlocutor la intención del PNV de implicarse de lleno en el ámbito de los presos de ETA, hasta entonces coto cerrado de KAS, a través de las Gestoras Pro Amnistía. En un giro de ciento ochenta grados con respecto a sus compromisos de Ajuria Enea, el Partido Nacionalista comunica a Díez Usabiaga su deseo de encabezar, desde las instituciones autonómicas, el movimiento reivindicativo a favor del acercamiento de los presos de la banda a cárceles del País Vasco, y sus emisarios piden al de LAB que el MLNV acepte el reto de trabajar abiertamente junto al PNV por los derechos de los presos, a través de los canales políticos e institucionales existentes, empezando por la Comisión de Derechos Humanos del Parlamento vasco.

En vista de la receptividad que muestra la sociedad vasca hacia esa cuestión, Ollora y sus compañeros de partido han decidido definir ese ámbito como terreno experimental o laboratorio de pruebas de su estrategia, encaminada a consolidar al PNV como protagonista central y esencial de la resolución del llamado «conflicto vasco».

La estrategia consiste básicamente en demostrar a ETA el poder del Partido Nacionalista y dejarle claro que, con un Gobierno débil y minoritario en Madrid, necesitado de sus votos, quien marca los ritmos y los tiempos es el PNV. Si los de Arzalluz logran doblegar al Ejecutivo en el contencioso de los presos, podrán exhibir esa baza ante los dirigentes de la banda para convencerles de que, de la misma manera, serán capaces de arrancar cesiones en materia de soberanía, hasta alcanzar la independencia por la vía del «ámbito vasco de decisión». En otras palabras, persuadirles de que, con métodos pacíficos y sin violencia, se pueden alcanzar los fines que persiguen tanto ETA como el PNV, que son los mismos. Sólo así se ganarán los nacionalistas el respeto que nunca les ha otorgado la banda y podrán obtener de ella el reconocimiento de «actor principal» que reivindican desde Argel.

¿Cómo lograr que el presidente, José María Aznar, dé su brazo a torcer en tan espinosa cuestión? Mediante una hábil política de palo y zanahoria, presidida por el ruego constante de que el Gobierno haga gestos que ayuden al PNV a llevar a HB a las instituciones y a ETA a deponer las armas.

IDILIO EN MADRID

Los meses que siguen a la exigua victoria del Partido Popular en las elecciones generales de marzo del 96 y a la complicada formación del Gobierno, en mayo de ese mismo año, se caracterizan por la cordialidad y el nacimiento de un idilio inesperado entre dos partidos hasta entonces enfrentados. PP y PNV firman un pacto de investidura, Arzalluz se prodiga en elogios hacia Aznar, de quien asegura que es un «hombre de palabra», y hasta el ministro del Interior y todavía presidente del PP en el País Vasco, Jaime Mayor Oreja, enemigo declarado de los nacionalistas y blanco de todas sus críticas, escoge Vitoria como destino de su primer viaje oficial y al lehendakari, José Antonio Ardanza, como anfitrión.

Estamos en la fase de la «cooperación ejemplar» entre el Ministerio de Interior y la correspondiente Consejería vasca, que lleva Juan María Atutxa; de la Ley de Vídeo Vigilancia, pactada entre Madrid y Vitoria y destinada a atajar la violencia callejera; de los almuerzos y cenas en el madrileño Palacete de la Castellana entre Mayor Oreja y Egibar, Agirre, Ollora, Anasagasti, Atutxa, Garaikoetxea, González de Txabarri, José Antonio Rubalkaba, etcétera, etcétera. El romance dura mientras dura la esperanza del PNV de llevar al PP a cambiar su política penitenciaria, y termina de la manera más abrupta, cuando queda claro que tal cosa no va a suceder, por muchas que sean las presiones, que van creciendo inexorablemente.

PRESIÓN A DOS BANDAS

Unos meses antes de la llegada de los *populares* al Gobierno, en enero de 1996, es secuestrado el funcionario de prisiones José Antonio Ortega Lara[1] y la banda exige a cambio de su vida el traslado de todos sus presos al País Vasco. La respuesta del Ejecutivo es evidentemente negativa, independientemente de su color. Viene después la insistencia de la Comisión de Derechos Humanos del Parlamento Vasco, por boca de su presidente, José Antonio Rubalkaba, del PNV, y ocasionalmente del socialista Jesús Eguiguren, para que el

[1] Ver capítulo quince.

ministro del Interior acepte entablar un proceso de diálogo con los presos designados por la banda, encabezados por el viejo conocido Juan Lorenzo Lasa Mitxelena, *Txikierdi*. Mayor Oreja se niega.

Simultáneamente, comienza la oleada de atentados terroristas contra cargos electos del PP en el País Vasco, incluido el cruel secuestro y posterior asesinato de Miguel Ángel Blanco, planteado en términos de ultimátum. Pero el Gobierno se mantiene firme en su negativa a ceder a la formidable presión conjunta ejercida entre el PNV y ETA para obligarle a hincar la rodilla. En la etapa final se incorpora a la campaña incluso el propio Atutxa, hasta entonces aparentemente neutral en esa lucha, pero Madrid permanece inamovible.

Ante la firmeza de Mayor Oreja y la influencia que ejercen sus opiniones en Aznar en todo lo referente a la política antiterrorista, el PNV intenta en esa etapa —1996, 1998— una operación de acercamiento al vicepresidente primero, Francisco Álvarez Cascos, con el fin de aprovechar las diferencias que éste mantiene con el titular de Interior y atraerle hacia los planteamientos nacionalistas, aislando a Mayor Oreja en el Ejecutivo. Aunque estos escarceos cumplen el propósito de convencer a la oposición socialista de que el Gobierno no habla con una sola voz en todo lo que atañe al terrorismo, y transmite al PNV dos mensajes distintos y contrapuestos, según la fuente sea Álvarez Cascos o Mayor Oreja, lo cierto es que tampoco esta táctica consigue abrir brecha en un Gobierno que sigue respondiendo «no» a las exigencias del mundo nacionalista. A diferencia de lo sucedido en 1991, cuando el Ejecutivo del PSOE, para salvar el 92, proporciona «cobertura política» al PNV en Leizarán, y provoca así una rápida y profunda desmovilización de la sociedad, en esta ocasión Madrid muestra más resistencia de la prevista y pone difíciles las cosas.

ETA QUIERE HECHOS Y NO PALABRAS

Y esas cosas son tanto más difíciles, cuanto que ETA, a través de KAS, y concretamente de Rafael Díez Usabiaga, pronto empieza a cansarse de promesas no cumplidas y a reclamar hechos tangibles. Así, ya desde octubre de 1996, el secretario general de LAB empieza a transmitir a sus tres interlocutores del PNV la «conveniencia» de que entre atentado y atentado se produzcan avances significativos en el terreno político o, al menos, que el Partido Nacionalista exprese pública y claramente su voluntad de caminar en esa dirección. Ese mensaje se repite una y otra vez en los múltiples contactos que mantienen, cada vez de manera más abierta, representantes del PNV, y en particular Egibar, Agirre y Ollora, con gentes de KAS y HB.

En respuesta a esas demandas, el «Trío de la Bencina», siempre bajo la dirección de Xabier Arzalluz, promueve paulatinamente dentro del partido un cambio de posición o redefinición del proyecto político, que culminará en septiembre de 1998 con el Acuerdo de Estella, previa ruptura formal del Pacto de Ajuria Enea. Éste fracasa como consecuencia de la negativa del PP y el PSOE a aceptar la propuesta efectuada por el lehendakari Ardanza a comienzos de ese año. Esta propuesta, conocida como «Plan Ardanza» suponía la aceptación de las tesis de Ollora respecto del «ámbito vasco de decisión» y el intercambio de paz por soberanía.[2]

UN MAL FINAL

Esa propuesta, recogida en el llamado «Documento Ardanza» se presenta públicamente en la Mesa de Ajuria Enea sin proceso negociador previo con los partidos que la integran y en plena oleada de terrorismo etarra contra cargos electos del PP, de una manera que muchos nacionalistas moderados califican de torpe e inoportuna. Esos críticos de la dirección actual explican ese distanciamiento de las posiciones históricas del nacionalismo democrático por las presiones ejercidas por el sector más radical del PNV, encabezado por Arzalluz y

[2] Ver anexo documental al final de este libro.

en el que se encuadra el trío protagonista de este capítulo, sobre un lehendakari en retirada, cada vez más solo, y por la necesidad de este último de dejar un *testamento* político antes de ser *jubilado.* «Un error bienintencionado», dicen quienes conocen bien a Ardanza, que constituye el primer paso claro del PNV hacia la ruptura del marco institucional vigente que se acelerará en los meses siguientes.

El tramo final de la vía señalada por Ollora con todo detalle años antes se alcanza en las elecciones autonómicas de octubre del 98. Según los planes del ideólogo nacionalista, la tregua conseguida de ETA en vísperas de esa convocatoria debería haber conducido al PNV a una abrumadora victoria en las urnas y a la consiguiente aplastante mayoría nacionalista, desde la cual exigir al Gobierno cesiones decisivas en materia de soberanía con las cuales arrancar a ETA un cese definitivo de la violencia. Los cálculos fallan y el PNV no avanza en esos comicios, que rubrican el ascenso del PP y EH/HB, el estancamiento de los nacionalistas llamados democráticos y la división de la sociedad vasca en dos partes iguales, una nacionalista y otra no. Ya no hay aplastante mayoría ni inapelable legitimidad democrática desde las cuales desencadenar ofensiva alguna. Es el fin de la estrategia diseñada por el veterano *burukide*, pero no del «Trío de la Bencina», que sigue actuando a plena luz, tanto como desde las sombras, por diferentes caminos.

CAPÍTULO DOCE

ENSAYO GENERAL: ELA SE ACERCA A LAB

Mientras Egibar, Ollora y Agirre multiplican sus gestiones de aproximación al universo de KAS y ponen a prueba sus teorías, se ensayan otras fórmulas de unificación de la familia nacionalista, en un empeño tan obstinado como perseverante de llevar a buen puerto su proyecto de construcción nacional. Uno de esos laboratorios de pruebas, cuya experiencia resultará de gran utilidad en el futuro Pacto de Estella, es el que alumbra el nacimiento del acuerdo de unidad de acción que en abril de 1995 firman el sindicato que se mueve en la órbita del PNV y EA, ELA-STV (Solidaridad de Trabajadores Vascos), y la central *abertzale* LAB, coincidiendo con el Aberri Eguna (Día de la Patria Vasca). Un acuerdo de colaboración permanente, por el que ambos se declaran dispuestos a convertirse «en agentes sociales activos de la construcción nacional», en palabras del portavoz de LAB, Rafael Díez Usabiaga. Con ese pacto, pretenden aportar, desde el sindicalismo, un respaldo decisivo al proyecto que tres años y medio más tarde firmarán junto a PNV, EA, EH e IU, que se convertirá en la pista de aterrizaje a la fallida tregua de ETA.

CONSTRUCCIÓN NACIONAL, CON O SIN ETA

Antes de hacer público el documento por el que se comprometen a trabajar juntos, los dos sindicatos hacen un diagnóstico común de la situación que vive el País Vasco y concluyen que, tras 20 años de modelo estatutario, Euskadi está dividida territorialmente y no sólo carece de un proyecto de unidad, sino que sufre una desvertebración política, económica y social, que la está hundiendo. Por ello, las dos centrales se dirigen a la sociedad vasca para decirle que hay que dar por finalizada una etapa política y acumular fuerzas para otra en la que la construcción nacional sea el objetivo fundamental. También quieren demostrar que es posible un grado elevado de colaboración entre sindicatos y/o partidos políticos, pese a la existencia de discrepancias de fondo en torno al terrorismo y a ETA.

El documento en cuestión, según sus autores, está destinado al Gobierno «para que vea que hay una mayoría absoluta del movimiento sindical vasco que apuesta por esos contenidos», pero también, y con más intención si cabe, al PNV «para que sea capaz de modificar su línea política».

Las críticas a este acuerdo no tardan en llegar desde todos los ámbitos, porque el sindicato ELA —nacionalista moderado— se ha atrevido a pactar con LAB —perteneciente al MLNV— en un momento en el que desde los partidos del autodenominado Bloque Democrático se propone, al menos formalmente, el aislamiento de los violentos. Y entre éstos, evidentemente, está LAB. José Elorrieta, secretario general de ELA, afirma sin embargo en ese momento: «Pese a nuestra posición contraria a ETA, porque sólo creemos en la vía democrática para la acción política, también pensamos que la violencia no debe ser un elemento que evite el debate político no partidista.»

Quienes se oponen al acuerdo estiman, por el contrario, que estos sindicatos se inmiscuyen en aspectos de la vida política que no les incumben, al hablar del derecho de autodeterminación o de la negociación política entre ETA y el Estado. Las centrales se defienden argumentando que lo novedoso de la unidad de acción entre nacionalistas no es que reclamen el derecho de autodeterminación, reivindicación que aparece en todos sus documentos, sino «la coincidencia tan grande que hay en el modelo y los instrumentos de acción sindical y la necesidad de sumar fuerzas, porque en el nacionalismo hay que buscar elementos de acción común para sumar».

LOS TERRORISTAS PONEN A PRUEBA VOLUNTADES

Pero a pesar de las múltiples declaraciones iniciales de buenas intenciones, y de lo fácil que en la teoría resulta caminar juntos, lo cierto es que la trayectoria de esta unidad de acción sindical está repleta de minas que va colocando ETA con sus atentados. Es el caso de los cinco ertzainas heridos en Rentería en abril de 1995, todos ellos afiliados a ELA, uno de los cuales, Andoni Sagarna, resulta gravemente quemado y padece terribles secuelas como consecuencia del ataque. O el del también miembro de la Policía Autónoma vasca, Montxo Doral, asesinado en Irún mediante una bomba-lapa adosada a su coche, que pertenece al mismo sindicato. También milita en la central nacionalista el psicólogo de la prisión de Martutene, Francisco Gómez Elosegui, asesinado en San Sebastián, que además es el encargado de elaborar el plan de acercamiento de los presos de ETA a cárceles vascas. Su hermano es en ese momento el responsable de prisiones dentro de ELA-STV.

Estas acciones terroristas de ETA, parte sustancial del entramado del MLNV en el que también está LAB, provocan que algunos afiliados del sindicato próximo al nacionalismo moderado exijan romper el acuerdo. Sin embargo, en ELA se sabe bien que ETA está poniendo a prueba con estos asesinatos la verdadera voluntad de los sindicalistas *moderados* —exactamente igual que años más tarde hará con el PNV en el contexto del Pacto de Estella para comprobar si es firme la determinación de caminar conjuntamente hacia la construcción nacional vasca—. Probablemente por ello, en un momento particularmente tenso del proceso, el secretario general de ELA asegura: «Harán falta bombas mucho más gordas para que abandonemos el camino emprendido.»

Dentro del PNV, entre tanto, hay diferentes formas de analizar la coalición entre ELA y LAB después de la oleada de asesinatos perpetrados por ETA contra afiliados de la central sindical que dirige Elorrieta. El entonces lehendakari, José Antonio Ardanza, y el consejero de Interior, Juan María Atutxa, se preguntan públicamente sobre el tiempo que tardará en romperse ese acuerdo. El dirigente sindical no pierde los nervios y declara: «Hay que saber separar los elementos meramente coyunturales, sin eliminar su gravedad, de lo que puede ser un planteamiento de más alcance.» Al mismo tiempo, y poniendo una vela a Dios y otra al Diablo, acude a la multitudinaria manifestación celebrada en San Sebastián en apoyo de la Ertzaintza y en contra de ETA. Pero no va a más la protesta ni se produce ruptura alguna con su socio. ELA puede condenar cuanto quiera a la organización terrorista, mientras LAB permanece en silencio, sin censurarla, primero porque nadie se lo pide, y segundo porque ambos saben que la central *abertzale* no tiene margen de maniobra ni deseo alguno de oponerse a la banda.

Entre tanto, el pulso de ETA se acentúa y los dos sindicatos nacionalistas deben enfrentarse al hecho de que los terroristas mantienen secuestrado al dueño de Alditrans, José María Aldaya, cuyos trabajadores se manifiestan sistemáticamente un día a la semana durante los once meses que dura el secuestro, para pedir la libertad de su patrón, mientras que miembros de LAB, obligados por la dirección del MLNV, participan en la correspondiente contramanifestación frente a los empleados de Aldaya. La central que dirige Díez Usabiaga tiene serias dificultades para explicar lo que sucede no sólo a sus nuevos socios de ELA, sino a todo el mundo sindical y al conjunto de los trabajadores, que no comprenden que un sindicato pueda enfrentarse a quienes se manifiestan para salvar su puesto de trabajo. Porque en el caso de Aldaya, el pago del rescate exigido en un principio por la banda terrorista significa exactamente eso: el cierre de la empresa y la desaparición de todos los empleos que proporciona.

UN POSIBLE CAMINO

A mediados de 1995 se intuye, aunque no se sabe todavía con certeza, que la unidad de acción ELA-LAB puede estar abriendo un camino y creando un ambiente que propicie un acercamiento entre los partidos nacionalistas sin tener en cuenta la actividad terrorista de ETA. Los dirigentes de las dos centrales sindicales no quieren que el documento inicial quede en una mera referencia histórica, que incite a las formaciones nacionalistas a situarse en la misma línea, sino que desean tener un papel protagonista. Para ello, elaboran un segundo escrito, en el que hacen un llamamiento a las instituciones y a los partidos para que adopten una posición firme en defensa del derecho de autodeterminación y en contra del bloque defensor del Estatuto de Autonomía. El documento achaca a la negación del derecho de autodeterminación la raíz del conflicto que padece Euskadi y la situación de violencia en que se encuentra.

Tres años después, comienzan las conversaciones formales en el llamado Foro de Irlanda, con la colaboración importantísima de las centrales ELA y LAB, que han demostrado que es posible «construir país» dejando a ETA de lado. De hecho, el secretario general de ELA suele decir, sin ningún recato: «Lo mejor que puede hacer la organización terrorista es desaparecer y dejar a todos los vascos en paz.»

CAPÍTULO TRECE

LA ERTZAINTZA, POLICÍA DE PARTIDO

Si el diálogo permanente con gentes del entorno de KAS, así como la unidad de acción sindical, son piezas esenciales de la «construcción nacional» que el PNV edifica desde la transición, la Policía Autónoma vasca, Ertzaintza, es un instrumento indispensable de esa política. Un instrumento concebido, controlado y utilizado desde sus orígenes como un cuerpo policial al servicio de un determinado partido político y de sus intereses, cuyos integrantes, 7.350 agentes en la actualidad, son las primeras víctimas, seguidas a corta distancia por toda la sociedad vasca.

MUNETA, LA ZORRA EN EL GALLINERO

Mayo del 2000. La localidad vizcaína de Getxo aparece sembrada de carteles en los que Haika, la recién creada organización juvenil que agrupa a los miembros de Jarrai y de sus homólogos franceses, ensalza la labor desarrollada por el ex jefe de la comisaría local de la Ertzaintza, Iñaki Muneta Larumbe, destaca sus esfuerzos por «dialogar con distintos organismos populares de nuestro pueblo», la compara con la actitud «militar y represiva» de su sucesor en el cargo, y concluye que Muneta ha sido cesado por las presiones de los sindicatos Erne, CC.OO. y UGT, cuyos miembros son directamente amenazados con las palabras habituales: «Aténte a las consecuencias...»

Julio del mismo año: La noticia dice así: «Javier Balza, consejero de Interior del Gobierno vasco, destituye al jefe operativo de la Ertzaintza a los ocho meses de nombrarle.» La destitución no se produce por discrepancias con el trabajo que estaba llevando a cabo, sino por diferencias de carácter personal con el mando superior, Mikel Legarda Uriarte, viceconsejero de Seguridad. El nuevo responsable de la seguridad ciudadana no es otro que José Ramón Lacertua, hermano de un terrorista de ETA encarcelado, al que visita con frecuencia; antiguo responsable policial en Guipúzcoa, miembro de una de las primeras promociones del cuerpo y hombre de la máxima confianza del PNV. Pero ¿quién es el destituido? Pues no es otro que Muneta, el admirado por las juventudes radicales, que regresa a su puesto al frente de la comisaría de Getxo, para tranquilidad de estos vándalos callejeros y desgracia de unos vecinos condenados a sufrir a diario su devastadora e impune violencia.

Y es que Iñaki Muneta, un veterano *berrozi* —miembro de una unidad especial y restringida de escoltas de altos cargos del PNV, más antigua que el cuerpo, un grupo de élite del que acabarán saliendo casi todos los mandos de la Ertaintza—, buen amigo de Gorka Agirre, con quien comparte visitas a dependencias secretas de la Ertzaintza en Bilbao, que albergan su principal centro de escuchas, tiene un largo historial de fidelidad partidista a sus espaldas.

Así, en marzo del 2000, el diputado autonómico socialista, Víctor García, ha llevado al Parlamento de Vitoria el acta de una reunión celebrada en el mes de noviembre del año anterior en la comisaría de Beasain, siendo Muneta el máximo responsable operativo de la Policía vasca, en el curso de la cual él mismo ha expuesto las órdenes a seguir con respecto al «proceso de paz». Exactamente, éstas: «La Ertzaintza no debe ser un obstáculo, para lo cual evitará entrar en conflictos que dificulten dicho proceso; entendiéndose siempre dentro de la legalidad a la que estamos obligados.»

Pero la cosa viene de mucho más atrás. De hecho, en 1998,

en plena ofensiva terrorista, el entonces jefe de la comisaría de Getxo no ha tenido inconveniente en firmar una autorización, fechada el día 15 de abril, por la cual se insta al departamento correspondiente de la Ertzaintza a que facilite a la Policía local de dicha localidad los datos personales, «DNI, nombre, domicilio, etc.» de cada una de las personas incluidas en una lista de titulares de matrículas protegidas —placas especiales que se facilitan a personas amenazadas por la banda terrorista— presuntamente denunciados por «Agentes de esta plantilla». Una información enormemente valiosa y peligrosa en manos de un cuerpo sospechoso de estar infiltrado por ETA, que Muneta proporciona sin el menor empacho. Del mismo modo que autoriza sistemáticamente cualquier manifestación de la izquierda *abertzale* que quiera celebrarse, o que ordena que determinados incidentes de violencia callejera sean registrados por los agentes a sus órdenes con los códigos correspondientes a «peleas de vecinos», orden que más de uno cumple tras precisar: «por orden de Iñaki Muneta tengo que introducir esta clave, cuando en realidad lo que ha ocurrido es...».

El problema es que para Muneta, como para la práctica totalidad de los mandos de la Ertzaintza, el enemigo a batir no parece ser ETA, ni sus cómplices callejeros. De hecho, según el planteamiento conceptual de la policía autónoma vasca, no existe tal enemigo.

UN ERROR CONCEPTUAL DE ORIGEN

Cuando, recién aprobado el Estatuto de Gernika, en octubre de 1982, comienzan a prestar servicio los primeros 278 policías autónomos vascos, de los más de 7.000 que llegarán a desplegarse con el tiempo, una idea ha sido introducida en sus seis meses de formación (luego pasarán a ser nueve) con una insistencia obsesiva: ellos son la «Policía democrática del Pueblo Vasco» y no tienen nada en común con las otras fuerzas de seguridad que hasta entonces han operado en solitario: la Policía Nacional y la Guardia Civil, contemplados por el Gobierno del PNV y por parte de la Sociedad Vasca como símbolos vivos de la represión.

En las reuniones que mantienen entonces algunos responsables de la Consejería vasca de Interior con sus homólogos del Ministerio, se sorprenden estos últimos al constatar que, pese a que la Ertzainza está concebida como una policía popular, destinada a tomar en sus manos el control de la seguridad ciudadana en un territorio duramente castigado por ETA, para los vascos el nuevo cuerpo se encuadra en un esquema en el que cualquier presencia policial en las calles es sinónimo de intimidación y cualquier exhibición de fuerza es percibida como una provocación a la ciudadanía.

Y es que la Ertzaintza nace ya debilitada por los complejos de unos mandos políticos que se consideran obligados a dar constantemente explicaciones de sus acciones al entorno nacionalista más radical, cuando no a traicionar directamente sus responsabilidades. A este respecto, cabe recordar lo que contaba Xabier Arzalluz a sus interlocutores de KAS en su reunión del «árbol y las nueces»[1].

—No es verdad que el PNV utilice a la Ertzaintza contra ETA. De hecho la hemos frenado en muchas ocasiones, especialmente en Guipúzcoa.

Sin llegar a ese grado de complicidad, en octubre de 1990, en vísperas de las elecciones autonómicas, el candidato a lehendakari por Eusko Alkartasuna, Carlos Garaikoetxea, propone como argumento estelar de campaña la aprobación de una Ley de Policía vasca que configure a la Ertzaintza como una policía «civil, democrática y profesional», que sustituya a las Fuerzas de Seguridad del Estado —cosa que efectivamente se producirá unos años más tarde— y tenga como objetivo prioritario la lucha contra el narcotráfico, «un problema muy extendido en la sociedad» a diferencia del terrorismo «que incide más selectivamente».

Unos meses antes, en agosto del mismo año, la Koordinadora Abertzale Socialista, KAS, anuncia, en la misma direc-

[1] Ver capítulo cuatro.

ción, una campaña «agitativa» (sic) de explicación de su postura contraria al acuerdo de despliegue progresivo de la policía autónoma, al considerar que «no recoge la posición mayoritaria de la sociedad vasca de salida de las Fuerzas de Orden Público de Euskadi»[2] a la vez que impide «la consolidación de una Ertzaintza civil, no militarizada, sin mandos procedentes de las Fuerzas de Seguridad del Estado o el Ejército español y al servicio de los derechos y libertades de los ciudadanos».

TERRORISMO, ¿QUÉ TERRORISMO?

El 7 de marzo de 1985, la organización terrorista se ha encargado de rubricar con sangre este *desideratum*, al asesinar mediante una bomba adosada a los bajos de su coche al comandante de Infantería Carlos Díaz Arocha, primer jefe de la Policía autónoma, designado para el cargo por el también primer presidente del ejecutivo vasco, Carlos Garaikoetxea, en octubre de 1981.

Unos años más tarde, concretamente en enero de 1994, de nuevo Iñaki Muneta, a la sazón responsable de la recién inaugurada comisaría de San Sebastián, envía a todos sus hombres una circular en la que refleja con total claridad su concepto de las funciones a desempeñar por los nuevos responsables de la seguridad ciudadana, así como de sus prioridades:

«La Comisaría de Donostia, el equipo de hombres y mujeres que estamos destinados en esta ciudad, tenemos en este momento los siguientes objetivos:

A.— Comunicación con el ciudadano.
B.— Asistencia rápida e integral a los incidentes.

---

[2] Según el acuerdo alcanzado, ésta se irá produciendo de manera paulatina hasta mediados de los noventa, a medida que se despliegue el nuevo cuerpo y sin abandonar definitivamente sus competencias en materia de control de fronteras y lucha contra el terrorismo

C.— Estabilidad organizativa.

D.— Clima laboral satisfactorio.

E.— Participación de los subordinados en la toma de decisiones.»

Como se ve, ninguna referencia a la lucha contra el terrorismo. El comisario favorito de la izquierda *abertzale* tiene claras sus prioridades: «Lo más importante es la comunicación con el ciudadano... Si la gente no puede comunicarse con nosotros, se acabó. Sólo será cuestión de tiempo que el pueblo vasco decida cambiar de policía. Ya lo ha hecho más veces. Fruto de la última estamos nosotros aquí. Tengámoslo claro: no hemos sustituido a la policía del Estado por causa de las pistolas de ETA, sino por la voluntad de los vascos de tener una policía que responda a sus necesidades.»

¿Cómo ha de producirse esa comunicación? Mediante las llamadas *korrikas* —caminatas—, paradigma del profundo estado de indefensión en que los mandos de la Policía vasca colocan a sus agentes:

«Debemos tener en cuenta que una característica fundamental de la Ertzaintza es que la seguridad la dan personas con nombre y apellido. Gente del pueblo. Ertzainas personas. Pues bien, sólo se tiene esa sensación de nosotros cuando vamos a pie. Cuando vamos a pie, "los ertzainas están"; cuando vamos en coche "la Ertzaintza se va"... Por otra parte, con un ertzaina que va andando se puede hablar, es posible comunicarse. Con un ertzaina que va en coche, no.»

¿Cómo hacer compatible ese principio con la necesidad de cubrir largos trayectos en coche? Ésta es la respuesta de Muneta: «Todas las patrullas salen en coche, llegan a su área y, salvo que estén interviniendo en alguna actuación o se les haya encomendado alguna gestión, la patrulla aparca el vehículo en un lugar y patrulla a pie. Sin alejarse demasiado del coche. No porque les puedan hacer algo, sino porque si hay una emergencia que nos comunican por *talkie*, tenemos que poder llegar rápidamente al vehículo.»

Todavía hoy, en la página que la Ertzaintza ofrece en Internet se lee: «La misión de esta policía integral y democrática, creada según el modelo inglés y canadiense, es garantizar el libre ejercicio de los derechos y libertades, así como la seguridad ciudadana.» Éste es el entorno ideológico en el que se mueve la Policía Autónoma vasca, que poco a poco va sustituyendo a las Fuerzas de Seguridad del Estado en todo lo que atañe a la seguridad ciudadana, con la citada excepción de la lucha contra el terrorismo, área en la que se supone que una y otras colaboran.

DESCONFIANZA Y RECELOS

«Se supone», lo cual no quiere decir que esta colaboración se produzca. De hecho, la palabra que define la relación existente entre la Guardia Civil, la Policía Nacional y la Ertzaintza, desde la fundación de esta última, es «desconfianza». Aunque en 1996, en el seno de la Junta de Seguridad del País Vasco, integrada por representantes de la Consejería de Interior del Gobierno vasco y del Ministerio del Interior, se firman toda una serie de acuerdos de cooperación, que incluyen la posibilidad de que la Ertzaintza acuda a los servicios de información del Grupo de Schengen, no solamente no intercambian información alguna las policías dependientes de los distintos ejecutivos, sino que los sucesivos gobiernos de Madrid se esfuerzan a lo largo de los años por impedir que la Policía vasca sea reconocida por los restantes miembros de la Unión Europea y tenga con ello capacidad operativa fuera de nuestras fronteras, cosa que consiguen.

Una de las reivindicaciones históricas y jamás logradas del nacionalismo vasco gobernante en Vitoria es precisamente ésa; el reconocimiento internacional de su Policía y, con él, el acceso a las fuentes de información de las otras policías europeas. Las autoridades de la UE, muy particularmente las de Francia, no conciben más interlocutor que el Ministerio del Interior y las Fuerzas de Seguridad españolas, lo que priva a la Ertzaintza —y por ende al PNV— de un capital informativo de primera importancia en la gestión de ese factor de poder que los seguidores de Arzalluz siempre se han empeñado en controlar, y que no es otro que «la utilización de» o «la lucha contra» —según las circunstancias— el terrorismo etarra.

Ni siquiera en las épocas de mayor cercanía personal entre mandos políticos, como la primera etapa de Jaime Mayor Oreja al frente del departamento de Interior en Madrid, con Juan María Atutxa en Vitoria, ha sido posible vencer esos recelos mutuos, que no afectan sin embargo, como norma general, a las buenas relaciones entre agentes de unos y otros cuerpos, que en más de una ocasión se han prestado ayuda o asistencia en ocasiones de peligro, sin contar con sus respectivos superiores.

Pero los miembros de la Policía Nacional o la Guardia Civil que todavía permanecen en el País Vasco viven prácticamente aislados o camuflados, en acuartelamientos cerrados, como el de Intxaurrondo, o, amparados por identidades falsas y durante periodos de tiempo limitados. Para los mandos vascos, sin embargo, los ertzainas han de ser gentes del pueblo que se mezclen con el pueblo. De hecho, sus nombres y números de DNI son publicados en el *Boletín Oficial del País Vasco* cada vez que una nueva promoción sale de la academia de Arkaute. Luego esos mismos hombres han de enfrentarse a una banda terrorista cuyos integrantes y colaboradores conocen sus domicilios y los de sus familias, o intentar infiltrarse en los ambientes en los que se gesta la *kale borroka*, para descubrir a sus organizadores, conscientes de que hoy prestan misión de paisano, en tareas de información, y mañana pueden ser enviados a patrullar de uniforme por los mismos barrios, corriendo el riesgo de ser reconocidos. Una posibilidad que siempre pesa como una espada de Damocles sobre quien manifiesta actitudes rebeldes o díscolas... máxime cuando sus propios jefes les prohíben emplear las más elementales medidas de protección.

COMO CORDEROS AL MATADERO

En junio de 1997, un agente de la comisaría de XXX —omitimos por razones de seguridad los datos que podrían identificarle— recibe la siguiente amonestación de sus superiores: «Esta jefatura de Unidad ha observado que el día XXX durante el dispositivo creado tras perpetrarse un atentado en

XXX usted portaba chaleco anti-balas y verduguillo, cuando el resto del operativo policial de la Ertzaintza y otras policías se encontraban con la uniformidad habitual. Le recuerdo que el Departamento de Interior emitió directrices sobre el verduguillo y la idoneidad de su utilización. No obstante la discrecionalidad que posee el agente de la Ertzaintza, debe estar basada en argumentos objetivos para poder valorar la contundencia y formas en nuestras actuaciones, intentando no perjudicar la imagen de la Institución con decisiones individualizadas, y consultando ante cualquier duda con los superiores inmediatos, máxime en este tipo de incidentes que tanto afectan a la sensibilidad ciudadana. Por todo lo expuesto, le insto a que en lo sucesivo no se vuelvan a producir ese tipo de actitudes, ya que en caso contrario esta Jefatura se vería obligada a adoptar otro tipo de medidas sancionatorias (sic)».

Tres meses más tarde, cuando en octubre ETA asesina a balazos al ertzaina José María Aguirre, frente al museo Guggenheim de Bilbao, sus superiores zanjan radicalmente la polémica surgida sobre los motivos por los cuales no llevaba chaleco anti-balas, mintiendo descaradamente al asegurar que jamás se ha cursado instrucción alguna desaconsejando su uso.

Lo cierto es que reprimendas como la reproducida son habituales. Lo que es inusual es que los agentes se atrevan a denunciarlas, como en este caso, dadas las consecuencias que puede acarrear un paso semejante. La indefensión, entre tanto, va en aumento.

En noviembre de 1994, ante la falta de formación y medios con que están operando los miembros de la Unidad de Desactivación de Explosivos, CC.OO. Ertzaintza presenta una denuncia por prevaricación en el Juzgado de Guardia de Vitoria contra el viceconsejero de Seguridad del Gobierno, José Manuel Martiarena. En enero de ese mismo año, tras la publicación de una carta de la organización terrorista en la que se amenaza abiertamente a los agentes de la Policía Autónoma, el mismo sindicato reclama la confección de un manual de autoprotección de uso obligatorio por parte de todos los ertzainas. La Consejería de Interior rechaza la idea, alegando que «ese tipo de manuales no existe». Claro que esta reacción puede explicarse si se considera que, de acuerdo con una pregunta parlamentaria formulada en marzo del 96, a lo largo de todo el año anterior se han producido 29 ataques contra agentes de la Ertzaintza o sus propiedades, pero ni uno solo contra directores, jefes territoriales, jefes y subjefes de unidad del cuerpo.

El divorcio entre mandos políticos y los agentes de base se va acentuando en detrimento de estos últimos. La llegada de Juan María Atutxa a la Consejería de Interior del Gobierno vasco, a finales de 1990, abre una ventana a la esperanza, ya que las primeras actuaciones del consejero, así como sus declaraciones públicas, se caracterizan por su dureza frente a la banda asesina. En los años 93 y 94 la Ertzaintza, de hecho, desarticula varios comandos y Atutxa se convierte en uno de los blancos recurrentes de ETA, según los papeles incautados a los terroristas apresados. Pero pronto empiezan a saltar las señales de alarma.

En junio de 1995, poco después de que el joven ertzaina Andoni Sagarna sea abrasado vivo en Rentería, una patrulla de la comisaría de Bilbao sufre una agresión muy parecida de la que consigue escapar milagrosamente. Unos vecinos graban un vídeo doméstico del ataque, cuyas imágenes permiten la identificación de todos los participantes en el mismo. La cinta es entregada al máximo responsable de la capital vizcaína... que no mueve un dedo para detener a los culpables. Después de un año sin que esa denuncia produzca resultado alguno, los afectados se dirigen a Juan María Atutxa, en persona. Y tampoco él se da por enterado. Las cartas de queja se acumulan sobre su mesa, mas el consejero no reacciona, ni recibe a los representantes sindicales que solicitan reiteradamente entrevistarse con él.

LA REBELIÓN DE LOS *BOINAS ROJAS*

El malestar dentro de la propia Ertzaintza llega a tal extremo, que en febrero de 1997 los sindicatos que representan a la mayoría de los miembros del cuerpo: CC.OO., Erne y UGT, comparecen en el Parlamento de Vitoria para denunciar a sus superiores. Y son denuncias graves:

El representante de Erne, la central mayoritaria dentro de la Policía Autónoma, Iñaki de Castro, declara: «Se supone que el jefe tiene que ser el más formado, pero eso aquí no pasa. Aquí todos sabemos cómo se han dado los galones en la Ertzaintza, que se han regalado en la primera promoción y en la tercera. Y así nos va... ¿Cuántos ertzainas hay destinados en AVCS[3]. Yo no lo sé, pero sabemos que son muchos, que disfrutan de un presupuesto impresionante, de una tecnología policial punta. ¿Y cuáles son los resultados de este colectivo en el año 96? Que yo sepa, cero patatero. Que en el año 96 el resultado haya sido un cero es inexplicable. El viceconsejero lo tendrá que explicar, que es el máximo responsable de esa unidad.» (sic)

Felipe Oria, en nombre de UGT, precisa: «Los jefes y subjefes están atados de pies y manos porque no tienen su plaza en propiedad. Entonces tienen que estar dependiendo de ese teléfono y decir: "Oye, que tengo este tomate aquí, ¿qué hago?" "Tranquilo, tú procura llegar dos minutos más tarde."»

Y Roberto Del Agua, de Comisiones Obreras, remata: «Uno se pregunta cómo es posible que se pretenda que nosotros controlemos una manifestación que inicialmente no es violenta, pero en la que van 5.000 u 8.000 simpatizantes o ciudadanos que apuestan por la violencia, con una furgoneta antidisturbios de 7 agentes. Ustedes me dirán cómo podemos controlar algo si ocurre. Siempre nos contestan (los mandos) que ellos tienen datos de que no va a ocurrir nada y que, bueno, tampoco hay que mandar más gente, que no es necesario porque las algaradas siempre vienen *a posteriori*. No deja de ser sarcástico que ya estemos aburridos de ver cómo salen encapuchados de esas manifestaciones, cómo atacan comercios, cómo hacen pintadas, cómo aterrorizan a la gente que

[3] Adjuntos a la Viceconsejería de Interior. Constituyen, junto a los Grupos Operacionales (GOPS) y los Recursos Operativos (ROPS), el núcleo principal de la Policía Autónoma vasca.

anda por allí. Y nosotros, tienen que entender ustedes que si tomamos la decisión de intervenir, acabamos con las pistolas en la mano, y entonces sí que hemos generado un problema de una envergadura colosal.» El sindicalista concluye: «No hay gente, cada vez hay menos gente, ¿Dónde está esa gente? ¿Por qué las estructuras del departamento no se cumplen? ¿Dónde están los mil y pico compañeros que no encontramos?»

EL EUSKERA COMO PREMIO O CASTIGO

Muchos de los que faltan, varios centenares de agentes, están «liberados» de servicio y acuartelados en la academia de Arkaute para aprender euskera, según un plan establecido para proceder a la total euskaldunización del cuerpo en dos quinquenios, ya que el dominio de esa lengua es un requisito indispensable de esa «comunicación con la ciudadanía» de la que hablaba el citado Muneta en su carta: «El euskera también es importante en el objetivo de la comunicación. Mucha gente lo espera de nosotros por ser lo que somos: "su policía".»

En coherencia con ese objetivo, a mediados del 97 la Consejería de Interior informa a los miembros de la Ertzaintza que todo aquel que no apruebe el nivel de euskera que se le asigne a la plaza que ocupa, perderá su destino como cualquier otro funcionario de la Administración vasca. A efectos de determinar esos niveles, el departamento que dirige Martiarena realiza un mapa de la población que emplea habitualmente la lengua vasca para expresarse. Un mapa que, según los sindicatos policiales, engorda las cifras de vascoparlantes en algunos puntos hasta en un ¡700 por ciento! con respecto a los últimos datos proporcionados por el Gobierno vasco. Un mecanismo perfecto para premiar, castigar, ascender o trasladar a determinados agentes, con el pretexto de la lengua. Y no es éste el único.

Por las mismas fechas, un hombre muy próximo al viceconsejero de Interior insinúa también a sus interlocutores sindicales, en el transcurso de una reunión, que los ertzainas que decidan fijar su residencia fuera del País Vasco, ya sea por motivos de seguridad, al sentirse amenazados, ya por razones meramente económicas, al ser más barata la vida en Cantabria o La Rioja, pueden perder el derecho a cobrar dietas por los gastos de desplazamiento. Dicho y hecho. Por aquellas fechas, precisamente, el jefe de la Unidad dc la Comisaría de Bilbao empieza a negarse a firmar las hojas de gastos de los agentes no residentes en Euskadi que acuden a juicios o a prestar servicios en sus días libres.

LA *KALE BORROKA* Y EL *GRAN HERMANO*

De este jefe vizcaíno, Jorge Aldekoa García, es la firma de una instrucción sin desperdicio sobre el modo de hacer frente la *kale borroka,* cursada en diciembre de 1999 y procedente de la División de Seguridad Ciudadana, que obra en poder de las autoras de esta investigación. En ella, se señala: «En los incidentes de violencia callejera (existencia de fuego, líquido inflamable...) se accederá al punto crítico a pie», dejando el vehículo a una distancia de unos 100 metros, en el lugar que haya indicado vía radio la Jefatura de Operaciones. Una vez allí, los agentes «deberán guardar silencio en las comunicaciones». Así tendrá prioridad el canal CMC a través del cual la Jefatura irá dando información sobre los incidentes y cursando las órdenes oportunas.

Es preciso explicar, en este punto, que la Policía vasca cuenta con un sistema de comunicaciones extraordinariamente sofisticado, que permite grabar todas y cada una de las conversaciones que se producen entre patrullas, detectar el origen y destino de las mismas, pasar al ordenador central los datos correspondientes, dejar constancia de quién ha cursado o quién ha recibido una orden en un momento dado, registrar la procedencia de una solicitud de información cualquiera, etcétera, etcétera. En otras palabras, un *Gran Hermano* informático de gran potencia, que hace posible un control absoluto de cada uno de los agentes del cuerpo en todos sus movimientos, incluso en los momentos más críticos.

¿Traducción que de esa instrucción hacen los ertzainas de a pie encargados de aplicarla? Que los jefes de operaciones de las distintas comisarías se reservan la facultad de decidir dónde hay que intervenir y de qué manera, cegando los ojos de los agentes desplegados sobre el terreno. Así, las furgonetas son sistemáticamente aparcadas en lugares desde los cuales no se dispone de visibilidad alguna sobre los «puntos calientes», con lo cual se priva a los policías de la capacidad de intervenir por su cuenta y riesgo, sin recibir la correspondiente orden, invocando la necesidad de proteger a personas o bienes amenazados por los vándalos callejeros cómplices de ETA.

Con el sistema aplicado por mandato de la Jefatura, por el contrario, son los mandos y sólo ellos quienes dosifican las actuaciones, llegando a producirse situaciones esperpénticas, como la acaecida en Bilbao en una de las múltiples *guerras de banderas* coincidentes con unas fiestas veraniegas, Aste Nagusia, en las que el ayuntamiento y la dirección de la Ertzaintza habían pactado con HB las zonas en las que los agentes podían y no podían entrar, lo que proporcionaba refugios seguros a los autores de los actos vandálicos, mientras obligaba a los *boinas rojas* a agotarse en carreras y cargas inútiles, de las que sus superiores les apartaban en cuanto traspasaban las fronteras acordadas.

Porque la *kale borroka,* cuyos incidentes se han incrementado más de un 30 por ciento en los primeros meses del 2000 con respecto al año anterior, no es un elemento secundario de la estrategia etarra. Es un instrumento de primera importancia, que los terroristas de KAS dosifican cuidadosamente conforme a los intereses y capacidades de la banda. Es, por ello, algo que al PNV le interesa controlar. De ahí que cuando el ya citado Muneta se hace cargo de la comisaría de San Sebastián, a mediados de los noventa, prohíbe personalmente la utilización de material antidisturbios para reprimir dichos incidentes y envía agentes a grabar en vídeo el modo en que actúan sus propios compañeros, para sancionar después determinadas iniciativas. De ahí la frecuencia con que la Policía vasca *llega tarde* para evitar episodios de esta naturaleza, y el hecho de que, en el transcurso de 1999, sólo capture a 20 de cada 100 detenidos por esta causa, siendo los 80 restantes apresados por la Policía Nacional o la Guardia Civil.

Un informe del Centro de Análisis y Prospectiva de la Guardia Civil, fechado en abril del 2000, analiza la situación y aporta cifras concluyentes: «El acuerdo entre el nacionalismo moderado democrático y la izquierda *abertzale* condujo a que el Gobierno vasco optara por limitar la intervención de la Ertzaintza frente a la violencia callejera... Así, en 1997, antes de la tregua, la Policía vasca detuvo a 75 personas, un tercio del total de detenidos por esta causa, mientras que dos años después sólo detuvo a 7, el 20 por ciento del total.»

Según varios miembros de base de la Ertzaintza, estos límites políticos a su actuación vienen de mucho antes, aunque se incrementan tras la tregua. El resultado es que aunque todo el mundo sabe quiénes participan de esa violencia callejera y quiénes la financian; aunque han sido capturados *correos* con un cuarto de millón de pesetas en el bolsillo, destinados a pagar los servicios de esos vándalos presuntamente espontáneos; aunque algunos jóvenes asustados, que evidentemente habían sido confundidos con provocadores profesionales mientras se protegían de los incidentes en un portal, han denunciado en las comisarías de la Policía autónoma haber recibido diversas cantidades (entre 5.000 y 25.000 pesetas) de manos de desconocidos, y aunque con frecuencia los propios comerciantes de muchas localidades alertan a la Ertzaintza de la inminencia de actos vandálicos, porque han acudido a sus establecimientos determinados individuos con billetes de 10.000 pesetas nuevos... Aunque todo eso ocurre desde hace años en el País Vasco, los mandos políticos de la Policía autónoma, controlada por el PNV y responsable de la seguridad ciudadana, no parecen dispuestos a combatir esa manifestación cotidiana de terrorismo etarra, que cada día se cobra nuevas víctimas.

UN EJEMPLO SANGRANTE: BARRA LIBRE A LOS PRESOS

Ésa es la situación de la Ertzaintza a día de hoy, y un ejemplo reciente ilustra con precisión el alcance de las connivencias, simpatías y/o complicidades existentes entre *policías y ladrones*:

Estamos a finales de noviembre, principios de diciembre de 1999. Algo más de dos docenas de presos de ETA se encuentran hospitalizados en distintos centros del País Vasco, donde se controlan los efectos aparentemente graves que sobre su salud ha producido la huelga de hambre multitudinaria decretada por la dirección de la banda. Para custodiarles son movilizados decenas de agentes de las comisarías de San Sebastián y Bilbao, que intentan mantener en los hospitales de Basurto, Cruces o Nuestra Señora de Aránzazu, un régimen lo más parecido posible al que rige en las cárceles de las que proceden los citados huelguistas.

Pronto comienzan a producirse los primeros incidentes. Cada vez que un ertzaina intenta impedir una visita no autorizada, por ejemplo, se produce una llamada del etarra en cuestión a comisaría, a través de su teléfono móvil, y a los cinco minutos el agente recibe verbalmente, vía radio, la orden de salir de la habitación y permitir el acceso al visitante en cuestión. Más de un policía se niega a cumplir esas instrucciones y exige que le sean comunicadas por escrito, junto a los autos judiciales que las justifiquen. Éstos no existen, ya que se trata de acuerdos suscritos entre los jefes de las comisarías y los abogados batasunos de los terroristas de ETA. Muchos agentes son relevados del servicio, pero sus protestas consiguen que el jefe de operaciones de la comisaría de San Sebastián (que firma con un garabato ilegible) curse una instrucción al respecto, cuyo contenido, hasta ahora inédito, produce escalofríos, y que transcribimos íntegramente:

«Ante la problemática (sic) surgida en el apartado de visitas a presos de ETA internos en el hospital Nuestra Señora de Aránzazu y al objeto de aunar criterios de flexibilidad y de seguridad que el caso particular requiere, a continuación se describen las pautas a seguir en dichas custodias:

VISITAS EN GENERAL

1ª— Los internos podrán ser visitados por los familiares directos, es decir, esposo/a, compañero/a y previa acreditación familiar hasta 2º grado (padre, madre, hijos, abuelos, hermanos, nietos y colaterales).

2ª— Podrán ser visitados por las dos personas que a continuación se detallan:

— Idoia Esquisabel Berasategui.

— Marta Iciar Azcarate Leceta.

3ª— Podrán ser visitados por representantes de Partidos Políticos, Instituciones, Sindicatos y otros colectivos.

4ª— Podrán ser visitados por otras personas, manteniendo por norma general el siguiente criterio:

— El número será de 5 personas por turno, es decir, 5 turno de mañana y otras 5 turno de tarde.

Estas visitas se realizarán sin restricciones, salvo las que se establecen como norma general por el propio Centro Hospitalario en cuanto a horario de visitas, que abarca de las 10.00 h hasta las 20.00 h, y no permitir que haya más de dos personas por interno de forma simultánea en la habitación.

Ante cualquier duda/problema que surja en la custodia de esos internos, la misma será comunicada inmediatamente al Jefe de Operaciones de la Comisaría de Donostia.

Donosti, a 2 de diciembre de 1999.»

CAPÍTULO CATORCE

ETA SOCIALIZA EL SUFRIMIENTO

En 1995, la izquierda *abertzale* da una nueva vuelta de tuerca a su estrategia de terror y decide que para conseguir sus fines es necesario «socializar el sufrimiento», o, lo que es lo mismo, extender su campo de acción, de manera que cada vez sean más extensos y numerosos los sectores de la sociedad que reciban el zarpazo de ETA. La dirección del MLNV está convencida de que con ello logrará que quien se sienta personalmente afectado por la amenaza terrorista termine presionando al Gobierno para que busque y encuentre una salida negociada a lo que califica de «contencioso». Es el principio de la campaña generalizada de intimidación y violencia, que desemboca en una salvaje oleada de atentados contra políticos, especialmente cruel con los cargos electos del PP en el País Vasco.

«EN CAJA DE PINO Y CON LOS PIES POR DELANTE»

Este viraje en el rumbo se anuncia ya el año anterior en un *Barne buletina* (publicación interna de la banda) en el que los dirigentes Iñaki de Rentería y Mikel Antza plantean su particular visión de los pasos a seguir por la organización terrorista:

«La idea es ofrecer una tregua unilateral de seis meses, diciéndoles bien claro que en esos meses se tienen que sentar, con intenciones de darle a esto una solución, sin trampas ni malas intenciones, y que si no lo hacen, vamos a por ellos. Y digo a por ellos como personas que tienen en este momento la llave de una solución verdadera. Porque aunque peguemos a *txakurras* [policías] y narcos, ellos no ven en peligro sus vidas, mientras nosotros sí la vemos y somos consecuentes. Entonces, aunque a ellos les suponga un coste social y político alto el que se sigan haciendo *ekintzas* [acciones] creo que es hora de que empiecen a ver peligrar lo que más queremos todos, la vida. Pues el día que un tío del PSOE o PP, PNV va al funeral de un *txakurra* y se llena la boca de palabras de condena y lágrimas de cocodrilo, no ve en peligro su situación personal y asume ese tipo de *ekintza* pues están hechos una piña. Pero el día que vaya al funeral de un compañero de partido, cuando vuelva a casa quizás piense que es hora de encontrar soluciones o quizás le toque estar en el lugar que estaba el otro (o sea en caja de pino y con los pies por delante).»

Conforme a estas elocuentes instrucciones, KAS elabora una ponencia, denominada *Oldartzen*, que redacta HB y es debatida ese año en el seno de la coalición. De ella se desprende que la organización terrorista ETA, como vanguardia del MLNV que ejerce la dirección política, estima que ha llegado el momento de renunciar a crecer en apoyo social y apostar por una mayor cohesión interna al servicio de la «estrategia armada», aunque esto le suponga perder respaldo electoral. Y es que el hecho de ganar o perder votos es para los terroristas «algo coyuntural, que desvirtúa el proceso con posturas y actitudes posibilistas que no conducen más que a la claudicación».

LA CAZA DEL POLÍTICO

Con esta nueva ponencia, se concluye en el universo de la izquierda *abertzale* un camino que se empieza a recorrer en 1991 con el debate denominado *Urrats Berri*, en virtud del cual HB queda supeditada a los intereses de ETA-KAS, al tiempo que se establece claramente que el partido independentista no tiene nada que decir sobre cuál es el momento idóneo para que desaparezca «la expresión armada del conflicto», en la terminología al uso de ese mundo. La aceptación unánime del contenido de esa afirmación por parte de los miembros de KAS, que ahora dirigen HB, liquida cualquier discusión interna que hubiera existido en momentos anteriores en el seno de la coalición sobre la conveniencia o no de que ETA «se tome un descanso» o sobre lo beneficioso que sería para «eliminar tensión» que los terroristas proclamen un alto el fuego. Se acaba así la posibilidad de discrepar de las decisiones tomadas por ETA, en aras de fortalecer la cohesión interna de todo ese mundo y con el fin de dar la estocada final a los últimos independientes que quedan dentro de él.

Pero algunos se resisten a doblegarse y unos pocos disidentes, entre ellos el navarro Patxi Zabaleta, plantan cara a la violencia de ETA «cada vez menos reflexiva» —según su expresión—, al tiempo que denuncian la falta de democracia interna en HB. Asimismo, presentan enmiendas a la ponencia *Oldartzen*, conscientes de que no tienen la más mínima posibilidad de éxito. Y ello, no porque estén en franca minoría en el conjunto de simpatizantes de la izquierda *abertzale*, sino porque sus contrarios, los del núcleo duro de KAS, tienen controlado el proceso asambleario en el que se discute este asunto, a través de un «dinamizador de la asamblea» que es quien da o quita el permiso oportuno para participar en la misma. Como consecuencia de este férreo control, el texto oficial, finalmente aprobado, legitima lo que llama «lucha armada» para «forzar la eliminación de los obstáculos impuestos por el Estado, con el fin de forzar la negociación política».

Los etarras intentan así que lo que ellos denominan «el conflicto» en el País Vasco no se limite a un mero enfrentamiento entre sus activistas y las Fuerzas de Seguridad del Estado. Opinan que «esta situación es fácilmente asimilable por el sistema», por lo que ven necesario dar un «salto cualitativo» y extender el terror. Es en esa época, enero de 1995, cuando ETA advierte que piensa intervenir en el mundo político y asesina al concejal del PP en San Sebastián, Gregorio Ordóñez. Ese atentado le cuesta al MLNV el abandono de algunos «históricos», como la concejala de San Sebastián, Begoña Garmendia, que no pueden entender la intervención de «los militares» en el espacio político, cosa hasta entonces impensable en ETA militar. No así en ETA político-militar, los antiguos *polimilis*, que ya asesinaron a finales de los setenta a varios dirigentes de la UCD y que son los mismos que ahora han tomado el poder en el MLNV. Éstos afirman cínicamente que el asesinato de Ordóñez les resulta útil «para frenar las disidencias internas», porque provoca la marcha de los disidentes. Lejos de inquietarles, estas fugas son vistas con agrado por los que han tomado el poder en el seno de la organización, ya que prefieren ser pocos, pero fuertemente cohesionados.

En el marco de la nueva estrategia se inscribe también el atentado frustrado contra el líder del PP, José María Aznar, con el que, según la dirección de KAS, ellos «recuperan la iniciativa». Este proceso de radicalización, que alcanza de lleno a HB, culmina en vísperas de las elecciones generales de 1996 con la cesión de sus espacios electorales para la emisión de un vídeo de ETA en el que se expone la llamada «Alternativa Democrática», dada a conocer por la organización terrorista en abril de 1995. Una cesión que conduce a la cárcel a toda la Mesa Nacional de la coalición *abertzale*.

LOS CHICOS DE LA GASOLINA

En consonancia con su determinación de extender el sufrimiento a toda la sociedad, ETA decide por esas fechas sembrar de violencia todos los pueblos y ciudades del País Vasco. Y quienes con más ahínco se encargan de instalar el terror en la calle son los protagonistas de la *kale borroka*, los «chicos de la gasolina», según la terminología del presidente del PNV, Xabier Arzalluz. Para este dirigente nacionalista, el fenómeno no supone un peligro grave, ya que se trata, según él, de «gamberradas» propias de jóvenes de corta edad, carentes de trascendencia política. Sin embargo, el año 1995 se cierra con un balance trágico de agresiones personales y destrucción de bienes públicos y privados, al convertirse en el de mayor actividad de los entonces llamados «grupos Y», dedicados al sabotaje callejero.

Estos grupos, perfectamente formados en las tácticas de guerrilla urbana, niegan cualquier vinculación orgánica con la organización madre, ETA, con el fin de no ser acusados de colaboración con banda armada. Su creación es una idea original del dirigente etarra José Luis Álvarez Santacristina, *Txelis*, encaminada a producir en la ciudadanía una permanente sensación de inestabilidad social. En sus primeros tiempos, los *borrokas* —denominación con la que se les conoce popularmente— gozan de una impunidad prácticamente absoluta, ya que, en el caso improbable de ser detenidos, a su condición habitual de menores de edad se añade la imposibilidad de demostrar su relación con ETA, con lo que sólo pueden ser condenados por faltas. Años más tarde, se cambiará la legislación de manera que se les pueda acusar de colaboración con banda armada.

Porque la realidad es que ETA se sirve en la calle de jóvenes capitaneados por una organización de cuadros dirigentes, como es Jarrai, con el fin de que suplan su incapacidad para actuar, debida a las bajas producidas por la acción de la Policía en sus comandos operativos. La finalidad perseguida es ampliamente alcanzada y la *kale borroka* consigue que toda la sociedad se sienta acosada por la violencia. La propia ETA, en un momento dado, ve que su criatura se le va de las manos y adquiere una vida propia, difícil de controlar. Es entonces cuando la dirección terrorista confiesa en un documento: «Tenemos una responsabilidad en esto, ya que hemos metido a Jarrai en un fregado, se han quemado muchos de sus componentes y no sabemos las consecuencias que puedan tener en un futuro.»

Una de esas consecuencias, seguramente inesperada, es que la violencia callejera y los enfrentamientos policiales que conlleva brindan a algunos *cachorros* de la organización la oportunidad de ganarse unos galones en las trincheras que les sirven para sustituir a sus mayores. Se colocan en HB y KAS y, desde esos puestos, controlan los debates en los que los históricos empiezan a desaparecer. Así es como los alevines de KAS se convierten en la punta de lanza de la izquierda *abertzale.*

Otro de los resultados, éste sí deliberado, es el de una cierta recuperación del control de la calle; un lugar que les es propio, pero que han ido perdiendo a lo largo de los años, a medida que los ciudadanos vascos, liderados por los partidos del Pacto de Ajuria Enea, multiplicaban sus manifestaciones de condena de la banda. A la protesta social han contribuido decisivamente determinadas iniciativas promovidas desde organizaciones pacifistas, como Gesto por la paz, y, entre ellas, la idea que más cuaja en aquellos tiempos —mediados de los noventa— es la de llevar un lazo azul en la solapa para exigir la liberación de algunos secuestrados, como Julio Iglesias Zamora o José María Aldaya.[1]

Los *abertzales* tienen que conseguir —y consiguen, parcialmente— que los ciudadanos se quiten el lazo azul, para lo que no dudan en empapelar las paredes del País Vasco con carteles en los que aseguran: «Los asesinos llevan lazo azul», que incluyen imágenes de dirigentes políticos a los que advierte: «Tendrán que pagar lo que han hecho.» En más de una ocasión, la intimidación se concreta en brutales palizas, que provocan al menos una muerte e innumerables lesiones, y terminan desterrando los lazos en cuestión de las solapas de los ciudadanos vascos.

---

[1] Ver capítulo quince.

CAPÍTULO QUINCE

LOS SECUESTROS

En la estrategia de terror e intimidación que ha practicado ETA desde sus orígenes, el secuestro ocupa un lugar destacado como instrumento de tortura extraordinariamente eficaz en la consecución de un objetivo múltiple: obtener una fuerte suma de dinero en un plazo de tiempo relativamente corto, incitar a todos los extorsionados rebeldes a pagar sus correspondientes contribuciones a la banda, en forma de «impuesto revolucionario» y, en algunos casos, poner a prueba la resistencia del Estado de Derecho frente al chantaje.

A partir de mediados de los noventa, los terroristas ensayan, además, una nueva forma de explotación de esta repugnante práctica, convirtiéndola en detonante y catalizador de disturbios callejeros perfectamente controlados y teledirigidos desde sus terminales en KAS. Para todo ello, la organización terrorista cuenta siempre con la colaboración más o menos espontánea, más o menos voluntaria, más o menos necesaria, de una serie de personas, siempre las mismas, vinculadas al Partido Nacionalista Vasco.

INTERMEDIARIOS HABITUALES

En los casos de secuestro con trasfondo económico, los más frecuentes, que han proporcionado a las arcas etarras una cantidad superior a los 4.000 millones de pesetas en los últimos años, el mecanismo es el siguiente: los terroristas capturan a su presa y guardan silencio. La familia, angustiada, se pone en contacto con alguien del PNV. Allí, el caso suele ser remitido al intermediario habitual, que en los últimos casos siempre ha sido Gorka Agirre, el cual, a su vez, contacta con la banda, generalmente por mediación de gentes vinculadas al MLNV o residentes en Francia. Entre estos contactos, destacan José María Elosua, *Porter*, miembro de HB y abogado en el bufete del colectivo Egia, varias veces procesado por su participación en este tipo de gestiones, y Juan José Etxabe, fallecido en julio de 1996, después de algunos meses encarcelado en París por mediar en el pago del secuestro de Julio Iglesias Zamora.

Muy amigo de Agirre, y también de Azkoiti, Txomin y buena parte de la vieja guardia etarra, Etxabe gana en la década de los setenta una verdadera fortuna con el contrabando de tabaco, actividad que el responsable del cuartel de la Guardia Civil de Intxaurrondo, el entonces coronel Enrique Rodríguez Galindo, intenta utilizar sin éxito, a comienzos de los ochenta, como elemento de presión para acceder hasta la cúpula terrorista.

Etxabe contesta entonces a los requerimientos de Galindo:

—Todo el dinero que tenía que ganar con el tabaco ya lo he ganado, de manera que haz lo que te dé la gana.

Este veterano activista (dirigente de la organización terrorista en los comienzos de la misma, cuando la banda perpetra el primero de los 76 secuestros cometidos hasta el verano del 2000, en la persona del cónsul alemán Eugen Beihl) sufre un atentado del Batallón Vasco Español, del que sale gravemente herido y en el que su mujer pierde la vida. Etxabe, que reside hasta su muerte en San Juan de Luz, aunque regenta dos restaurantes en San Sebastián, se aleja de la banda a partir de ese momento, pero declara: «Dejo de ser etarra, aunque siempre seré etista.» En coherencia con esta disposición permanente a prestar auxilio a ETA, colabora, hasta su muerte, en la tramitación del cobro de diversas *contribuciones* y rescates.

Lo mismo hace el también fallecido Mikel Isasi, un histórico del PNV, miembro del primer Gobierno de Carlos Garaikoetxea, encausado en el mismo procedimiento que lleva a Etxabe a una prisión francesa, de la que él se libra al considerar los jueces que su mediación, a diferencia de la de su compañero, ha sido «humanitaria». Y es que gestos *humanitarios* de ese tipo son muy frecuentes entre determinados dirigentes del PNV.

En junio de 1993, se celebra una reunión en la sede de HB de San Sebastián entre Rufi Etxeberria y José María Olarra, miembros de KAS, y los peneuvistas Joseba Egibar, Josetxo Arrese, perteneciente a la Ejecutiva guipuzcoana del Partido Nacionalista, y un tercer personaje, no identificado en el documento incautado más tarde a la banda terrorista, en el que se da cuenta de la entrevista. En dicha conversación, concertada para tratar el caso de un simpatizante peneuvista «indebidamente» chantajeado por la organización[1], Arrese llega a afirmar:

—He participado en tres secuestros y sé muy bien cuál es el funcionamiento interno. Sé muy bien que, de llamar a ciertas puertas, se llega a la organización.

A continuación, el nacionalista guipuzcoano explica a sus interlocutores batasunos el modo en que él entiende el «pacto entre caballeros» que rige en ese tipo de situaciones:

—Cuando hay secuestro o solicitud del impuesto, se llega a un acuerdo entre las dos partes, se señalan los términos de ese acuerdo y, si alguien lo rompe, él es el responsable.

Como veremos más adelante, ese concepto de la palabra dada a ETA en un secuestro que tienen algunos peneuvistas tendrá una gran importancia en el caso de Cosme Delclaux. Pero no adelantemos acontecimientos...

---

[1] Ver capítulo dieciocho, en el que se relata con más detalle este revelador episodio.

«TE CRUCIFICAN Y LUEGO TE DAN CREMA DE PROTECCIÓN SOLAR»

El 5 de julio de 1993, la banda terrorista, necesitada de dinero fresco para reponer sus maltrechas finanzas, secuestra a Julio Iglesias Zamora en el garaje de su casa, el día del cumpleaños de su hijo. El joven ingeniero, que trabaja en la empresa Ikusi, fundada por su tío, queda profundamente desconcertado. Él no es empresario, no posee una fortuna y siente una profunda rabia e impotencia, que transmite a sus carceleros en las discusiones que mantienen.

Cuando tres meses y medio después, el 29 de octubre, recobra la libertad, Iglesias Zamora responde así a la pregunta de si ha recibido malos tratos: «Primero te crucifican y luego te dan crema de protección solar. Violencia física... no me han amputado un dedo, ni una oreja, si a eso se refiere. En lo psíquico es un choque fortísimo. Estás en otro mundo y no sabes qué es lo que te va a pasar.»

Durante los 116 días que dura su cautiverio, el ingeniero se mantiene en forma con «gimnasia, lectura y mentalización», y aprovecha las horas para registrar en su cerebro cada detalle del habitáculo húmedo e inhóspito en que se encuentra recluido. El mismo que, unos años más tarde y una vez remozado, será empleado por sus secuestradores: Xabier Ugarte, José Luis Erostegi, Jesús María Uribetxeberria Bolinaga y José Miguel Gaztelu, para mantener enterrado en vida al funcionario de prisiones, José Antonio Ortega Lara, durante 532 días.

Iglesias Zamora tiene más suerte. Su secuestro es de los que se resuelven con dinero y su familia paga una cantidad cercana a los 500 millones de pesetas, aunque él nunca admita tener conocimiento de ello en el juicio que se celebra en octubre de 1998 contra sus carceleros. El encargado de recaudar la citada cantidad y hacérsela llegar a la banda es su tío, Ángel Iglesias, viejo conocido de los etarras. El fundador de la empresa Ikusi ya ha tenido ocasión, en efecto, de tratar con los terroristas, de los que ha tenido que huir en 1982, durante algunos meses, al sufrir varios atentados por negarse a pagar el consabido «impuesto revolucionario». Su experiencia con Julio le convertirá en un auténtico «experto», bien es verdad que contra su voluntad, y le llevará a mediar en el pago de otros rescates, a petición de las víctimas.

Antes de que eso ocurra, sin embargo, el secuestro de Julio Iglesias Zamora introduce una novedad en la secuencia de hechos a la que la sociedad española y vasca estaba acostumbrada hasta entonces; a saber, el sufrimiento silencioso de las víctimas y sus familias, la mediación más o menos inocente de algunos políticos, el pago a tocateja del dinero exigido y la «feliz» resolución del secuestro o, en caso contrario, el asesinato del rehén. En esta ocasión, los compañeros del secuestrado se movilizan para reclamar su liberación y algunas organizaciones pacifistas tienen la idea de promover el lazo azul como símbolo del clamor popular que reclama el regreso de Julio a casa. Es un fenómeno incipiente, apenas esbozado, que conocerá un desarrollo espectacular en el caso de José María Aldaya.

ALDAYA, UN PULSO A LA SOCIEDAD VASCA

El industrial guipuzcoano José María Aldaya, propietario de la empresa de transportes Alditrans, es secuestrado a punta de pistola el 8 de mayo de 1995, cuando regresa a su domicilio en la urbanización Jaizkibel. Apenas tres días después, el portavoz de la familia en la comarca del Bidasoa, declara que los Aldaya no poseen, ni remotamente, la fortuna necesaria para hacer frente al pago de un rescate cercano a los 1.000 millones de pesetas, cantidad de la que se habla en un principio. La banda, de hecho, reconoce dos semanas después en el *Egin* que el «arresto» (eufemismo habitualmente empleado en estos casos) del industrial se ha debido a su negativa a pagar el «impuesto revolucionario», pero tarda más de dos meses en dar pruebas fehacientes a su familia de que el rehén se encuentra vivo, y aún más tiempo en convencerse de que el informador que le ha señalado como objetivo susceptible de aportar la mencionada suma de dinero a las arcas de la organización terrorista ha cometido un error de bulto.

Aldaya, en efecto, es propietario de un negocio modesto. Tan modesto, que hasta los 100 millones que terminan pagando sus allegados, a cambio de su vida, le produce un quebranto susceptible de llevarlo a la quiebra, de no haber intervenido el Gobierno vasco (o sea, el contribuyente) con la correspondiente subvención para evitarlo. ETA se ve obligada a aceptar, cuando el empresario ya está en sus manos, que no obtendrá por él el rescate que esperaba, y decide hacer de la necesidad virtud, planteando el caso como un pulso a la sociedad vasca.

Porque Aldaya, de 54 años de edad, casado y padre de una familia numerosa, uno de cuyos integrantes le hará abuelo durante su cautiverio, no tiene fortuna pero sí amigos muy queridos. A la cabeza de éstos figuran sus empleados, que anuncian, el 11 de mayo, la convocatoria de movilizaciones semanales para exigir a la organización terrorista la inmediata liberación de su patrón.

El día 20 de ese mes, decenas de miles de personas se manifiestan en San Sebastián bajo el lema: «José María, *etxera* [José María, a casa]. Libertad». A partir de ese momento y durante los once meses que se prolonga el secuestro, cada lunes, martes, jueves y sábados los trabajadores de Alditrans, encabezados por dos de los hijos del secuestrado, a los que se van sumando numerosos ciudadanos, se manifiestan pacíficamente en la capital guipuzcoana, reclamando a ETA la puesta en libertad de su compañero. Pero han de enfrentarse en el empeño a las provocaciones de los batasunos, perfectamente organizados por la dirección etarra, y a la *incompetencia* rayana en complicidad del jefe de la Ertzaintza en San Sebastián, el ya mencionado Iñaki Muneta, que parece dar toda clase de facilidades a los *abertzales* radicales para que multipliquen impunemente sus contramanifestaciones vandálicas.

A lo largo de los meses, los portadores del lazo azul, símbolo de quienes reclaman la liberación del secuestrado, se desplazan de un sitio a otro de la capital donostiarra, intentando expresar pacíficamente y en silencio su protesta. Son seguidos por grupos de contramanifestantes *abertzales* que se sitúan enfrente, les insultan, vejan, amenazan e inclúso agreden a pedradas. Alegando que tanto unas manifestaciones como otras son ilegales y no están autorizadas, Muneta mantiene en un principio a la Policía autónoma al margen de estos conflictos y, cuando la situación amenaza con escapar a cualquier control, la despliega entre unos y otros, con órdenes de interponerse pero no intervenir a favor de unos o en contra de otros.

Miembros de a pie de la Ertzaintza recuerdan aquellos días con dolor y rabia, y relatan cómo el responsable de la comisaría de San Sebastián enviaba agentes con cámaras o se desplazaba él mismo al lugar de los disturbios, para grabar en vídeo a los autores de las agresiones, y según sospechas de algunos ertzainas para filmar a sus propios hombres y saber cuáles de ellos desobedecían sus órdenes y cargaban contra los radicales. Los responsables de tal osadía eran inmediatamente objeto de distintas formas de represalia. De aquella época data la normativa que hizo circular para la *kale borroka* que ha quedado expuesta en otro capítulo. Y es que esa modalidad de terrorismo callejero nace, crece y se perfecciona con el secuestro de Aldaya.

La repercusión intimidatoria que tienen esas algaradas en la opinión pública es tan grande, la movilización que consiguen producir en el MLNV tan importante, y el efecto propagandístico para la banda tan eficaz, que ETA decide prolongar el secuestro dos meses más de lo necesario, una vez cobrado el rescate «posible», de cien millones de pesetas, para mantener así la presión en la calle. Este pago se efectúa a mediados de febrero, pero José María no regresa a su hogar y a su empresa hasta el 14 de abril.

Entre tanto, la banda hace llegar a la familia mensajes tranquilizadores, en los que menciona las dificultades que le plantea para la liberación el fuerte despliegue llevado a cabo por la Policía y la Guardia Civil en Guipúzcoa y Navarra, en busca del industrial. Pero en realidad está procurando sacar el máximo partido a una renta tan elevada como inesperada de su fechoría. De ahí que los terroristas se arriesguen a hacer algo que carece de precedentes en su historia: perpetrar un secuestro sin haber resuelto el anterior y mantener abiertas dos «cárceles del pueblo» a la vez.

Así es como el 17 de enero de 1996, la organización terrorista lanza un nuevo desafío al Estado de Derecho. Coincidiendo con la campaña a favor de los presos etarras que preparan el PNV y el conglomerado ETA/KAS/HB, la banda secuestra en Burgos al funcionario de prisiones José Antonio Ortega Lara, que une a esta condición la de militante del PP, cuando regresa a su casa desde su centro de trabajo en la prisión de Logroño. Su militancia con los populares se encargará de recordarla más tarde el portavoz del PNV, Joseba Egibar, a modo de explicación.

Es evidente que el secuestro no responde a motivos económicos. Inmediatamente, acuden a todas las memorias las terribles imágenes de los cadáveres del ingeniero de la central nuclear de Lemóniz, José María Ryan, secuestrado el 29 de enero de 1981 y muerto a los ocho días, y del teniente coronel Alberto Martín Barrios, brutalmente asesinado 14 días después de ser capturado por los terroristas. En ambos casos se trataba de acciones realizadas con fines políticos. En esta ocasión, también, ETA plantea al Gobierno un chantaje que ella misma sabe inaceptable: el acercamiento inmediato de todos los presos de la organización al País Vasco y su reagrupamiento en prisiones vascas. La suerte de Ortega Lara parece fatalmente echada.

Eso exactamente piensa él, cuando a las cinco de la tarde de ese fatídico 17 de enero, mientras saca del maletero de su coche su neceser de trabajo, dos individuos se le acercan por la espalda y uno de ellos le grita: «quieto, o te mato», mientras el otro le apunta con una pistola en la sien. El funcionario se resiste y grita cuando sus agresores intentan inyectarle un narcótico, pero calla cuando se hace evidente que le matarán si no accede a sus peticiones. Así es amordazado, atado de pies y manos, introducido en el maletero de un coche, y desde allí, trasladado al doble fondo camuflado de un camión en el que será conducido hasta el *zulo* que se convertirá, durante los siguientes 532 días, en un auténtico ataúd en el que sus captores le sepultan en vida.

El recinto, de dos metros y medio de ancho, tres de largo y uno ochenta de altura, rezuma humedad y no tiene más mobiliario que un camastro, una mesa y una silla. Desde el primer momento, los secuestradores, que siempre llevan capucha y hablan entre sí en euskera, se presentan como Iñaki, Patxi, Jon y Mikel, y advierten a su víctima que se prepare para un cautiverio largo. José Antonio no puede imaginar, en ese momento, lo que eso significa en términos de dolor, sufrimiento y angustia.

La vida dentro de su húmedo agujero es monótona y cada vez más difícil de soportar. Al principio, las comidas son caseras y variadas. Con el tiempo, Ortega Lara no aceptará más alimento que la fruta o la verdura, y desarrollará una diarrea crónica, lo que le llevará a perder 23 de sus 73 kilos de peso habitual. Para sus necesidades, no cuenta más que con una marmita tapada con un plástico, y sólo puede asearse una vez por semana, cuando sus secuestradores le traen agua caliente en un balde. Como único entretenimiento, disfruta de algo de música a través de un *walkman* (cuyos cascos utiliza para fabricarse unas cuchillas caseras) y de la lectura de los libros que le facilitan sus carceleros: *El triunfo de la nación vasca*, *La red Galindo*, *Lo que el viento se llevó* y algún ejemplar de periódico atrasado y debidamente censurado. En cuanto a la decoración, un gran cartel con el anagrama de ETA, escarnio añadido de sus torturadores, y algunos marcos de papel de aluminio que se fabrica él mismo para colocar las fotografías de su familia. Al cabo de un año de semejante régimen, el funcionario de prisiones empieza a concebir planes concretos para quitarse la vida, e incluso ensaya varias formas de hacerlo, mediante el ahorcamiento o cortándose las venas con las cuchillas que tiene escondidas. En la primavera del 97 pone fecha a su suicidio: será el 5 de julio, una semana después de su aniversario de boda.

DELCLAUX, LA MEDIACIÓN DE GORKA AGIRRE

Mientras Ortega Lara se consume en su ataúd, consciente de que el Gobierno no cederá al chantaje de la banda terrorista, ésta recurre de nuevo al secuestro para proveerse de fondos y, en esta ocasión, no yerra el tiro. El 11 de noviembre de 1996, ETA secuestra en Zamudio (Vizcaya) al abogado Cosme Delclaux, hijo de una de las familias más adineradas de la burguesía de Neguri. El 27 del mismo mes, la banda asume el secuestro mediante el correspondiente comunicado al uso, en el que arremete contra la «oligarquía vasca», a la que acusa de querer «mantener cómodamente a Euskal Herria dentro de España». Para entonces, la familia Delclaux ya ha empezado a moverse con el fin de negociar el rescate.

El intermediario elegido no es otro que el dirigente del PNV, Gorka Agirre, a quien Álvaro Delclaux, padre del secuestrado, llega a través de su abogado, Carmelo Renovales, y de su cuñado, Perico Zubiria. Simultáneamente, con la ayuda de una tercera persona, los Delclaux contactan también con Ángel Iglesias, el cual, aunque se resiste a hacerlo, conoce la forma de llegar hasta Azkoiti, responsable de las finanzas de la organización terrorista y buen amigo del citado Gorka Agirre.

Es este dirigente nacionalista quien transmite a la familia del secuestrado las condiciones que pone la banda para liberarlo. Y son duras: 1.000 millones de pesetas a pagar antes de que Cosme vuelva a casa y otros 500 millones a abonar después, a razón de 100 millones anuales durante cinco años.

A mediados de abril de 1997, los Delclaux hacen efectivo el importe de una parte del rescate, después de que los terroristas envíen en marzo a la familia una elocuente carta con dos balas del calibre 9 mm parabellum alusivas al destino que aguarda a Cosme en caso de que no abonen el dinero exigido. Un mes más tarde, en mayo, una persona de confianza traslada otros 500 millones. Uno de esos envíos ha sido detectado en origen por el Ministerio del Interior, que acuerda con la Ertzaintza el seguimiento del dinero, con el fin de llegar hasta el intermediario de la banda terrorista. El pacto es que la Policía vasca siga al vehículo hasta Miranda de Ebro y, a partir de ahí, dé el relevo la Guardia Civil. En el trayecto entre Vitoria y Miranda, todavía dentro del País Vasco, los hombres de Atutxa *pierden* misteriosamente el rastro, por causas nunca explicadas.

En junio de ese año el portavoz del PNV, Joseba Egibar, se traslada a Francia para encontrarse con algunos miembros de la dirección etarra, y el Cesid informa que, «según una fuente propia generalmente muy segura, todo parece indicar que el tema de la reunión podría ser la negociación de acuerdos parciales para la resolución de los secuestros que, en la actualidad, mantiene la organización terrorista».

En la madrugada del 1 de julio, por fin, el joven abogado es liberado en las proximidades de la localidad vizcaína de Elorrio, en buen estado de salud y dando muestras de no haber perdido el ánimo.

En septiembre del año siguiente, ETA declara una tregua. Álvaro Delclaux, que todavía adeuda a la banda varios centenares de millones, considera que su pesadilla ha terminado y anuncia al intermediario, Gorka Agirre, que no tiene intención de entregar a la organización terrorista una sola peseta más. A partir de ese momento, se desata sobre él una fortísima presión conjunta de la banda (mediante cartas, amenazas, otras formas de coacción) y del citado dirigente del PNV, que le exige una y otra vez que haga honor a los compromisos contraídos con los terroristas. La coacción alcanza tal nivel, que el propio Álvaro en persona telefonea a Gorka Agirre y le amenaza con denunciar públicamente lo que está ocurriendo si persisten las presiones.

En aquellas fechas, una de las autoras de este libro, Isabel San Sebastián, coincide en Bilbao con el entonces presidente del Parlamento autonómico y ex consejero de Interior del Gobierno vasco, Juan María Atutxa. La periodista pregunta a su invitado en directo, en un programa de televisión, su opinión sobre el hecho de que ETA esté multiplicando sus requerimientos de cobro del «impuesto revolucionario», a pesar de la tregua, cosa que el político nacionalista dice desconocer. Una vez concluida la entrevista y apagadas las cámaras, San Sebastián le dice a Atutxa:

—Juan Mari, tú sabes, como yo, la presión a la que está siendo sometida la familia Delclaux para que pague la parte que todavía debe del rescate.

A lo que su interlocutor contesta:

—Eso es distinto. Esa cantidad estaba negociada antes de la tregua y hay que cumplir lo que se pacta.

EL ENFADO DE DOMITILA

Pero regresemos a las primeras horas del 1 de julio. Poco antes de las siete de la mañana de ese caluroso día, un joven teniente de la Unidad Especial de Intervención de la Guardia Civil irrumpe en el *zulo* en el que duerme José Antonio Ortega Lara, reducido ya a la condición de superviviente de Auschwitz, y se encuentra con un hombre de aspecto cadavérico y aterrado que le espeta:

—¡Matadme de una puta vez!

No resulta tarea fácil convencer al funcionario de prisiones para que abandone voluntariamente el cubil en el que lleva encerrado más de un año y medio y en el que habría acabado muriendo, de no ser por la perseverancia de la Guardia Civil en encontrarle.

Y es que los 500 guardias de la comandancia donostiarra de Intxaurrondo, al mando del coronel Ignacio Laguna, no dejan de buscar al secuestrado en ningún momento y consiguen la hazaña de liberarlo, tirando del finísimo hilo de la abreviatura «Bol» contenida en sendos documentos: una nota de gastos y una «autocrítica», incautados a los terroristas Juan Luis Agirre Lete, *Isuntza,* y Daniel Derguy, detenidos en noviembre y julio del año anterior en Francia. Esas tres letras conducen a la Guardia Civil hasta Jesús María Uribetxeberria Bolinaga, miembro *legal* (no fichado) de ETA, y desde él, al taller de herramientas Jalgi CB, de Mondragón, donde Uribetxeberria y sus cómplices, José Miguel Gaztelu Otxandorena, José Luis Erostegi Bideguren y Xabier Ugarte, le tienen sepultado en vida bajo una pesada maquinaria que los terroristas, dispuestos a dejar morir de inanición a su víctima, se niegan a identificar en el momento de ser detenidos.

Pero Ortega Lara sale del *zulo.* Exhausto, asustado y escuálido, el funcionario recobra la vida y otorga a las Fuerzas de Seguridad uno de los mayores triunfos de los últimos años.

En esa mañana feliz, en la que también Cosme Delclaux regresa a su casa, el ministro del Interior, Jaime Mayor Oreja, efectúa dos llamadas. La primera, al presidente del Gobierno, José María Aznar. La segunda a la esposa de Ortega Lara, Domitila, a la que da la enhorabuena con entusiasmo por la buena noticia. Ella, que en tres ocasiones se ha reunido con el ministro para pedirle, en vano, que acceda a las peticiones de los terroristas, interpreta que se refiere a la liberación del abogado vizcaíno, y le contesta: «Sabía que era usted cruel, pero no pensaba que fuera tan cruel.» Un jarro de agua fría que, sin embargo, no empaña la alegría de esas horas.

En los días siguientes, mientras España entera celebra la liberación del funcionario y se horroriza ante el aspecto que presenta tras la tortura padecida, el titular de Interior declara: «Ha quedado demostrado que no ceder al chantaje de ETA da resultados.» El presidente del Gobierno, José María Aznar, insiste: «Lo sucedido ratifica la política de firmeza y determinación contra el terrorismo.» Incluso el lehendakari, José Antonio Ardanza, se congratula del feliz desenlace del secuestro, asegura que «a todos los vascos se nos ha quitado un gran peso de encima» y aprovecha para recordar las virtudes del diálogo, invitando a la banda terrorista a reflexionar.

ETA, en efecto, *reflexiona* y reacciona a la liberación del funcionario secuestrado, pero no precisamente de la manera que espera Ardanza...

CAPÍTULO DIECISÉIS

MIGUEL ÁNGEL BLANCO: LA VENGANZA

ETA no está dispuesta a asumir ante quienes la apoyan un fracaso tan estrepitoso como la liberación de Ortega Lara por parte de la Guardia Civil, y el mismo día en que el funcionario de prisiones vuelve a la vida, sus verdugos firman una nueva condena a muerte, precedida por la más cruel de las torturas. Tan repugnante es el procedimiento elegido, que el encargado de ejecutarlo, uno de los asesinos más encallecidos de la banda, vomita después de cometer su abominable crimen. Y es que la pasión y muerte de Miguel Ángel Blanco, de 29 años de edad, soltero, economista, aficionado a la música y concejal del PP en el Ayuntamiento de Ermua, constituye uno de los episodios más siniestros de la larga historia del terrorismo etarra. Un acto lo suficientemente deleznable como para haber significado el punto y final de la banda, de no haber mediado, en el momento preciso, el auxilio inestimable de un sector cualificado del PNV.

MENSAJERO DE LA MUERTE

Poco le dura a la sociedad española la alegría por el rescate de José Antonio Ortega Lara del oscuro *zulo* en que sus secuestradores le mantenían enterrado en vida. Ese mismo día, 1 de julio de 1997, el portavoz de la Mesa Nacional de HB,

Florencio Aoiz, emite un primer aviso, evidentemente inspirado por la organización criminal, y anuncia públicamente:

—Después de la borrachera policial vendrá la resaca.

El funesto augurio de muerte, destinado tanto a intranquilizar a una sociedad eufórica por el éxito policial, como a infundir ánimos en una militancia desconcertada por la muestra de debilidad de la banda armada, se materializa sólo nueve días más tarde, en la persona de un joven concejal vizcaíno del Partido Popular.

Ese 10 de julio, jueves, Miguel Ángel Blanco Garrido, *Míguel* para su familia y amigos, almuerza como casi siempre con sus padres, a las dos y media, en el domicilio familiar de la pequeña localidad de Ermua, fronteriza entre Vizcaya y Guipúzcoa. A las tres y cuarto, se dirige a la estación para coger un tren de cercanías con destino a Éibar, donde ejerce desde hace pocos meses su actividad profesional en la empresa Eman Consulting. Pero nunca llega a su destino.

ARZALLUZ NO SE PONE AL TELÉFONO

En la pequeña consultoría eibarresa empiezan a preocuparse alrededor de las cuatro de la tarde, ante la tardanza de un trabajador hasta entonces ejemplar, que tiene a un cliente esperando desde media hora antes. En la sede central del PP en el País Vasco saltan todas las alarmas a las cuatro y media, ante una insólita llamada telefónica procedente de *Egin*, con una noticia demoledora: En la redacción del periódico se acaba de recibir un mensaje de un comunicante anónimo, que dice hablar en nombre de ETA, el cual ha reivindicado el secuestro del joven concejal por parte de la organización terrorista, ha establecido como condición para su liberación el acercamiento inmediato de los presos de la banda a cárceles vascas —la misma que en el caso de Ortega Lara— y ha fijado un plazo de cuarenta y ocho horas para su cumplimiento, transcurrido el cual se procederá a la «ejecución» del secuestrado. El plazo vence el sábado a las cuatro de la tarde.

El presidente del PP vasco, Carlos Iturgaiz, recibe ese mazazo en un restaurante de Pamplona donde se encuentra celebrando las fiestas de San Fermín, e inmediatamente se dirige en coche a Ermua. Por el camino hace dos llamadas. La primera, al ministro del Interior, Jaime Mayor Oreja, quien se pone en contacto simultáneamente con el consejero de Interior vasco, Juan María Atutxa, que ya ha sido informado por el mismo conducto que Iturgaiz. La segunda, mucho más difícil, al domicilio de Miguel Ángel. Responde al teléfono su novia, Mari Mar, acompañada por la madre del concejal, muy inquietas ambas por la presencia de los periodistas que empiezan a congregarse ante la casa. Ellos serán quienes transmitan un poco más tarde la terrible noticia del secuestro al padre de la víctima, a su regreso del trabajo.

Para entonces, Carlos Iturgaiz ya se ha puesto en contacto telefónico con casi todos los integrantes de la Mesa de Ajuria Enea, incluido Carlos Garaikoetxea, quien responde inmediatamente, al igual que los otros, a pesar de estar navegando en alta mar. Sólo uno de los miembros de ese foro no se pone al teléfono ni se digna devolver la llamada: Xabier Arzalluz, presidente del EBB y representante en la Mesa del Partido Nacionalista Vasco.

«MIGUEL ÁNGEL, TE ESPERAMOS»

España entera se moviliza en pocas horas para intentar salvar la vida de Miguel Ángel Blanco. Los dirigentes del PSOE e IU se ofrecen al secretario general de los populares, Francisco Álvarez Cascos, para secundar cualquier movilización, y el lehendakari, José Antonio Ardanza, convoca una reunión del Pacto de Ajuria Enea para las doce de la mañana del viernes. En ella, Arzalluz se queja de que ese foro no puede convertirse «en una mesa de plañideras», lo cual no impide a Ardanza hacer un llamamiento para que todos los vascos acudan a una concentración el día siguiente, en Bilbao, que encabezarán él mismo y el presidente del Gobierno, José María Aznar, junto a numerosos ministros, dirigentes de todos los partidos políticos, varios presidentes autonómicos y más de medio millón de personas venidas de todas partes. El acto se convierte en la mayor manifestación jamás celebrada en el País Vasco.

Entre tanto, los ayuntamientos de todo el país han convocado a sus vecinos a manifestarse por la liberación del concejal secuestrado, y la respuesta es abrumadora: Medio millón de ciudadanos responden al llamamiento, en más de un millar y medio de concentraciones diferentes. En Madrid, 50.000 personas se congregan en la Puerta del Sol bajo los lemas «Miguel Ángel, libertad» y «Vascos, sí, ETA, no». En Barcelona se despliega un gran lazo azul en la Plaza de San Jaume y se encienden 48 velas simbólicas del plazo que ETA ha marcado para la «ejecución» del secuestrado. En Zaragoza, Valencia y Sevilla más de 15.000 ciudadanos se lanzan a las calles para exigir a los terroristas que revoquen su siniestra condena.

En Ermua, 10.000 de los 18.000 vecinos del pueblo participan en una manifestación junto al alcalde del PSOE, Carlos Totorika, y el lehendakari Ardanza, tras una gran pancarta en la que se lee: «Miguel Ángel, te esperamos.» Al término de la marcha, María del Mar, la hermana del joven concejal, le dirige con lágrimas en los ojos, este mensaje: «Queremos que sepas que mamá, papá, tus amigos y yo estamos unidos en este duro momento, luchando por algo que es tuyo: tu libertad.»

En esa triste y calurosa jornada de viernes, la inmensa mayoría de los españoles que no están participando en alguna movilización, están pendientes de las noticias que emiten ininterrumpidamente todas las cadenas de radio y televisión. Pero no todo lo que acontece en esas larguísimas horas está destinado a contarse.

GESTIONES A LA DESESPERADA: DE LA VIDENTE AL CABECILLA ETARRA

De hecho, mientras la ciudadanía y la clase política se manifiestan por calles y plazas de toda España, numerosas personas se ofrecen a colaborar desde la sombra y multiplican sus gestiones.

Para empezar, las Fuerzas de Seguridad redoblan sus esfuerzos para «peinar» la zona más próxima a aquella en la que se ha producido el secuestro y recurren incluso a los servicios de una vidente que ya en otras ocasiones ha sido consultada. Esta mujer, que rehúye cualquier protagonismo, afirma desde el principio su convicción de que el muchacho al que buscan se encuentra en un lugar en el que abundan los caballos, lo cual no resulta de gran ayuda para nadie, habida cuenta de que hay alguno de estos animales en prácticamente todos los caseríos de la zona. Cuando horas más tarde aparece Miguel Ángel Blanco moribundo, con dos disparos en la cabeza, en un camino vecinal, nadie repara en el hecho de que se encuentra a 60 kilómetros de Ermua, en el término municipal de Lasarte, célebre por su hipódromo.

La víspera, viernes, apenas concluido un Consejo de Ministros especialmente amargo, el ministro del Interior ha recibido dos ofertas de mediación de contenidos muy parecidos. Una procede de un amigo de la familia del secuestrado. La otra, de la ex secretaria de Estado de Interior, Margarita Robles. Ambos están dispuestos a ponerse en contacto con ETA a través de distintos procedimientos, e inquieren cuál es el mensaje que han de transmitir de parte del Gobierno. La respuesta es la misma en ambos casos: el Gobierno de España no tiene nada que negociar con una banda terrorista que emplea la más brutal extorsión como argumento. El Gobierno no tiene, pues, mensaje alguno que transmitir, y ni impulsa ni impide las gestiones que se le consultan, que no son las únicas puestas en marcha en el empeño vano de salvar la vida de Miguel Ángel.

Se realiza otro intento a la desesperada, a través de un intermediario que llega en Francia hasta el mismísimo José Luis Álvarez Santacristina, alias *Txelis,* en el corazón de la dirección etarra. Su respuesta es estremecedora: la sentencia que condena a muerte a Miguel Ángel Blanco es inapelable y su suerte está echada.

Y es que, en realidad, Miguel Ángel Blanco no sufre un secuestro, sino un asesinato a plazo fijo, con vencimiento a las cuarenta y ocho horas. La instrucción que transmiten los jefes de ETA establecidos en Francia al comando *Donosti*, encargado de ejecutar la operación, es lo que en terminología policial se conoce como una «instrucción cerrada», lo que equivale a decir que no tiene marcha atrás. Una vez que los terroristas reciben el plan correspondiente, que es secuestrar al concejal y «ejecutarle» exactamente dos días más tarde, rompen la comunicación con quienes la han cursado y, por motivos de seguridad, no vuelven a restablecerla hasta después de llevar a cabo la «operación». Aun en el supuesto de que el mismísimo Mikel Antza quisiera revocar la orden de asesinarle, no tendría el modo de hacerlo. Para el joven concejal popular es ya demasiado tarde.

En este caso, esto significa que únicamente la aceptación pública por parte del Gobierno del *ultimatum* de la banda habría podido evitar el asesinato del muchacho. Y ETA sabe de antemano que tal cosa no se producirá.

De modo que en la fecha señalada para llevar a cabo esta cruel venganza, los tres integrantes del *Donosti*, a la sazón José Luis Geresta, Francisco Javier García Gaztelu e Irantxu Gallastegui, se desplazan a Ermua, interceptan a Miguel Ángel Blanco en la estación de ferrocarril, lo introducen, narcotizado, en el maletero de un vehículo, y se lo llevan a algún lugar próximo a Lasarte, donde presumiblemente le esconden en algún garaje o lonja, en espera de que transcurra el tiempo establecido. Durante esas horas, su asesino no se separa de él ni un instante y probablemente escucha sus lamentos, oye sus súplicas, siente su miedo y hasta responde a sus preguntas...

Al mediodía del sábado, 12 de julio, el concejal es trasladado nuevamente hasta un camino vecinal cercano al barrio de Cocheras, situado junto a un riachuelo y alejado unos quinientos metros de la vivienda más próxima. Allí, con las manos y los pies atados, es obligado a arrodillarse. Y en esa posición recibe dos tiros en la nuca, por la espalda y a bocajarro. Las detonaciones son oídas por dos cazadores que alcanzan a ver cómo el pistolero escapa corriendo del lugar. Se trata de García Gaztelu, uno de los terroristas más despiadados de la banda, autor de al menos dos asesinatos anteriores a éste: el de Gregorio Ordóñez, portavoz del PP en el Ayuntamiento de San Sebastián, y el de Fernando Múgica, abogado, militante socialista y hermano de Enrique, el ex ministro de Justicia bajo cuyo mandato se produce la dispersión de los presos etarras.

Varios meses más tarde, una vez detenida Irantxu Gallastegui y muerto Geresta, un compañero de García Gaztelu cuenta que incluso un criminal experimentado, como él, siente tal repugnancia ante lo que acaba de hacer, que se pasa varios días vomitando. Eso sí, vomita en Francia, donde se refugia horas después de cometer el crimen y donde sigue oculto, a finales de junio del 2000, integrado en el núcleo dirigente de ETA.

UNA LENTA AGONÍA

Con la cara amarillenta, los ojos hinchados y amoratados, sangre manando de sus heridas y líquido saliéndole de la boca entreabierta; entre temblores incontrolados y en estado de inconsciencia, el joven edil, que viste todavía la misma ropa que llevaba en el momento de su secuestro, es atendido en el lugar por tres voluntarios de la Cruz Roja, que le trasladan en ambulancia a la residencia Nuestra Señora de Aránzazu, de San Sebastián, donde ingresa a media tarde con dos balas alojadas en el cerebro, en coma neurológico profundo pero todavía vivo. Los médicos que le atienden, sin embargo, dejan muy poco margen a la esperanza.

Pasan las horas y se van marchando los amigos y dirigentes políticos que se han acercado a visitar al herido y solidarizarse con su familia. A las tres y media de la madrugada del sábado al domingo, cuando uno de los doctores que atienden al herido constata, tras efectuar un electroencefalograma, su muerte cerebral, sólo quedan en la residencia la madre, la hermana y la novia de Miguel Ángel, que descansan en una habitación próxima a la UVI, y tres compañeros del PP que se han quedado a «montar guardia». Ellos son los encargados de amortiguar el golpe que sufren esas tres mujeres cuando reciben, de labios del doctor, la terrible noticia. Y los tres coinciden en calificar la escena, de inmenso dolor y rabia, como una pesadilla que no podrán olvidar jamás.

Hasta las diez de la mañana se prolonga la agonía del joven concejal de Ermua. Hasta bien entrado el día no consienten sus padres que le sea retirada la respiración asistida que le mantiene unido a la vida de forma artificial, para que pueda descansar en paz. Pero por fin, el 13 de julio de 1997, sesenta y seis horas después de haber sido secuestrado, Miguel Ángel Blanco Garrido deja de sufrir su lenta y terrible agonía.

LA IRA, LA DECEPCIÓN Y LA HIPOCRESÍA

Carlos Iturgaiz se entera de la muerte de su compañero en el coche que le traslada a Vitoria, para la reunión de la Mesa de Ajuria Enea que ha sido convocada por el lehendakari a instancias del PP y pese a las reticencias expresas del PNV. A su llegada a la sede del Gobierno vasco es aplaudido, al igual que los restantes miembros del citado foro, por un buen número de ciudadanos congregados a las puertas del palacio, que se convertirán en multitud según vayan transcurriendo las horas.

Con sus aplausos, esas gentes expresan su apoyo a los representantes de los partidos democráticos, agrupados en el citado pacto por la paz, que han jurado mantenerse unidos frente a los violentos y rechazar frontalmente el terrorismo. De hecho, la víspera, tras conocer el dramático desenlace del secuestro, Ardanza ha hecho unas durísimas declaraciones acusando directamente a Herri Batasuna de complicidad con ETA y con sus atentados:

—ETA es quien ha dado cumplimiento a su amenaza pero ETA no es la única responsable de lo ocurrido. Son cómplices quienes desde el vergonzante silencio de estos dos días han estado sirviéndole de cobertura. Me estoy refiriendo a

HB: sois cómplices de ese hecho y la sangre de esta víctima debe pesar también sobre vuestra conciencia. (...) Desde la tristeza y la condena debo decir que los hombres y mujeres que han pisado las calles de Bilbao no deben perder la esperanza. Han demostrado tener muy claras las ideas acerca de qué es la convivencia en un Estado de Derecho. No ha sido un tiempo ni un esfuerzo baldío el que hemos hecho. Todos nosotros hemos salido dignificados. Los que se han degradado han sido ETA y HB y la vergüenza sólo caerá sobre ellos.

Eso es lo que asegura Ardanza, lo que reclama la ciudadanía vasca y española, desde las múltiples y multitudinarias manifestaciones de protesta que se organizan espontáneamente para condenar esta brutalidad, y lo que interpretan unánimemente analistas y comentaristas políticos de las más variadas tendencias. Todo el mundo da por hecho que, como contrapartida a tanto dolor, la cohesión del Pacto de Ajuria Enea se ha visto reforzada, la unidad de los demócratas es más sólida que nunca y han quedado definitivamente rotos los lazos que por distintas vías (en particular las conversaciones entre Joseba Egibar e Íñigo Iruin) han ido trenzando el PNV y HB a lo largo de los últimos meses. Todo el mundo se equivoca.

Esa misma mañana, cuando un Carlos Iturgaiz destrozado se sienta a la mesa en la que se supone que ha de encontrar solidaridad y respaldo político, no sólo no oye una palabra de pésame, sino que ha de escuchar, de labios de Xabier Arzalluz, la siguiente advertencia:

—Iturgaiz, ahora estamos todos subidos en la cresta de la ola, y me parece muy bien. Pero en cuanto baje la ola, cada uno irá por su camino.

Lo que significa que el líder del PNV es consciente de que la indignación popular suscitada por el vil asesinato de Miguel Ángel Blanco le obliga a escenificar una ruptura de relaciones con los representantes políticos de sus asesinos, pero únicamente durante el tiempo mínimo indispensable para dejar que los ánimos se calmen y las aguas vuelvan a su cauce. Arzalluz no tiene la menor intención de permitir que Ardanza haga honor a la palabra dada y, de hecho, no tardará en retirarle del cartel electoral de su partido y de cualquier puesto de responsabilidad. El presidente del PNV vaticina ese día que «ETA está en las últimas», pero lejos de sumarse a las otras fuerzas democráticas para propinarle el golpe de gracia, multiplica y acelera sus esfuerzos para utilizar esa circunstancia en beneficio propio y de su viejo proyecto soberanista.

TERRORISTAS ATERRORIZADOS

Porque es verdad que en las horas y los días que siguen a la muerte del joven concejal popular, tanto ETA como HB conocen de cerca el miedo y sienten en sus carnes, por vez primera, la amenaza de la violencia. Ya antes, el viernes en que España entera se echa a la calle para exigir la liberación del secuestrado, menos de mil batasunos se atreven a secundar los llamamientos a contramanifestarse efectuados por la coalición *abertzale*. Y quienes lo hacen han de ser protegidos por la Ertzaintza de las iras ciudadanas. Lo mismo sucede el domingo en Ermua, donde la sede de HB es incendiada, y en San Sebastián, Getxo y otras muchas localidades vascas, donde únicamente la actuación de la policía autónoma impide que ardan los locales de HB y sean linchados quienes se refugian en su interior. En varias cárceles españolas, los presos de ETA han de ser aislados urgentemente para evitar que sean atacados por los demás.

EL ESPÍRITU DE ERMUA

Jamás un atentado terrorista había provocado una reacción semejante en la sociedad. En esas horas dramáticas, mientras Miguel Ángel sufre y muere, en el País Vasco nace con dolor, en medio del llanto, pero con una tremenda fuerza, el Espíritu de Ermua: un movimiento espontáneo de rechazo popular al terrorismo de ETA que pone fin a treinta años de «mayorías silenciosas», complicidades encubiertas y comprensiones más o menos cobardes. Una frontera temporal y conceptual que marcará un antes y un después en la lucha contra la actividad criminal de la banda, y se convertirá en uno de los cuatro pilares sobre los que descansará, en los meses siguientes, la operación de acoso más eficaz jamás emprendida contra sus integrantes.

La marea que inunda el País Vasco es de tal magnitud, que ETA y HB pronto llegan a estar, como bien ha pronosticado Arzalluz, contra las cuerdas del Estado de Derecho. Pero un sector del PNV, encabezado por el propio Arzalluz, Egibar y quienes, más allá de las posturas oficiales adoptadas de cara a la galería, siempre han creído en la unidad final de todas las fuerzas nacionalistas, temen por su propia supervivencia política. Y es así como empieza en Ermua, en el verano de 1997, el tortuoso camino que un año más tarde desembocará en Estella.

DE ERMUA A ESTELLA (1997-2000)

CAPÍTULO DIECISIETE

ARRECIA LA PRESIÓN

En los ocho meses que transcurren entre diciembre de 1997 y julio del año siguiente, ETA sufre la operación de acoso más consistente, global y letal de su historia. En una combinación sin precedentes de trabajo, suerte y voluntad política, el Estado democrático consigue colocar a la organización terrorista en una situación de debilidad tan extrema, que ésta se ve forzada a pedir árnica y declarar un cese indefinido de sus actividades terroristas. La tregua que anuncian los terroristas en el verano de 1998 y la negociación que entablan en los meses siguientes no es fruto del pacto alcanzado poco antes con el Partido Nacionalista Vasco y Eusko Alkartasuna, sino resultado de los certeros golpes policiales y judiciales que han retirado de la circulación a los elementos más sanguinarios e implacables tanto de la rama militar de ETA como de su expresión política, KAS. Y así lo admiten ellos mismos.

KANTAURI SE DELATA EN SUS PAPELES

En un informe, hasta ahora inédito, sobre «el Estado español y el proceso abierto» incluido en la documentación incautada al dirigente etarra José Javier Arizkuren Ruiz, alias *Kantauri*, responsable de los llamados «comandos operativos» de la banda, detenido en París en mayo de 1999, este terrorista, encuadrado en el ala más dura de ETA, afirma:

«¿Es objetivo analizar al Estado español como lo estamos haciendo? Cuando hablamos de lo bien que van las cosas para nuestro proceso y para los objetivos de construcción nacional, ¿somos conscientes de a quién tenemos enfrente? ¿de la enorme capacidad militar, de influencia internacional... en definitiva, de la cantidad de instrumentos que puede poner en marcha para condicionar este proceso? ¿Es posible que, de alguna forma, el proceso esté precondicionado desde sus inicios?

»Por poner un ejemplo simple: todo el mundo es consciente de que una negociación "clásica" ETA-Estado se produce en momentos de empate técnico, no cuando uno de los dos está contra las cuerdas. De lo contrario, eso provocaría que las negociaciones, o como se llamen, las rentabilizase uno de los dos frentes, y eso tengan o no éxito las mismas. Es decir, en una situación de caídas continuadas, de desactivación y de acoso policial extremo, ¿estaría ETA en condiciones de afrontar un proceso negociador? En principio, parece claro que la respuesta sería no, porque la propia debilidad sería interpretada por el Estado como el momento propicio para lograr una negociación a la baja.

»Evidentemente, la situación descrita no es la que precede a los últimos acontecimientos, al menos en lo que a la capacidad e iniciativa político-militar demostrada por ETA se refiere. Sin embargo, en este momento no nos hallamos en un proceso negociador "clásico". Se han establecido una serie de "previos" al proceso negociador que dividen los acuerdos a lograr en dos frentes, ETA-Estado por un lado, y el conjunto de los agentes sociales de EH por otro (partidos, sindicatos, Iglesia, organizaciones de todo tipo, etc.). Y es en ese punto donde surge el primer interrogante.

»Ya que irremediablemente nos toca liderar este proceso político a nivel social y pese a que debe quedar clara la confianza en quien hoy en día actúa en la dirección del proceso, ¿las detenciones de la antigua Mesa Nacional (de HB), de militancia cualificada en operaciones contra empresas o contra *Egin*, no han mermado nuestra capacidad de "hacer política" y por tanto de liderar eficazmente dicho proceso? Evidentemente, política se sigue haciendo, pero ¿con las mismas garantías? Mucha de la gente que falta es gente que siempre ha aportado a debates generales, que en un proceso como éste tendría mucho que decir y que, a buen seguro, podría forzar con sus intervenciones una serie de debates que hoy en día están pasando sin pena ni gloria. Como si los cambios dados en las formas de lucha y su interrelación fuesen cuestiones insignificantes.

»En los últimos meses, la I.A. [izquierda *abertzale*] ha perdido capacidad política como consecuencia de una estrategia que podría estar bien estudiada desde el Estado. La pérdida de esta capacidad se podría personalizar, pero si vamos más allá vemos que el proceso en general está arrastrando a la militancia y no al revés... Se está haciendo un modelo de I.A. y fomentando una serie de claves de funcionamiento muy cómodas para una militancia, precisamente eso, muy cómoda. Para esa militancia que en los momentos más duros no ha sabido estar a la altura.»

¿Qué demuestra este análisis, además de la enrevesada sintaxis de su autor?

Primero, que entre los supervivientes de las sucesivas redadas policiales practicadas tanto en Francia como en España —y Kantauri lo es en el momento de redactar este papel— existe una clara conciencia del enorme daño infligido a la banda por la acción de las Fuerzas de Seguridad, y de las consecuencias que esos golpes suponen para su capacidad de «hacer política» (entre comillas en el documento original); un eufemismo con el que ETA/KAS denomina su empecinamiento en imponer su «alternativa» a la sociedad vasca mediante la coacción terrorista.

Segundo, que los partidarios de la «lucha armada» frente a la negociación, y de la estrategia de la «acumulación de fuerzas» (multiplicación de atentados con el fin de presionar a la sociedad para que ésta, a su vez, obligue al Gobierno a ceder ante la banda) frente a la lucha democrática nacionalista, echan de menos a sus compañeros encarcelados.

Y es que muchos de los elementos más peligrosos del conglomerado ETA/KAS han sido puestos fuera de combate en esos ocho meses de acoso, lo que hubiera podido llevar al Estado a imponer a la banda una «negociación a la baja», como augura el propio Kantauri, de no haber mediado un desarme suicida y prematuro de la sociedad española propiciado, en el momento oportuno, por el nacionalismo llamado democrático.

ACOSO POLICIAL

A lo largo de 1997 la Policía y la Guardia Civil, con la ayuda de algunas fuerzas de seguridad extranjeras, detienen a un total de 88 etarras, de ellos más de la mitad, exactamente 50, en Francia, 2 en Alemania y 1 en los Estados Unidos. Simultáneamente, la expulsión de 4 etarras de México, 3 de la República Dominicana (los históricos Antxon, Belén y Makario) y 2 de Francia, pone de manifiesto que la colaboración internacional en la lucha contra la organización terrorista es cada vez más extensa y más intensa, con lo que ETA se ha quedado definitivamente sin santuarios.

Privados de retaguardia, obligados a permanecer escondidos en sus guaridas y relegados a la mitad norte del país galo, ya que cada vez que se acercan a la frontera son detectados y capturados, los terroristas de refresco tienen cada vez más dificultades para sustituir a los que van cayendo, que son muchos y cualitativamente muy significativos. Así, en septiembre es desarticulado en Bilbao el comando *Vizcaya*, a cuyos integrantes se interviene información elaborada para atentar contra Juan María Atutxa, Carlos Iturgaiz o el presidente de los empresarios vascos, Baltasar Errasti, entre otros muchos objetivos. En noviembre, en sucesivas operaciones, caen en Francia 11 miembros y colaboradores de otros grupos especialmente activos de la banda: del comando *Madrid*, del *Donosti* y del recién desarticulado *Vizcaya*. Y a finales del mismo mes son apresados, esta vez en Vitoria, 5 integrantes del *Araba*.

El año concluye de ese modo para la organización con sus estructuras operativas seriamente dañadas: se pone fuera de combate al comando *legal Goierri* (el que había mantenido secuestrado a Ortega Lara), el comando *Vizcaya*, y el apoyo informativo del comando *Donosti*. Otros, como el *Madrid*, el resto del *Donosti* o el *Araba*, seriamente tocados. Y en 1998 se mantiene un ritmo igualmente implacable:

En enero, son detenidos 3 nuevos colaboradores del *Donosti* en San Sebastián y once activistas de la banda en una operación conjunta desarrollada en Vizcaya y Teruel. En febrero se multiplican los arrestos de protagonistas de algaradas callejeras, especialmente en Navarra (donde a lo largo del año anterior han caído 54 de estos alevines etarras, del total de 103 capturados en España) y en marzo se desarticula el temido comando *Andalucía* y son apresados sus cinco integrantes. A partir de ese momento, las Fuerzas de Seguridad pasan el testigo a la Justicia y, más concretamente, al titular del Juzgado de Instrucción número 5 de la Audiencia Nacional, Baltasar Garzón, que se prepara para coordinar dos de las operaciones más trascendentales de su carrera.

GOLPE AL CORAZÓN DE LA SERPIENTE

A raíz del brutal asesinato de Miguel Ángel Blanco y del nacimiento del llamado Espíritu de Ermua, con lo que significa de rechazo frontal de la ciudadanía al terrorismo etarra, sin miedos y sin ambigüedades, se crea en España un clima de opinión pública especialmente favorable a la aplicación de la ley en su expresión más severa a todos los integrantes de la banda. En este ambiente dicta el Tribunal Supremo, en diciembre de 1997, la sentencia histórica, objeto de un capítulo aparte en este libro, que envía a la cárcel a todos los integrantes de la Mesa Nacional de HB aludidos en los papeles de Kantauri. Esa condena constituye, en la primavera del 98, un precedente de primera magnitud en el que apoyarse, especialmente para un juez como Garzón, que se caracteriza por su audacia y su afición por los desafíos, en particular cuando éstos entrañan popularidad y aplausos públicos.

Garzón se encuentra por tanto especialmente predispuesto para la actuación, cuando recibe, en mayo de ese año, una solicitud de intervención de la Policía, respaldada por una abrumadora cantidad de pruebas acumuladas desde 1992, conseguidas en su mayoría en la documentación incautada a la banda con ocasión de la desarticulación de su cúpula conocida como «Colectivo Artapalo», en Bidart, así como de la detención del dirigente terrorista Juan Luis Agirre Lete, en 1996, y meticulosamente descifrada desde entonces, bajo la supervisión, en los últimos tiempos, del comisario general de Información, Jesús de la Morena.

El 29 de mayo de 1998, más de 200 agentes del Cuerpo Nacional de Policía coordinados por su director general, Juan Cotino, y supervisados por el juez Baltasar Garzón, desencadenan una espectacular operación conjunta en Vizcaya y Guipúzcoa para desarticular la enrevesada trama de financiación paralela que blanquea el dinero sucio de ETA y provee de fondos a la banda, a través de una compleja red de *empresas-tapadera* ubicadas principalmente en Cuba y el País Vasco, con ramificaciones en Panamá, Venezuela y Cabo Verde. En el transcurso de esa operación la Policía detiene a once personas e incauta abundante documentación, que requiere tres camiones para ser transportada a Madrid. Entre los capturados está José Antonio Etxeberria Arbelaiz, responsable financiero de *Egin*, hermano del dirigente de la Mesa Nacional de HB a la sazón encarcelado, Rufi Etxeberria.

La trascendencia de este golpe al corazón de la serpiente no radica sólo en el hecho de que supone una merma de ingresos cifrada en unos 2.000 millones de pesetas anuales para las arcas de la organización terrorista, sino, sobre todo, en que por vez primera se puede establecer la conexión directa entre ETA y KAS. Algo que la Justicia y los responsables de la seguridad del Estado llevan muchos años intentando conseguir en vano.

De acuerdo con la investigación que realiza el juez de la Audiencia Nacional, el entramado descubierto consta de más de cien empresas, encabezadas por una sociedad denominada Gadusmar, asentada en Bermeo (Vizcaya) y dedicada a la importación y exportación de bacalao y material de industria pesquera. Su administrador único, Juan Pablo Diéguez Gómez, detenido en la operación, es la persona que sirve de enlace entre determinados dirigentes de ETA, como el citado Agirre Lete, y el conglomerado KAS. A través de las distintas filiales de esta red societaria, controlada por la coordinadora *abertzale*, perciben cantidades que oscilan entre las 15.000 y las 25.000 pesetas al mes, según la «categoría» que les tenga asignada la dirección de la banda, todos los presos de ETA leales a la organización. Los que se han acogido a beneficios penitenciarios quedan automáticamente excluidos. Estas gratificaciones, distribuidas por las Gestoras pro Amnistía, suponen más de diez millones de pesetas mensuales. Y no son las únicas.

UN ARGUMENTO DE PESO PARA LA TREGUA

Gadusmar e Itxas Izarra, otra tapadera con objeto social tan amplio como falso, sirven también para canalizar los sueldos de varios miembros de ETA residentes en Hispanoamérica, a razón de 150.000 pesetas mensuales, así como de algunos activistas de KAS en España, que perciben 100.000 pesetas al mes. Es mas, del estudio detallado de la abundante documentación descubierta se desprende que el primer consejero delegado de Gadusmar, fundada en 1994, no es otro que Gorka Martínez, por aquellas fechas responsable de las relaciones internacionales de KAS y miembro de la Mesa Nacional de HB posteriormente condenada. Cuando a lo largo de 1996 el Tribunal Supremo ordena que se investigue la situación patrimonial de cada uno de los imputados en esa causa, los responsables de la empresa vinculada a la organización terrorista cambian su Consejo de Administración, para evitar que una indagación en profundidad saque a relucir toda la verdad que se esconde tras la punta de ese iceberg. Porque de eso se trata, de un iceberg cuyo auténtico alcance apenas se adivina todavía.

Un primer estudio de la documentación descubierta revela, por ejemplo, que la Coordinadora de Alfabetización y Euskaldunización de Adultos (AEK), integrada en el MLNV, ha desviado a ETA, a través de KAS, una parte importante de los casi 1.000 millones de pesetas recibidos del Gobierno vasco en concepto de subvenciones. Y hay mucho más.

A mediados de junio, salta a la luz la noticia de que los máximos dirigentes de la Koordinadora Abertzale Socialista (KAS), Xabier Alegria, y de Herri Batasuna, Arnaldo Otegi, figuran en los papeles que maneja el juez como perceptores de cantidades periódicas procedentes de ETA, en calidad de *liberados* —militantes a sueldo, normalmente dedicados profesionalmente a la organización que les paga—, lo cual permite, teóricamente, al magistrado, imputarles un delito de pertenencia a banda armada, castigado con las penas máximas previstas en la ley.

Alegria, un donostiarra nacido en Intxaurrondo que a punto ha estado de tomar los hábitos de hermano de La Salle, es detenido por orden del titular del Juzgado número 5 de la Audiencia Nacional apenas un mes más tarde, junto a otros once miembros del Consejo de Administración de Orain, S.A., editora del diario *Egin*, y Otegi pone sus barbas a remojar. Lo mismo hace otro de los protagonistas de esta historia: Iñigo Iruin, que en aquellos días mantiene una reunión con Garzón en su despacho madrileño. En el transcurso de aquel encuentro, en el que se habla de cosas aparentemente ajenas a esta causa, el magistrado deja ver claramente al abogado batasuno una orden de detención cursada contra el líder de HB. El establecimiento del vínculo ETA-KAS a efectos de responsabilidad penal no ha hecho más que empezar a mostrar su alcance y repercusiones, e Iruin, que se encuentra inmerso en un proceso de conversaciones con el dirigente del PNV Joseba Egibar (ver capítulo siguiente), deduce que él puede ser el siguiente en la lista del juez instructor. Tanto él como Otegi aceleran sus movimientos para forzar a los dirigentes etarras a declarar cuanto antes una tregua, convencidos como están de que ése es su único modo de salvarse de la cárcel.

ADIÓS A *EGIN*

Y si alguna duda les queda todavía a estos dos personajes, el cierre del diario *Egin* las termina de despejar. Porque el auto de 45 folios que dicta el juez Garzón para exponer los motivos por los que ordena la clausura del periódico *abertzale* es inequívoco:

En él, el magistrado afirma:

«ETA no es sólo una banda integrada por un conjunto más o menos amplio de personas que realizan atentados contra bienes jurídicos esenciales como la vida o la libertad», sino «una organización mucho más compleja que se autorregenera buscando, como cualquier organismo vivo, espacios vitales en los que actuar». Para conseguirlo, «ETA ha creado una estructura cerrada y compleja que abarca tanto la actuación armada (comandos terroristas) como la estrategia política (estructuras, empresas e instituciones integradas en KAS) y, con ella, ha formado una organización terrorista integrada por ETA y KAS y presidida por el principio de una codirección subordinada a la Dirección. Este binomio es hoy por hoy indisoluble.»

En su escrito, repleto de referencias a documentos incautados a la banda a lo largo de los años, Garzón termina con la tradicional impunidad del movimiento que rodea y ampara a la banda asesina, el MLNV, al establecer que la estrategia común activada en su seno se define por las siguientes premisas:

«a) ETA constituye la expresión ilegal encargada de llevar adelante la lucha armada y sigue siendo la vanguardia de la dirección política.

b) KAS es la expresión "alegal" y clandestina que se encarga de la codirección política subordinada de la "lucha de masas" y del control de organizaciones.

c) Herri Batasuna (HB), como expresión legal y que asume la "lucha institucional", instrumentalizada por KAS y ésta, a su vez, por ETA.»

Tras efectuar un amplio repaso de la historia de la organización terrorista en sus diversas vertientes, en el transcurso del cual señala la lucha callejera o *kale borroka* como terrorismo de baja intensidad «clave en la estrategia desestabilizadora de la banda, cuyo control y ejecución ETA ha delegado en KAS», el instructor se ocupa del servicio de información creado por la Coordinadora, estrechamente relacionado con el que utiliza la propia ETA, denominado *Sarea* —la red, en vasco—, y en el que la empresa editora del diario *Egin* y de la emisora de radio Egin Irratia, Orain, S.A., desempeña un papel esencial.

La conclusión de Garzón es inequívoca:

«Se constata la subordinación de Orain, S.A. a ETA», la cual no sólo nombra al director del periódico, sino que le transmite instrucciones concretas a través de su ordenador personal, utiliza a su «equipo de investigación», encabezado durante años por el presunto periodista Pepe Rei, para obtener datos sobre posibles objetivos de los pistoleros etarras, y le suministra fondos cuando las finanzas del diario flaquean. «*Egin* queda sometido en el marco de la estrategia global a la clara dirección de ETA —dice el juez— que marca pautas y directrices, facilitando claves secretas y directas de comunicación, recibiendo información e impartiendo instrucciones sobre los cargos a designar y la suerte financiera de la entidad.»

Tras imputar a la sociedad en cuestión un delito de alzamiento de bienes, por «vaciar» de manera ficticia su patrimonio, en detrimento de sus acreedores y, especialmente, de la Tesorería de la Seguridad Social, a la que adeuda a mediados de marzo de 1998 más de 500 millones de pesetas (exactamente 551.305.174 pesetas), el instructor se refiere a la función desempeñada por Orain-Egin en el conglomerado terrorista. Bajo el epígrafe «Frente periodístico», Garzón afirma:

«Existe un cuarto frente, el informativo, cuyas funciones se pueden aglutinar en dos direcciones:

»Una interior, especialmente referida al mantenimiento de la cohesión interna del MLNV [mediante la] generación de una realidad aparente, normalmente distorsionada, de todo el entorno que rodea a dicho movimiento y la asunción del papel de conductor de la ortodoxia marcada por la dirección de ETA. Y hacia el exterior y el conjunto de la sociedad, instituciones y poderes públicos, mediante la difusión de los mensajes coactivos que se emiten desde el MLNV y especialmente desde ETA. (...) Los comandos de la organización terrorista ETA-KAS[1] utilizan, según les convenga a sus intereses operativos, el diario *Egin* como instrumento seguro para comunicarse entre sí y la organización. Los grupos operativos se sirven de *Egin* como guía de referencia, en función de determinadas campañas insidiosas [aquí se cita el caso de los concejales del PP asesinados]... Las rotativas de *Egin* se han utilizado para la impresión de panfletos coactivos y amenazantes, difundidos por Jarrai contra profesionales de la comunicación y otras personas, y para dar publicidad a Euskadi Ta Askatasuna... y en las propias instalaciones de Orain-*Egin* se han hallado relaciones de potenciales objetivos de ETA.»

Por todo ello, Baltasar Garzón imputa a los directivos de la citada empresa, incluido el director de *Egin*, varios delitos, entre los que destaca el de pertenencia e integración en organización terrorista, y ordena la clausura de la sociedad, así como la de todos sus locales e instalaciones, empezando por el diario *Egin* y la emisora Egin Irratia.

EL PNV PROTESTA

Esta actuación, que sienta un precedente de primea magnitud en la lucha contra el terrorismo, suscita la más enérgica protesta del Partido Nacionalista Vasco, cuyos principales dirigentes, con la notable excepción de Juan María Atutxa,

[1] Garzón utiliza esta denominación —ETA-KAS— a lo largo de los 45 folios, equiparando a la banda con su faceta «alegal».

coinciden con los de HB y con los sindicatos ELA y LAB en exigir la inmediata reapertura del rotativo. Se invoca el artículo 20 de la Constitución y se habla de ataque contra la libertad de expresión. Rafael Díez Usabiaga, parlamentario de EH/HB y destacado líder de KAS, con serias posibilidades de engrosar las listas de los encarcelados, asegura que esas decisiones «ponen en cuestión la voluntad del Gobierno y sobre todo la de Jaime Mayor Oreja de abordar el proceso de paz en clave de diálogo de negociación». En vista de lo cual son otros los que dialogan.

Acosada en la calle por una ciudadanía que ha perdido el miedo a manifestarse públicamente y que se atreve a plantar cara a los asesinos. Acosada en sus escondites por una Policía y una Guardia Civil que cada vez golpean más certeramente. Acosada en su retaguardia por una comunidad internacional dispuesta a colaborar sin fisuras con el Gobierno de España. Acosada por sus propios incondicionales de siempre, que la van abandonando en las urnas y no protestan de una manera mínimamente inquietante por el cierre de *Egin* o el encarcelamiento de la mesa batasuna. Acosada, finalmente, en sus estructuras más íntimas, por una Justicia determinada a poner fin a la impunidad de los cómplices políticos y sociales de la banda, ETA se vuelve al nacionalismo «democrático» en busca de ayuda y acelera el ritmo de las conversaciones.

ARZALLUZ ABRE A ETA EL AEROPUERTO DE BARAJAS

En ese momento, un hombre clave, Xabier Arzalluz, ve llegada la hora de cumplir su sueño de toda una vida y recoger, por fin, la nuez más anhelada de todas: la de la soberanía de Euskadi. Ante una ETA debilitada y convencida, por vez primera en su historia, de que el Gobierno democrático de España no cederá a su coacción terrorista (así al menos lo interpretan algunos de los interlocutores en las conversaciones secretas que mantienen PNV y EA con la banda) Arzalluz transmite el siguiente mensaje: Puesto que todos queremos lo mismo, unámonos todos para conseguirlo y, una vez reunida la familia nacionalista, vayamos a la confrontación abierta con el Estado y rompamos con las instituciones. Las urnas bendecirán con un respaldo masivo esta iniciativa y la Unión Europea amortiguará la caída y nos acogerá en sus brazos.

Es una apuesta arriesgada, pero Arzalluz, que anhela fervientemente agrupar en torno a su partido y su persona a todo el nacionalismo, es célebre por sus dotes para la improvisación y teme, además, que una ETA derrotada se vea definitivamente incapacitada para «sacudir el árbol». Ya lo ha dicho años antes, en 1992, en una entrevista concedida a una de las autoras de este libro y que publica el diario *Abc*: «Es posible derrotar militarmente a ETA, pero no sería positivo.»

En coherencia con ese pensamiento, el líder del PNV suscribe con la organización terrorista los documentos ya conocidos, que la propia ETA se encarga de sacar a la luz cuando considera que el PNV no ha cumplido lo pactado, y regala a la organización terrorista ETA-KAS y a su brazo político, EH-HB, una baza que ambas llevan lustros persiguiendo en vano: la deslegitimación de las instituciones democráticas que, emanadas de la Constitución y el Estatuto de Gernika, han regido en los últimos veinte años los destinos de los vascos.

Alfredo Pérez Rubalcaba, a la sazón portavoz del Partido Socialista, encuentra una feliz metáfora para describir lo sucedido: una ETA debilitada y herida de muerte pide al PNV una pista para aterrizar. La organización terrorista debería conformarse con el aeródromo de Cuatro Vientos. Pero ¿qué hacen los nacionalistas liderados por Arzalluz? Abrir con su propuesta a los terroristas el aeropuerto de Barajas.

CAPÍTULO DIECIOCHO

EGIBAR Y ETA: ASÍ SE FRAGUÓ LA TREGUA

Cuando el PNV emprende la recta final de la estrategia soberanista laboriosamente diseñada bajo la dirección de Xabier Arzalluz, se rumorea que el abogado Íñigo Iruin, amigo personal de Antxon y de la dirección etarra capitaneada por Josu Ternera, interlocutor habitual del denominado «Trío de la Bencina», vive una situación procesal especialmente complicada, debido a la desarticulación de un grupo etarra dedicado al cobro del impuesto revolucionario, entre cuyos integrantes figuran algunos miembros del bufete de abogados en el que él trabaja. Al mismo tiempo, sus apoyos procedentes de la organización terrorista se encuentran en prisión y han dejado en consecuencia de mandar, lo que hace que su posición sea todavía más precaria. En esas circunstancias, y coincidiendo con la más dura ofensiva jamás desencadenada por el Estado de Derecho contra la banda terrorista, se compromete con Joseba Egibar a conseguir una tregua de ETA, a través de Antxon.

RETRATO SIN MEDIAS TINTAS

Unos años antes, Íñigo Iruin presta sus servicios en el despacho de otro abogado de la izquierda *abertzale*, Iñaki Esnaola, al que llegado el momento se encargará de desacreditar desde dentro, por considerar que quiere liquidar la organización terrorista. Ambos letrados comparten entonces oficina y amistad, hasta el punto de que Iruin hace a Esnaola padrino de su hija mayor, lo cual no le impide cortarle más tarde las alas.

Y es que Esnaola defiende una rápido final dialogado de la violencia, según el camino emprendido por su amigo Txomin en Argel, que él comparte totalmente. Iruin, aparentemente, también es partidario de esta forma de resolución del problema, y de hecho conoce y no critica de frente, aunque sí por detrás, todos los contactos que Esnaola mantiene con diversos interlocutores para lograr dicho fin. Más tarde se sabrá que el abogado Iruin es de los que piensa y afirma ante la dirección etarra que Esnaola y Christianne Fando son el «cáncer liquidacionista» (sic) que tiene interés en «cerrar» el conglomerado *abertzale*, sin conseguir nada a cambio.

Es especialmente dramático el momento en el que Iñaki Esnaola se rinde a la acumulación de evidencias y se ve obligado a aceptar, aunque le cueste creérselo, que uno de sus más acérrimos enemigos, el que le está minando el camino, es la persona que política y personalmente tiene más cerca. Una tarde, después de almorzar, Esnaola se decide a reprochar a Iruin su traición y le pide que abandone su despacho profesional.

—Puedo entender que los del *Egin* me hagan la cama y que los del otro lado hagan lo mismo, pero lo tuyo me parece una cabronada.

Iruin niega las acusaciones y agacha momentáneamente la cabeza. Días más tarde, cuando alguien le pregunta cómo ha podido portarse de esa manera con un amigo, responde con sequedad:

—Para mí, la fidelidad a las siglas es más importante que la fidelidad a las personas.

Éste es el protagonista de esta historia. Un personaje que, pese a verse descubierto en su traición, no abandona inmediatamente el despacho de Esnaola, sino que espera a que alguien le encuentre un puesto de trabajo en otro bufete más grande, también vinculado al mundo de la izquierda *abertzale*.

el del colectivo Berdin. Allí entra en un primer momento como sustituto de otro letrado, Antxon Ibarguren, que se ha ido a practicar una escalada en la que fallece, lo que permite a Iruin quedarse como colaborador fijo.

HÁBIL Y ESCURRIDIZO

Íñigo Iruin es un magnífico jurista. A decir de casi todas las personas que han tenido que vérselas con él ante un tribunal, una de las cabezas mejor amuebladas de su especialidad. Es bueno, muy bueno en su trabajo, según dicen miembros de todos los partidos políticos y, lo que es más importante, abogados, jueces y magistrados de muy diversas tendencias. Su presencia en un determinado caso (por ejemplo, en calidad de defensor de HB en la causa abierta por el piso del Cesid de Vitoria, o en el juicio contra la Mesa Nacional de la coalición batasuna, o en el sumario por el caso Lasa y Zabala) es garantía de dureza y eficacia en la argumentación, lo que obliga a sus contrarios a extremar el cuidado, ya que a buen seguro Iruin no habrá dejado nada en manos del azar. Y si esto es así en su vida profesional, con mayor motivo se encarga de atar bien todos los cabos a la hora de sortear sus posibles responsabilidades penales. De ahí que siempre se las haya arreglado para desaparecer de la escena en el momento oportuno, y haya buscado para ello las alianzas precisas...

El 29 de octubre de 1989, Iruin es elegido senador de HB por Guipúzcoa, y jura la Constitución con la fórmula de «por imperativo legal». Como cargo electo, goza de inmunidad parlamentaria, lo que obliga a cualquier instancia judicial que quiera actuar contra él a solicitar el correspondiente suplicatorio a la Cámara Alta.

Dos años más tarde, en enero de 1992, la Ertzaintza desarticula en Guipúzcoa una red de cobro del denominado «impuesto revolucionario», en una operación bautizada con el nombre de «Easo», y un mes después el abogado batasuno es acusado de mediar en el pago de dicha extorsión, después de que algunos empresarios manifiesten haber acudido a su despacho tras recibir cartas de ETA en las que se les exigía el pago de ciertas cantidades de dinero. Como Iruin es aforado, está blindado ante la Justicia. No sucede lo mismo con su compañero de bufete, Álvaro Reizabal, que da inmediatamente con sus huesos en la cárcel. En ese momento, Iruin convoca una rueda de prensa y requiere a los citados empresarios para que acudan a la misma y expliquen su «intervención humanitaria» en el pago de dichas sumas económicas. Los aludidos no acuden, pero dos de ellos sí se sienten lo suficientemente presionados como para enviar una carta ratificando la versión del letrado batasuno, que éste se apresura a leer ante los periodistas.

Sin embargo, las cosas no se quedan así y en noviembre del 92 el Supremo solicita a la Cámara Alta el suplicatorio necesario para poder juzgar al senador, acusado de dos delitos: el de mediar en el pago del rescate en un caso de secuestro y el de formar parte de la red de cobro del «impuesto» etarra. El pleno del Senado otorga el permiso requerido el año siguiente, lo cual deja el destino de Iruin en manos del magistrado titular del Juzgado Central número 1 de la Audiencia Nacional, Carlos Bueren, quien en ese momento tiene dos investigaciones entre manos: una relacionada con la trama financiera de ETA, y otra relativa a las posibles relaciones de parlamentarios y miembros de HB con la cúpula de la organización terrorista.

Unos meses después, ya en 1994, Iruin es elegido parlamentario autonómico en los comicios celebrados en la comunidad autónoma vasca, por lo que todo su expediente abandona Madrid y pasa al Tribunal Superior de Justicia del País Vasco, sobre el que ejerce una notable influencia el PNV. En julio de 1995, el letrado batasuno deja de formar parte de la Mesa Nacional de HB, por lo que también logra sortear el procesamiento de todos sus miembros a cargo del Tribunal Supremo, bajo la acusación de haber colaborado con ETA por prestarse a difundir la llamada Alternativa Democrática, elaborada por la organización terrorista, en los espacios electorales gratuitos de ETB.[1]

---

[1] Ver capítulo veintiuno.

De esa manera, y en el espacio de muy poco tiempo, Iruin pasa de la situación de más que posible inculpado, a la de brillante abogado defensor. Pero no las tiene todas consigo y le interesa despejar su horizonte judicial, arrancando a ETA una tregua. Como ha quedado expuesto en las páginas precedentes, el portavoz del Partido Nacionalista Vasco, Joseba Egibar, comparte el mismo empeño, aunque por motivos diferentes. Ellos dos son quienes representan el papel protagonista en las conversaciones mantenidas entre la izquierda *abertzale* y el PNV para alcanzar tal fin, aunque en ocasiones participan en las mismas otros personajes destacados dentro de KAS, como Rufi Etxeberria y Floren Aoiz. Son estos últimos quienes confieren a las reuniones el aval necesario para darles el carácter de *oficiales*, ya que el PNV considera que hablar con ellos es lo mismo que hacerlo con ETA. Así se lo ha hecho saber, de hecho, la banda, a sus interlocutores del Partido Nacionalista, en un encuentro celebrado en 1993 para intentar resolver el caso de un simpatizante *indebidamente* extorsionado por la organización.

EGIBAR NEGOCIA

El acta de ese encuentro, inédita hasta ahora, es redactada por los interlocutores de KAS que acuden al mismo, y posteriormente enviada a la dirección etarra, siguiendo la costumbre imperante en la organización terrorista. Lo que en él se relata es enormemente revelador de las profundas y antiguas conexiones existentes entre KAS y el PNV:

Se trata, en aquella ocasión, de un empresario vasco, Juan Cruz Larrañaga, al que los «milis» solicitan el impuesto revolucionario, ocho años después de que ETA político-militar le secuestrara y obligara a pagar una fuerte suma de dinero por su liberación. Ante el evidente *error*, un Egibar visiblemente enfadado llama a la sede de HB en San Sebastián, y le responde Rufi Etxeberria.

—Se ha producido una situación vergonzosa y tenemos que celebrar una reunión urgente.

Etxeberria, después de las detenciones sufridas en el seno de su coalición por el asunto del «impuesto revolucionario» y por la mediación en secuestros, no quiere pillarse los dedos:

—Nosotros no aceptamos la más mínima responsabilidad, pero alguien acudirá al encuentro.

El portavoz del Partido Nacionalista, acompañado de Josetxo Arrese, miembro de la Ejecutiva guipuzcoana del PNV y cuñado del empresario que ha recibido la carta, y de otra persona, se acerca a la sede de HB en la calle Urbieta, de San Sebastián. Comienza a hablar con tono sosegado.

—Soy consciente de que HB no es ETA, pero éste es el único camino que conozco para que la organización se entere de la situación que quiero denunciar.

Pero no toda la conversación mantiene la misma cordialidad. La temperatura en la sala va subiendo. Egibar se termina enfadando y acusa directamente a sus interlocutores, Rufi Etxeberria y José María Olarra:

—¡La gente de la Mesa Nacional ha estado pringada en el impuesto y estoy seguro de que si se organizara una nueva trama financiera, estaría dirigida por vosotros!

Tampoco se queda callado Josetxo Arrese:

—Conozco bien el papel desarrollado por Álvaro Reizabal [el abogado compañero de Iruin condenado a prisión por su participación en la trama de cobro del «impuesto revolucionario»] porque he participado en tres secuestros y sé cómo funciona internamente el MLNV. La actitud de Reizabal no ha sido, precisamente, la de una mediación humanitaria, sino la de un miembro de la organización.

Arrese amenaza veladamente con hacer público todo lo que sabe, e insiste en que su cuñado, que entregó en su día 100 millones de pesetas para ser puesto en libertad, está eximido para siempre de pagar, según las normas internas de ETA.

HB responde que no piensa mover un dedo si el PNV no le da garantías; a saber, un documento firmado ante notario y el compromiso de que el contenido de ese encuentro no saldrá de ese ámbito reducido. En caso contrario, HB no ayudará en absoluto.

Al acabar la entrevista, Egibar quiere rebajar la tensión y, conciliador, comenta.

—Al menos habéis escuchado y eso tiene su valor.

La reunión no da más de sí, aunque Egibar se muestra seguro de que las dos personas de HB-KAS que les atienden, transmitirán lo sucedido en el encuentro. Por la conversación, queda claro que la intervención de intermediarios del PNV en ese tipo de trámites, así como en la gestión del pago de rescates por secuestros, no es en absoluto inusual. Los seguidores de Arzalluz conocen bien y desde hace tiempo los canales de acceso a ETA.

ESTRATEGIA EXPERIMENTAL

Una de esas vías es ensayada a finales de 1996 por el propio Egibar, acompañado de Ollora y Agirre, componentes del conocido «Trío de la Bencina», interlocutor habitual de la banda terrorista, que necesita mostrar al resto del partido las posibilidades y potencialidades que ofrece su apuesta en favor del diálogo y de la negociación con los violentos. Utilizan como experimento para sus tesis a los presos de ETA, en una estrategia, relatada en páginas precedentes, que lleva al PNV a una redefinición de su proyecto y hace que ponga en cuestión si el Estatuto es el límite en las relaciones entre el Estado y el País Vasco o si, por el contrario, debe existir un ámbito de relación más amplio.

Los tres miembros citados del Partido Nacionalista, siempre respaldados por Arzalluz, pretenden conseguir el apoyo de todo su partido a sus tesis soberanistas y, más tarde, presentarlas en el Parlamento vasco para su aprobación. Lo que pretenden es que la Cámara de Vitoria se convierta en el «ámbito de decisión» del pueblo vasco; o sea, que éste deposite su soberanía en ella, y no en el Congreso de los Diputados español. Por ese motivo, los peneuvistas necesitan la total implicación del Parlamento autonómico en el proyecto. Y eso es lo que explica que en esta ocasión, a diferencia de periodos anteriores o posteriores, el PNV no active los canales secretos habituales de comunicación con el MLNV, sino que realice esos tanteos de manera pública y abierta. Es una forma de dar a conocer sus iniciativas a la sociedad vasca y de pulsar su reacción.

Pero no por ello se interrumpen las conversaciones ocultas. En junio de 1997, el portavoz del PNV se traslada al país vecino, donde mantiene un encuentro con la dirección de ETA. Se da la circunstancia de que el director del rotativo *abertzale Egin* conoce la noticia a través de su corresponsal en Francia y telefonea a Egibar para contrastarla. El portavoz nacionalista lo niega todo.

Inmediatamente, se produce el consiguiente malestar en el mundo del MLNV, por motivos múltiples: celos, recelos, anhelo de prudencia, etcétera. KAS cree que, al haber sido filtrada la información, existe un riesgo de que el dirigente del PNV sea seguido y que con ello pueda ser localizada y detenida la cúpula de la organización terrorista; una idea obsesiva entre todos sus miembros. Además, la coordinadora *abertzale* considera que esos encuentros no pueden ser establecidos sin su conocimiento previo, por lo que definitivamente se posterga *sine die* otra cita prevista para fechas cercanas.

PALABRAS Y PISTOLAS

Los acontecimientos que siguen —concretamente el asesinato de Miguel Ángel Blanco— aconsejan aplazar esa reunión hasta unos pocos días antes del ingreso en prisión de la Mesa Nacional de HB. Pero por fin el 5 de diciembre del 97, Rufi Etxeberria y José María Olarra, con la mediación de Íñigo Iruin, se entrevistan con Joseba Egibar, Juan María Ollora y Gorka Agirre. Los dirigentes de HB transmiten a la delegación nacionalista su intención de emprender un camino conjunto de diálogo, porque, según afirman, «en HB se ha producido un giro y [la coalición] ha decidido abandonar la estrategia marcada en 1995 por la *ponencia Oldartzen*», consistente, como se recordará, en «socializar y extender el sufrimiento», así como en «combinar la violencia callejera con los atentados selectivos de ETA», para forzar una negociación con el Gobierno. Una estrategia que, dicen los batasunos, se verá «retrasada aunque no paralizada», por su inminente entrada en prisión.

El giro que denotan las palabras de los *abertzales* radicales está motivado fundamentalmente por el acoso que han sufrido a lo largo del año 1997, y que ya ha quedado expuesto: el encarcelamiento de la Mesa Nacional de HB, con la humillación añadida de pagar una fianza, no entendida por las bases, para poder gozar de la libertad condicional durante unos meses; la liberación del funcionario de prisiones José Antonio Ortega Lara por parte de miembros de las Fuerzas de Seguridad del Estado y la formidable reacción de repulsa ciudadana al asesinato del concejal del PP Miguel Ángel Blanco, con lo que supone de acorralamiento político y social del brazo civil de ETA.

Sin embargo, el envío a prisión de la Mesa Nacional batasuna, tras la ratificación de su condena por parte del Supremo, desencadena una oleada de atentados contra concejales del PP, que multiplica el clamor popular contra la banda terrorista en la sociedad española y vasca, y hace temer al PNV que la condena social alcance a todo el nacionalismo. En ese contexto aparece el denominado «Plan Ardanza», que preconiza un diálogo político sin límites entre todos los partidos vascos, aunque para iniciarlo sea condición *sine qua non* que previamente ETA decrete una tregua indefinida.[2]

Coincidiendo con la ofensiva etarra, el nuevo portavoz de la Mesa Nacional, Arnaldo Otegi, se pone en contacto con Joseba Egibar y le expresa su deseo de mantener un encuentro con él. La cita tiene lugar el 26 de febrero en la sede de HB de Vitoria. A la reunión acuden los integrantes del trío habitual por parte del PNV, y el recién nombrado portavoz de HB, acompañado del sempiterno Íñigo Iruin.

Los representantes del PNV analizan lo que ellos creen que es la estrategia del Ministerio del Interior, consistente en con-

[2] El texto íntegro del Plan Ardanza se puede consultar en el Anexo documental incluido al final de este libro.

seguir un gran pacto de Estado entre los partidos no nacionalistas para, en una segunda fase, integrar en él al nacionalismo moderado. A continuación, piden a HB que se distancie de ETA para favorecer una mayor aproximación entre partidos afines, ya que, señalan, «la organización terrorista perjudica la causa nacionalista».

En esta reunión comienzan ya a hablar del caso de Irlanda y de la posibilidad de aplicar en el País Vasco un proceso de paz similar al de aquel país. Asimismo, consideran necesario llegar a un acuerdo entre el PNV, EA, HB e IU en torno al derecho de autodeterminación, la soberanía y el modelo lingüístico. También hablan de Navarra y de cómo articular su integración en la comunidad autónoma vasca. En este punto, los miembros del PNV comunican a los de HB que Ardanza se ha reunido con Juan Cruz Alli, ex presidente de dicha comunidad, para tratar de esa cuestión.

ETA IMPONE SUS CONDICIONES

A lo largo de toda la conversación, los dirigentes del PNV tratan de alcanzar un punto de encuentro entre el proyecto de Ardanza y la llamada «Alternativa Democrática» de ETA. Finalmente, determinan que HB acepte el esquema inverso al que defiende la banda terrorista; es decir, que acepte un acuerdo previo entre formaciones políticas democráticas que sea ratificado, posteriormente, por el Gobierno y ETA. Los miembros del PNV explican que todo su partido ha aceptado el Plan Ardanza y, una vez más, apuntan el deseo de desarrollar un proceso similar al irlandés, en el que el PNV actúe como elemento bisagra entre el Estado y ETA.

Por su parte, los representantes de HB-KAS mantienen una gran desconfianza hacia el PNV y no acaban de creerse su defensa del derecho de autodeterminación o la integración de Navarra en Euskadi y piensan que es una estrategia electoralista del partido de Xabier Arzalluz encaminada a recolectar votos en el electorado nacionalista radical.

Los dirigentes de la izquierda *abertzale* detestan la constante y reiterada ambigüedad histórica del PNV, así como su empeño en continuar con esa estrategia sin implicarse, por lo que consideran imprescindible que se defina. En el transcurso de esta reunión, Otegi e Iruin advierten a Egibar, Agirre y Ollora que si el PNV quiere llegar a algún punto de encuentro, tendrá que modificar su línea política y decantarse por la construcción nacional. Si ha de haber pacto entre las fuerzas nacionalistas, tendrá que ser bajo las condiciones que impongan los representantes de ETA.

A partir de ese momento, HB comienza a desarrollar una estrategia más moderada, con el fin de conseguir la convergencia con otras fuerzas políticas y sociales nacionalistas en torno a distintos aspectos de su proyecto de construcción nacional. La aceptación de un proceso previo de diálogo entre partidos, en lugar del ya clásico esquema de negociación entre ETA y el Estado, se plantea como una innovación, que luego asumirá y ratificará la banda terrorista. El Partido Nacionalista calla y otorga. Son los prolegómenos no reconocidos de la Declaración de Estella.

CAPÍTULO DIECINUEVE

LO QUE NO SE CUENTA DE LA DECLARACIÓN DE ESTELLA

Siete meses de intensas conversaciones entre partidos nacionalistas, años de colaboración permanente entre las centrales sindicales ELA y LAB, décadas de diálogo ininterrumpido entre el PNV y KAS y lustros de trabajo de distintos movimientos sociales, con la colaboración entusiasta de la Iglesia vasca, culminan el 12 de septiembre de 1998 con la firma del Acuerdo de Estella-Lizarra, en la localidad navarra que le da nombre. PNV, HB, EA e IU intentan con el encontrar una salida a la situación de violencia que vive el País Vasco. Una solución, basada en la aceptación de los planteamientos independentistas históricamente defendidos por la organización terrorista, alternativa a la que ofrece el Pacto de Ajuria Enea, nacido con la misma finalidad en enero de 1988, que los firmantes de Estella consideran inoperante y que, además, ha quedado totalmente bloqueado en marzo de 1998, al rechazar de plano PP y PSOE el documento presentado por el lehendakari José Antonio Ardanza a modo de propuesta de paz.[1]

Como prólogo de este acuerdo y contexto político propiciatorio del mismo, el Partido Nacionalista Vasco, Convergència i Unió y el Bloque Nacionalista Gallego, en representación de los nacionalismos periféricos, han firmado, el 17 de

[1] Ver Anexo documental al final del libro.

julio en la Ciudad Condal, la llamada «Declaración de Barcelona» en la que advierten a PP y PSOE: «La segunda transición ya ha empezado.» Para llevarla a buen puerto, PNV, CiU y BNG establecen un órgano de coordinación permanente que se ocupará de los asuntos relacionados con el desarrollo del carácter plurinacional del Estado. Y el mismo día en que muchos ciudadanos vascos celebran el anuncio de alto el fuego de la banda terrorista ETA, estas tres formaciones se reúnen en Vitoria para reiterar su deseo de que cambie el marco jurídico-político español por otro que reconozca la realidad de que, según enuncian, «España es un Estado plurinacional».

UN ASUNTO DE FAMILIA

Así se llega a Estella. O Lizarra, en su denominación euskaldún. El acuerdo suscrito y firmado en el ya emblemático enclave navarro entre cuatro partidos políticos y una veintena de organizaciones sociales y sindicales[5], cuyo esqueleto ha sido elaborado por Joseba Egibar e Íñigo Iruin, plantea un proceso de negociación dividido en dos fases de diálogo abierto y sin exclusiones. La primera dará lugar a la celebración de conversaciones multilaterales. La segunda, resolutoria, debe realizarse en unas condiciones de ausencia absoluta de cualquier expresión de violencia. El acuerdo de resolución «no contendrá escenarios cerrados y de carácter definitivo, sino que posibilitará marcos abiertos, donde puedan tener cabida nuevas fórmulas que den respuesta a la tradición y aspiraciones de soberanía de las ciudadanas y ciudadanos de Euskal Herria».

Estas palabras finales encierran la clave que explica el beneplácito de la organización armada a lo pactado. Como se conocerá meses después, al desarrollarse las condiciones del documento suscrito, esos «marcos abiertos» y esas «nuevas fórmulas» se refieren a la Asamblea de Municipios Vascos, la

[2] En el mismo Anexo citado arriba se encuentra también documentación sobre el Pacto de Estella/Lizarra.

Udalbiltza, factor de discrepancia y discordia entre una ETA empeñada en convertirla en embrión de la nueva soberanía de una gran Euskal Herria compuesta por el País Vasco español, el País Vasco francés y Navarra, y unos partidos nacionalistas convencidos de poder engatusar a la banda constituyendo efectivamente este organismo, pero manteniéndolo durante un tiempo indefinido como una especie de juguete carente de funciones específicas.

Pero eso vendrá más tarde. En septiembre del 98, el acuerdo, consensuado antes del día 12 y firmado físicamente en un escenario enmarcado por la bandera de Irlanda y la enseña vasca, supone que HB garantiza la posibilidad de que ETA declare una tregua más o menos inmediata, sin necesidad de que los demás firmantes del pacto acepten las exigencias contenidas en la conocida Alternativa Democrática.

El PNV observa de cerca el proceso de paz que se ha iniciado en Irlanda del Norte, para tratar de seguir sus pasos, y de Irlanda intenta copiarlo todo, menos dos cuestiones que considera responsables de la interrupción sufrida en ese momento por las negociaciones para la pacificación en el Ulster: la exigencia de un alto el fuego permanente a la organización terrorista irlandesa, IRA, y el requerimiento formulado a sus integrantes para que entreguen las armas. Esta «intransigencia» de John Major —estiman los analistas del PNV— hizo que el IRA retomara en su día la actividad armada. Al llegar Tony Blair a Downing Street, levantó esos requisitos, lo que permitió que comenzara a desarrollarse con éxito el proceso de paz contemplado como referente. Ése y no otro ha de ser el camino a seguir, según los estrategas peneuvistas.

Asimismo, los firmantes de Estella imitan a los irlandeses en la fórmula de suscribir, en primer lugar, un acuerdo entre nacionalistas. En este caso, IU desempeña el papel de los grupos no confesionales que rubricaron el acuerdo irlandés. Y hasta tal punto es importante en ese caso el *pacto de familia*, que cuando la organización terrorista rompe el alto el fuego, en diciembre del 99, responsabiliza de su decisión al Partido Nacionalista Vasco y a Eusko Alkartasuna, sus socios en esta aventura, olvidándose totalmente del PP y del Gobierno español. Los terroristas afirman, en su comunicado, que de la parte española «no cabe esperar otra cosa que inmovilismo», porque nada han acordado con ella. Por el contrario, aseguran que quienes les han defraudado son los nacionalistas, que han incumplido una serie de compromisos adquiridos sobre la senda a seguir para consumar la construcción nacional.

EL GERRY ADAMS VASCO

En el transcurso de las múltiples conversaciones que preceden a la firma del acuerdo formal, y que empiezan a perfilarse como tales en febrero de 1998, la dirección de la organización terrorista tiene en sus manos en todo momento el hilo conductor de la postura mantenida por HB. ETA es, por así decirlo, el Gerry Adams vasco, aunque formalmente Íñigo Iruin, Rafael Díez Usabiaga y Arnaldo Otegi sean los representantes del MLNV en ese ámbito de debate, denominado «Foro de Irlanda», del que surge el Acuerdo de Estella-Lizarra. El jefe del aparato político de ETA, Mikel Antza, está perfectamente informado de lo que sucede en esos meses de discusiones, y es él quien autoriza a los interlocutores citados a seguir adelante con ellas. El organigrama de mando en la banda está tan claramente establecido, que si los representantes de la izquierda *abertzale* en el proceso no hubieran tenido el visto bueno de la dirección etarra, habrían sido desautorizados inmediatamente para llevarlo a término.

En esas condiciones, el Acuerdo de Estella es el último acto de la primera fase del proceso negociado entre Iruin y Egibar; el que precede a la fase final de negociación con la banda terrorista. La coordinación entre HB y ETA es tan buena, la información entre las dos expresiones de un mismo fenómeno fluye con tal perfección, que cuatro días después de la firma de ese pacto, la organización terrorista decreta el alto el fuego prometido.

Antes, sin embargo, concretamente durante el tiempo que duran las conversaciones previas entre los integrantes del Foro de Irlanda, ETA siente la necesidad de poner a prueba las verdaderas intenciones del PNV y EA, así como de demostrar su fortaleza y establecer claramente que sigue siendo «la vanguardia del nacionalismo» y la que asume la dirección política en todo el entramado del MLNV. Con ese fin, los terroristas asesinan uno tras otro al concejal popular en Zarauz José Ignacio Iruretagoyena; al concejal sevillano Alberto Jiménez Becerril y a su esposa Ascensión García; al concejal de UPN en Pamplona, Tomás Caballero; al guardia civil, Jesús María Parada en Vitoria y al edil popular del Ayuntamiento de Rentería, Manuel Zamarreño.

Esta oleada de terror y sangre no consigue romper las conversaciones bilaterales que mantiene HB con otros integrantes del foro, ni interrumpe los encuentros secretos de los enviados de ETA con dirigentes del PNV y EA en España y Francia, lo que convence a la organización terrorista de que, en esta ocasión, los partidos nacionalistas vascos, a los que a su manera examina con estos asesinatos, «van en serio».

Simultáneamente, la organización terrorista vasca aguanta duras embestidas: el cierre judicial del diario *Egin*, la desarticulación de la trama financiera de la banda, y las sucesivas acciones policiales contra sus integrantes, entre las que destaca la que protagoniza la Ertzaintza contra el comando *Bizkaia*, como consecuencia de la cual se produce la muerte de la etarra Iñaxi Zeberio.

El Acuerdo de Estella es pues la culminación de un diálogo entre nacionalistas sólidamente blindado, que resiste atentados de ETA, acciones contra la organización terrorista y la presión de los sectores más duros del MLNV, a los que no les gusta lo más mínimo el camino emprendido, y entre los que destaca la organización juvenil Jarrai, que anuncia su firme intención de seguir adelante con la *kale borroka*.

Pese a esta oposición, lo cierto es que, desde el punto de vista práctico, el entorno *abertzale* no sale mal parado de esta iniciativa. Diez meses —los que van de diciembre, fecha en la que es encarcelada la anterior Mesa Nacional, a septiembre, mes en que se firma el acuerdo— son suficientes para que HB sustituya a su dirección, rompa el aislamiento político, exprese su voluntad de cambio y firme un acuerdo con nacionalistas e IU. Un acuerdo que, además, contiene la práctica totalidad de sus reivindicaciones históricas y se complementa con el documento secreto suscrito entre ETA, PNV y EA, negado tanto por el partido de Xabier Arzalluz como por el de Carlos Garaikoetxea, que la banda sacará a la luz después de romper la tregua.

Para los *abertzales*, de hecho, podría resultar más costoso ese rebrote de la actividad terrorista, que produce diferencias y fisuras entre personas pertenecientes a KAS que hasta entonces aparecían como partes de un bloque monolítico. Así, en el verano del 2000, los miembros más duros de la organización, encabezados por Xabier Alegria y Karmelo Landa, parecen distanciarse de José María Olarra o Rufi Etxeberria, que suman sus fuerzas a las de Arnaldo Otegi, partidario de continuar con la estrategia de la unidad de acción nacionalista, incompatible con la violencia etarra. Y es que la banda ha mentido a sus propios integrantes.

Octubre de 1998 toca a su fin, cuando dos encapuchados de ETA aparecen en la BBC y aseguran: «Nuestra generación no volverá a empuñar las armas.» Esto sucede la víspera del día fijado para la celebración de las elecciones autonómicas, domingo 28, por lo que las emisoras de televisión españolas que han comprado las imágenes se comprometen a no emitirlas hasta que concluya el proceso electoral. Sin embargo, las tres cadenas nacionales —TVE, Antena 3 y Tele 5— utilizan sin permiso algunas tomas extraídas del reportaje británico y las lanzan al aire en los informativos de la noche del sábado. Su influencia en los comicios ofrece pocas dudas.

EL VEREDICTO DE LAS URNAS

El 28 de octubre de 1998 se celebran en el País Vasco unas elecciones autonómicas a las que los partidos nacionalistas, especialmente el PNV, acuden con la convicción de rentabilizar en las urnas el «proceso de paz» en marcha. Los seguidores de Arzalluz confían en que el bloque nacionalista obtendrá alrededor de un 70 por ciento del voto de la ciudadanía, lo que les permitirá a ellos, como partido dominante y gobernante en Vitoria, reivindicar nuevamente el «ámbito vasco de decisión» y plantear sus exigencias soberanistas al Gobierno español, amparándolas en un argumento democrático difícilmente rebatible. Sin embargo, los cálculos fallan estrepitosamente.

Una vez realizado el escrutinio, la relación general entre nacionalistas y constitucionalistas se mantiene intacta en escaños (41 los primeros, frente a 34 los segundos) pero se reduce en porcentaje de votos, y el nacionalismo pasa de un respaldo del 56,5 por ciento de la ciudadanía en 1994, a poco más del 54 por ciento cuatro años más tarde. Además, PP y PSOE suman ahora 30 parlamentarios, frente a los 23 de la anterior legislatura. IU ha pagado con 4 representantes menos su presencia en el Acuerdo de Estella, y UA ha pasado de 5 a 2 diputados. En el bando nacionalista, sólo Euskal Herritarrok —la marca electoral con la que se disfraza HB— obtiene beneficios de la tregua etarra, y alcanza 14 escaños, frente a los 11 que tenía. El PNV pierde 1, con lo que se queda en 21, y EA baja de 8 a 6. Nadie logra una mayoría sólida

Los resultados, que además están doblemente validados por una alta participación que rebasa el 70 por ciento, vuelven a demostrar la pluralidad de la sociedad vasca, así como la imposibilidad de imponer una solución política a la violencia basada en una exigua mayoría coyuntural. Por provincias, la hegemonía nacionalista se mantiene en Guipúzcoa, se invierte en Álava y queda muy equilibrada en Vizcaya, con un 54 por ciento para el nacionalismo, frente a un 46 por ciento para los defensores de la Constitución. El resultado de Álava supone un serio revés para los firmantes de Estella, ya que conlleva una nueva amputación territorial a su proyecto de construcción nacional, al que ya le falta Navarra.

En ese momento, la incógnita estriba en comprobar si el PNV atenderá o no la exigencia que contiene el documento secreto suscrito con ETA, según el cual no puede formar Gobierno con un partido «estatalista». Arzalluz asegura que tal condición no existe, pero que los socialistas, con su abandono del Ejecutivo de Vitoria en vísperas de las elecciones, en protesta por las conversaciones entre el PNV y HB, se han cerrado a sí mismos las puertas... Por supuesto, cada cual hace de los datos la lectura que más le interesa.

El presidente del PNV subraya el triunfo de los integrantes del Pacto de Estella sobre los partidos estatales que defienden el Estatuto de Autonomía y el Foro de Ermua. «Querían doblar el espinazo a los nacionalistas y no nos han causado ni dolor de cervicales», expresa gráficamente Xabier Arzalluz, seriamente preocupado, sin embargo, por el descenso del apoyo al nacionalismo (de un 56, 5 por ciento a un 54,5 por ciento del voto) y porque los votos que él esperaba cosechar en pago a su pacto con ETA, se los ha llevado Euskal Herritarrok.

Por su parte, el presidente del Gobierno, José María Aznar, opina que el resultado electoral en la comunidad autónoma vasca le permite «ver con tranquilidad» el panorama futuro del País Vasco. Lo que quiere decir Aznar es que el Ejecutivo se siente fortalecido para abordar las complejas negociaciones que se avecinan con la banda terrorista, porque interpreta que el ascenso del PP en las urnas autonómicas es una manifestación del apoyo de la ciudadanía a su forma de gestionar la tregua, así como un respaldo a la política antiterrorista de Jaime Mayor Oreja.

CAPÍTULO VEINTE

LAS DUDAS DEL GOBIERNO

Hay dirigentes cualificados del Partido Socialista convencidos de que el Gobierno del PP ampara y alienta, o cuando menos conoce y consiente, las conversaciones secretas que mantienen el PNV y EA con ETA para lograr que la banda terrorista termine con la violencia. Desde el PSOE se pone incluso nombre al encargado de transmitir a los nacionalistas democráticos la venia gubernamental para el desarrollo de esos contactos: Francisco Álvarez Cascos, vicepresidente del primer Gabinete de Aznar.

Cascos desempeña un papel crucial en la interlocución entre el Partido Popular y el Partido Nacionalista Vasco, así como entre este último y el Ejecutivo de Madrid, pero jamás detenta responsabilidad alguna en materia de terrorismo, y en consecuencia, difícilmente puede otorgar o denegar licencias sobre aquello que no le compete. Ahora bien, si el de la política es, en general, un terreno resbaladizo y lleno de equívocos, el de las relaciones entre la organización terrorista, el mundo del nacionalismo y el Gobierno de España puede compararse, a lo largo de la Historia, a una auténtica pista de hielo.

CASCOS SE HACE AMIGO DE ARZALLUZ

Es verdad que Álvarez Cascos, entre cuyas obligaciones está la de asegurarse en lo posible el respaldo de los cinco diputados del PNV en el Congreso a la exigua mayoría del PP en su primera legislatura, teje sólidos lazos con Xabier Arzalluz, que le valen profundas enemistades entre sus compañeros de partido en el País Vasco, sometidos a constantes descalificaciones por parte de los nacionalistas.

Ya en agosto del 96, recién estrenado el cargo, el vicepresidente primero se enfrenta al secretario general del PP vasco, Carlos Iturgaiz, quien ha salido en defensa de Jaime Mayor Oreja, atacado por el líder del PNV, declarando que «Arzalluz chochea». Arzalluz pide a Cascos que intervenga y él lo hace, telefoneando a Iturgaiz y exigiéndole que se disculpe inmediatamente ante el presidente del EBB por sus afirmaciones. El joven dirigente vasco se pone en contacto con el ministro del Interior, y le advierte que, si se ve obligado a disculparse, presentará en el mismo acto su dimisión irrevocable. Mayor Oreja apoya a su presidente regional y se dirige a José María Aznar, explicándole que esa humillación pública tendría un enorme coste político y personal para el PP vasco, inasumible en las difíciles condiciones en las que se encuentran sus militantes. Aznar tercia a favor de Jaime Mayor, Cascos no puede dar satisfacción a Arzalluz y las cosas no van a más, pero ese incidente deja un profundo poso de resquemor y desconfianza entre el vicepresidente y el ministro del Interior, que se mantendrá a lo largo de los años.

Episodios posteriores, como un almuerzo celebrado entre los matrimonios Álvarez Cascos y Arzalluz en la localidad guipuzcoana de Guetaria, en plena ofensiva de ETA contra los concejales del PP, o la actitud del vicepresidente con ocasión del asesinato de Miguel Ángel Blanco, cuando acude a la clínica en la que acaba de expirar el muchacho dirigiéndose en tono autoritario a sus destrozados compañeros, no contribuyen a incrementar la popularidad del número dos del Gobierno en el País Vasco. Pero en lo que respecta a la negociación con ETA, el vicepresidente primero y ministro de la Presidencia no transmite al PNV consigna alguna, ni a favor ni en contra.

AZNAR NO VE AGUA EN LA PISCINA

En realidad, hay un único elemento que puede dar pie al Partido Nacionalista para pensar que el Gobierno ve con buenos ojos sus gestiones ante la banda, de las cuales Madrid está informada a través de la Guardia Civil y del Cesid hasta el último momento, en que su terminal de información en Vitoria es desmantelada *por casualidad*, como ha quedado relatado. Ese elemento, susceptible de provocar el equívoco, es una reunión mantenida por José María Aznar y Jaime Mayor Oreja con Xabier Arzalluz y Joseba Egibar en Madrid, a comienzos de 1998. En ella, Egibar plantea su tesis conocida a favor del diálogo con la organización terrorista y Aznar contesta:

—No sé por qué voy a mover ficha. No veo agua en la piscina.

Arzalluz, a su vez, replica:

—Nuestra obligación no es poner agua en la piscina.

Y queda zanjada la conversación, sin que nadie rebata la última afirmación del líder nacionalista.

Hasta ese momento y en todas las declaraciones públicas y privadas que se producen antes y después, ni Aznar, ni Mayor Oreja, únicos responsables del espinoso capítulo del terrorismo, dejan entrever otra actitud que su más firme rechazo a las conversaciones o *tomas de temperatura* con los terroristas, mientras éstos no anuncien claramente su voluntad de abandonar las armas. Una decisión pactada de antemano entre el jefe del Gobierno y su ministro, el cual en abril de 1996, cuando se procede al traspaso de poderes entre socialistas y populares, comunica claramente al todavía titular de la cartera, Juan Alberto Belloch, su negativa absoluta a continuar con la llamada «Vía Esquivel» —la abierta por el premio Nobel de la Paz, Adolfo Pérez Esquivel— y su nula disposición a entablar conversaciones con los presos designados por la banda como interlocutores, condición planteada por ETA a través del argentino.

—Haz lo que quieras y dile a Pérez Esquivel lo que te parezca —le dice Mayor Oreja a su interlocutor— pero yo no te doy luz verde.

—Pues perdemos una oportunidad —alega éste.

—¡Qué le vamos a hacer! —concluye el vasco la conversación.

SE ANUNCIA LA TREGUA

Y así llegamos al 16 de septiembre del 98, y al anuncio de «tregua indefinida e incondicional» que hace ETA a través de *Gara*, y que sorprende al presidente del Gobierno en Perú.

Tras una primera reacción profundamente escéptica de su ministro del Interior, que tilda el anuncio inmediatamente de «trampa», la respuesta de Aznar se produce horas más tarde, mediante un comunicado fechado en Lima y cargado de prudencia:

«ETA ha anunciado un cese indefinido de sus acciones violentas y nada me alegraría más que ese anuncio se correspondiera con la realidad y fuera el inicio del abandono definitivo de la violencia», señala el jefe del Ejecutivo, que para entonces ya ha decidido empuñar las riendas del proceso que comienza y que él quiere dirigir personalmente.

«Quiero también decirles que el Gobierno no es en absoluto insensible a las expectativas que una sociedad con capacidad de conciliación alimenta en este momento. Precisamente por ello, no quisiera que una vez más esa esperanza pudiera transformarse en frustración. Frustración porque estemos ante un movimiento táctico, o frustración porque se ponga precio a la paz, olvidando el marco de convivencia que nos hemos dado.

»Después de 30 años de actividad terrorista, no podemos conceder a la organización ETA el beneficio de la duda. Si realmente ETA quiere dar por acabada su trayectoria de muerte, debe saber que todo paso de credibilidad que quiera ganar debe ganarlo con hechos y no con declaraciones. Sobre ETA y sólo sobre ETA pesa la carga de la prueba.

»El Gobierno contemplará las nuevas posibilidades que puedan abrirse en una situación consolidada y fiable del cese de la violencia, desde su determinación de seguir trabajando por la paz dentro de los espacios de consenso alcanzados por todos los partidos democráticos.»

En otras palabras, el jefe del Ejecutivo no cierra la puerta a la negociación, pero parece inclinado a fiarse de su responsable de Interior cuando éste le dice que la tregua tiene gato encerrado. A partir de ese mismo momento, en efecto, se desencadena una lucha encarnizada entre Jaime Mayor Oreja y una serie de asesores próximos a Aznar y dispuestos a mostrarse más crédulos ante la banda. Una lucha en la que el presidente del Gobierno, que ejerce de árbitro, jamás desautoriza a su ministro, aunque en más de una ocasión le deja completamente solo.

Interior, sin embargo, no bajará la guardia en ningún momento, y colaborará con importantes detenciones en Francia durante los meses de cese temporal de la violencia. Entre ellas, la del jefe de los comandos operativos de ETA, José Javier Arizkuren Ruiz, *Kantauri*, capturado junto a otros seis activistas en París, unos días antes de la primera reunión celebrada entre el Gobierno y la organización terrorista (probablemente con el fin de evitar que ese etarra, especialmente sanguinario, sea uno de los interlocutores de la banda) y, posteriormente, la de Belén González Peñalva, una de las convocadas a esa mesa, detenida unas semanas más tarde. La documentación incautada a raíz de esas operaciones permite a la Policía determinar de manera definitiva que ETA utiliza la tregua para rearmarse.

LAS LÁGRIMAS DE UNA MINISTRA

A comienzos de 1999 se celebra un Consejo de Ministros en el que se debaten los nombres de las personas que han de integrar el equipo de interlocutores del Gobierno en la negociación que se prepara con la banda terrorista. Es la primera vez que la tregua se discute en ese foro, ya que el Presidente ha designado desde el comienzo un «gabinete de crisis» encabezado por él mismo y compuesto además por Jaime Mayor Oreja, Josep Piqué, ministro portavoz y de Industria, y Javier Zarzalejos, secretario general de la Presidencia, para coordinar todo lo relacionado con ese asunto. En esta ocasión, sin embargo, se plantea a los miembros del Ejecutivo la composición de la *troika* que habrá de sentarse a hablar con Mikel Antza. Y saltan chispas.

Los hombres elegidos para tan delicada misión son: Pedro Arriola, asesor de José María Aznar y de su partido, sociólogo y experto en sondeos, encuestas y campañas electorales, propuesto por el propio Aznar y por Jaime Mayor Oreja, de manera conjunta. Ricardo Martí Fluxá, secretario de Estado de Seguridad, mano derecha de Mayor Oreja en Interior y persona de su absoluta confianza, apadrinado por el ministro. Y el mencionado Javier Zarzalejos, que sugiere el Presidente. Este último es quien suscita la polémica, cuando la titular de Agricultura, Loyola de Palacio, levanta la voz para oponerse a que el secretario general de la Presidencia forme parte del trío negociador, y defender la necesidad de que el ministro del Interior ocupe su lugar.

De Palacio se queda sola en la defensa de Mayor Oreja, ante el silencio de sus compañeros de Consejo, y la discusión alcanza tal nivel de tensión, que la ministra, que tiene una larga experiencia política y es célebre por su dureza, sale de esa reunión con los ojos enrojecidos por el llanto.

HABLANDO CON EL ENEMIGO

Pero se aprueba la composición de la peculiar delegación que ha de encontrarse con los representantes de ETA y se produce, en efecto, una única reunión —la siguiente, prevista para agosto, es suspendida unilateralmente por la organización terrorista en el último momento— de carácter rocambolesco, el 19 de mayo de 1999, en Suiza.

Ese día luce el sol y hace calor en el país helvético. Sólo dos personas, aparte de los protagonistas, conocen el lugar y la hora de la cita: el propio Aznar y un miembro del gabinete de Martí Fluxá, que tiene instrucciones de avisar a Jaime Mayor Oreja si, transcurridas unas horas determinadas a partir de su última llamada, no recibe noticias de su jefe.

Llegar hasta la vivienda en la que se celebra el encuentro no es tarea fácil. Más de 72 horas emplean los enviados del Gobierno español en recorrer la distancia que les separa de Madrid, utilizando varios medios de transporte, cambiando en múltiples ocasiones de vehículos y acompañantes y siendo sometidos a más de un cacheo, para comprobar que no llevan armas, ni micrófonos o dispositivos susceptibles de delatar a sus interlocutores: el máximo dirigente político de ETA, Mikel Antza, y su compañera de dirección en la banda, Belén González Peñalva, *Carmen*.

Según alguno de los participantes en ese encuentro, es difícil determinar quién de los presentes tiene más miedo: si los enviados de Moncloa, que temen ser asesinados a sangre fría, habida cuenta de la situación de absoluta indefensión en que se encuentran, o los dos etarras, que corren el riesgo de ser detenidos a la salida, como ya ha ocurrido con algunos históricos de la organización en ocasiones anteriores. Cuando en un momento dado Antza se lleva la mano al bolsillo para sacar un bolígrafo, un escalofrío de terror recorre las espaldas de Arriola, Martí Fluxá y Zarzalejos. Y en esas condiciones se desarrolla la conversación que sigue.

En ella se habla de historia, de «agravios seculares del pueblo vasco», del «Estado represor» y de otros temas recurrentes en la agenda habitual de ETA. Pero sus portavoces no mencionan siquiera a sus presos, única baza que los del Gobierno están dispuestos a poner sobre la mesa. Los etarras no quieren cambiar paz por presos y el PNV, que no ha sido informado por Aznar de esa reunión y ve con muy malos ojos que el Ejecutivo y la banda puedan alcanzar algún tipo de acuerdo sin su mediación y correspondiente cuota de protagonismo, ha pasado a los etarras el mensaje de que dejen la cuestión de los presos en sus manos. Y, de hecho, no tarda en desencadenar una ofensiva en toda regla.

EMPIEZA LA *GUERRA DE LOS PRESOS*

Aunque, como ha quedado dicho al explicar la estrategia diseñada por Juan María Ollora, la utilización política de los presos de ETA por parte del PNV comienza a producirse antes de la tregua decretada por la banda, el anuncio de cese indefinido de la violencia da vía libre a una campaña sin precedentes, perfectamente orquestada, y que producirá hondas heridas dentro del propio equipo gubernamental.

El 22 de septiembre, cuando no ha pasado ni una semana desde el comunicado de alto el fuego, el lehendakari, José Antonio Ardanza, desde Bruselas, recomienda al Gobierno que empiece por excarcelar a los presos enfermos y que hayan cumplido tres cuartas partes de sus condenas, que haga «gestos puntuales de acercamiento» de otros reclusos, que limite «el acoso internacional», para tranquilizar a los terroristas y, transcurrido un año, inicie la gran negociación política para «diseñar las relaciones País Vasco-España».

Unos días más tarde, el domingo 27, aprovechando la celebración del Alderdi Eguna (Día del Partido Nacionalista Vasco) su presidente, Xabier Arzalluz, proclama ante sus bases: «Entre todos sacaremos a los presos a la calle.»

Acto seguido, afirma: «El pueblo vasco no cabe en la Constitución.»

Precisamente un hombre muy próximo a Arzalluz, que se hace llamar Juan Ignacio, es la *garganta profunda* que le dice al Gobierno, a través del secretario de la Presidencia, Javier Zarzalejos, que hay otras vías para hablar con ETA, aparte de la de Mikel Antza: una, la de los presos designados por la banda como interlocutores (Jesús María Zabarte Arregi, miembro histórico del comando *Donosti*; Ignacio de Juana Chaos, integrante del comando *Madrid*, y Henry Parot, del tristemente célebre y sanguinario *Itinerante*), y otra, la que pasa por el propio PNV, que quiere ser clave en todo el proceso. El Gobierno no acepta ninguna de esas dos ofertas, pero pronto ve cómo le alcanza de lleno el germen de la división, sembrado por el bloque nacionalista en forma de debate sobre la oportunidad o no de realizar acercamientos.

El primer enfrentamiento se produce en el mes de diciembre de 1998, cuando Pedro Arriola acude a una reunión convocada por Aznar para tratar esa cuestión, con un mapa detallado en el que se contempla el traslado de 200 reclusos de la banda a cárceles del País Vasco. Zarzalejos respalda su posición y Mayor Oreja se opone frontalmente, argumentando que no está claro que la decisión de ETA sea definitiva (de hecho él y el Presidente poseen información privilegiada a través de un *topo*, la policía oculta bajo las siglas E. T. B., infiltrada en el comando *Donosti*) y que no es bueno que sea el PNV quien marque los tiempos y el rumbo de las negociaciones, demostrando ante la banda tener una fuerza y capacidad de influencia política que en realidad no posee.

El presidente del Gobierno, en lo que será una constante a lo largo de todo el proceso, demuestra estar de acuerdo con su asesor y el secretario de su Presidencia, pero elude pronunciarse abiertamente y opta por ofrecer soluciones salomónicas. En este caso, el traslado a la Península de 21 presos que estaban en Ceuta, Melilla y las islas, lo cual es mucho más de lo que desea Mayor Oreja, pero mucho menos de lo que propone Arriola.

SEGUNDA DUDA

La segunda duda llega al «gabinete de crisis» en septiembre del año siguiente, cuando se cumple un año de la declaración de tregua por parte de ETA. A esas alturas, prácticamente todo el mundo en España está convencido de que el terrorismo etarra se ha terminado definitivamente, ya sea porque la banda ha decidido poner fin a sus actividades, como proclaman una y otra vez los nacionalistas llamados democráticos y comparten muchos dirigentes de otros partidos, ya sea porque, transcurridos doce meses de inactividad, a los terroristas se les han «oxidado las pistolas».

En ese clima, Aznar convoca una vez más a su equipo y, esta vez, Arriola acude al encuentro con una proposición radical: trasladar a todos los reclusos de la banda a centros vascos o próximos al País Vasco. Estima el consejero del Presidente que tal medida facilitará el diálogo con la banda, que no atraviesa un buen momento, y que la declaración de una tregua definitiva sería una baza de primer orden para garantizar al PP una victoria por amplia mayoría en las elecciones generales que se avecinan y que prácticamente todo el entorno del Presidente, excepto él mismo, quiere adelantar. Una vez más,

Zarzalejos apoya a Arriola, Martí Fluxá se abstiene de opinar (ya que, aunque personalmente está de acuerdo con el acercamiento masivo, la lealtad hacia Mayor Oreja le llevará a defender en todo momento sus planteamientos, a costa de discrepar frontalmente con el propio Aznar) y el ministro del Interior se queda solo en el papel de aguafiestas.

Estamos en la segunda semana de septiembre y el aniversario de la declaración de alto el fuego ofrece una buena oportunidad para justificar ante la opinión pública un gesto por parte del Gobierno. Pero el tiempo apremia. El jefe del Ejecutivo pide a Mayor Oreja que reconsidere su negativa y le da una noche para reflexionar. Una noche triste para el ministro vasco, que en alguna ocasión llega incluso a plantearse la posibilidad de dimitir, aunque la desecha pronto. A la mañana siguiente, el ministro y el asesor siguen firmes en sus planteamientos y el Presidente debe terciar nuevamente sin desautorizar a nadie: Ni todos, como pretende Arriola, ni medio centenar, como defiende Mayor. Serán 105 los presos acercados.

Los argumentos esgrimidos para explicar a la ciudadanía esta decisión son el cumplimiento del citado aniversario de la tregua, la necesidad de responder al mandato parlamentario de dar pasos en esa dirección y el acuerdo alcanzado con el PSOE para actuar conjuntamente. Ahora bien, antes hay que lograr ese acuerdo.

Una vez decidido el alcance del acercamiento, Jaime Mayor Oreja se pone en contacto con sus interlocutores habituales en el Partido Socialista para recabar su apoyo. Se celebra una cena en el madrileño palacete de la Castellana, sede del departamento de Interior, a la que acuden Juan Alberto Belloch y Alfredo Pérez Rubalcaba. El ministro solicita consenso y los socialistas le piden 24 horas de tiempo para consultar con Joaquín Almunia y Nicolás Redondo Terreros, advirtiendo que el apoyo estará en todo caso condicionado a que la cuestión del terrorismo y la tregua sea eliminada de la campaña electoral. A la mañana siguiente, en la sede madrileña socialista se reciben tres llamadas del responsable de Interior urgiendo una respuesta, que no son respondidas porque no se ha cumplido el plazo. Esa misma mañana, el presidente del Gobierno, José María Aznar, anuncia desde Valladolid el acercamiento de 105 presos etarras a cárceles próximas al País Vasco, sin esperar el visto bueno del PSOE.

LOS PRÓFUGOS VUELVEN A CASA

Para finales de 1999, más de dos centenares de reclusos de la organización terrorista han sido excarcelados por los jueces de vigilancia penitenciaria, que han relajado extraordinariamente la presión sobre este colectivo, especialmente en el País Vasco y Navarra, y 135 han sido llevados a centros próximos a sus domicilios. Paralelamente, Interior ha enviado emisarios a todos los países que acogen a miembros y simpatizantes de la banda huidos de España, con el mensaje de que muchos de ellos tienen las puertas abiertas para regresar.

Y es que se ha dividido a estos prófugos en tres categorías: «A», los que no tienen causas pendientes; «B», aquellos cuyas causas tienen fácil arreglo, y «C», los que son reclamados por la Justicia por causa grave. A los incluidos en las categorías «A» y «B» se les invita a volver sin más y se les suministra la documentación necesaria para ello, pero ETA les pone dos condiciones: que no conozcan datos o informaciones que, en manos de la Policía española, puedan suponer un peligro para la dirección de la banda, y que no pidan ayuda a ésta una vez en España; que no contribuyan a gravar las ya mermadas arcas de la organización.

Aproximadamente 60 miembros de la organización terrorista, de los 150 que había en Francia antes de la tregua, se acogen a esas medidas. Los residentes en otros países se mueven menos y así, a finales del 99, los etarras residentes fuera de España con distintos grados de control policial sobre ellos son: 90 en México; 9 en Uruguay; 6 en Cabo Verde; 1 en Panamá; 90 (aproximadamente) en Francia; 11 en Cuba; 1 en Holanda; 1 en Portugal; 32 en Venezuela; 4 en Alemania y 4 en Nicaragua. En la cárcel permanecen unos 380, de los cuales prácticamente la mitad están en el País Vasco.

Y es que la convicción de que la tregua etarra es definitiva e irrevocable es compartida, en esos momentos, no sólo por políticos, sociólogos, profesores universitarios, periodistas e intelectuales de diverso signo, sino incluso por aquellos que más firmemente han combatido a la banda en los meses previos a la declaración de alto el fuego: los jueces.

Uno de los que más se ha distinguido en esa lucha, el titular del Juzgado de Instrucción número 5 de la Audiencia Nacional, Baltasar Garzón, invita ese verano a Xabier Arzalluz a un seminario que organiza en los cursos de El Escorial, y el líder del PNV le pide que sea el abanderado del repliegue judicial que permita a ETA «respirar». Garzón acepta y paraliza los múltiples sumarios que se amontonan sobre su mesa desde la ofensiva judicial desatada contra la organización terrorista a raíz de Ermua, que han resultado decisivos para que ésta declarara la tregua: *Egin*, la financiación paralela de la banda, la investigación de personajes vinculados a KAS, como Rafael Díez Usabiaga, etcétera, etcétera.

Lo dramático es que Garzón no es el único que emprende esa senda. En el Tribunal Constitucional, encargado de resolver el recurso de amparo interpuesto por los 23 miembros de la mesa de HB condenados por el Supremo, otros jueces se erigen en defensores a ultranza de un proceso de paz del que poco o nada conocen.

CAPÍTULO VEINTIUNO

MANIOBRAS JUDICIALES EN LA OSCURIDAD

El 27 de diciembre de 1997, víspera de los Santos Inocentes, empieza a escribirse una de las páginas más controvertidas de la historia judicial española. Una página cuyo prólogo ha redactado el Tribunal Supremo apenas un mes antes, con la sentencia de 29 de noviembre que envía a prisión a los 23 integrantes de la Mesa Nacional de HB por un delito de colaboración con banda armada, y cuyo punto final no llegará hasta el verano de 1999, tras una oscura sucesión de borrones.

A lo largo de año y medio, el órgano encargado de velar por el cumplimiento escrupuloso de nuestra Constitución se transforma en campo de enconadas batallas políticas y personales, que llegan hasta las páginas del mismísimo diario *Gara*, sustituto de *Egin* en la portavocía del terror, convertido en receptor privilegiado de filtraciones interesadas. Batallas que dan fe del gran coraje de algunos y la cobardía de otros, más preocupados por salir indemnes del trance que por actuar conforme a sus convicciones jurídicas y morales. Batallas que poco o nada tienen que ver con el espíritu o la letra de nuestra Carta Magna.

Ésta es la crónica de una tortuosa peripecia judicial que comienza con un golpe certero del Estado de Derecho al corazón de la serpiente terrorista, y termina con una ETA victoriosa, henchida de moral y fortalecida, frente a una sociedad desarmada por la Justicia, más vulnerable que antes y profundamente dividida.

UN MAL MOMENTO

Cuando el entonces presidente del Tribunal Constitucional, Álvaro Rodríguez Bereijo, encomienda a Manuel Jiménez de Parga la redacción de la ponencia correspondiente al recurso de amparo interpuesto por los abogados de los batasunos (los ya conocidos Jone Goiricelaya, Íñigo Iruin, Miguel Castells, José María Elosua y Francisco Juan Zabaleta) contra la sentencia del Supremo, el veterano magistrado recibe el encargo como un *embolado* de los que no contribuyen a hacer la vida más fácil. Amén de la polémica organizada en torno a este espinoso asunto y del peligro físico cierto que entraña, Jiménez de Parga aspira en ese momento a la presidencia del Tribunal Constitucional (TC) y sabe que lo que menos le conviene son controversias de calado con los compañeros que han de elegirle. También da por hecho que esas diferencias serán inevitables. En un guiño perverso del destino, el recurso que tantos desvelos ha de causarle se admite a trámite, sin mayores complicaciones, en una fecha de negros recuerdos en nuestra historia reciente: el 23 de febrero de 1998.

Aunque Rodríguez Bereijo no acompaña su *regalo* de instrucción alguna, tiene elementos de juicio para pensar que Jiménez de Parga, catedrático de Derecho Constitucional, nombrado a propuesta del Gobierno socialista, elaborará una ponencia contraria a la estimación y partidaria de confirmar la decisión del Supremo. En ese momento inicial del proceso ninguno de los miembros del Constitucional se muestra inclinado a conceder el amparo y su presidente, firme defensor de la desestimación, quiere enviar un mensaje tranquilizador al Gobierno de José María Aznar, en un año electoral de crucial importancia para el País Vasco, que en octubre ha de elegir a su Parlamento autonómico, tras una salvaje oleada de violencia terrorista dirigida contra cargos electos del PP y el PSOE.

EN CLAVE POLÍTICA

Ése es el contexto en el que se desarrolla esta trama y no puede ser más político. De hecho, lo ha sido desde el principio. La sentencia objeto de recurso, que condena a siete años de prisión a cada uno de los 23 miembros de la dirección colegiada de HB, y multa de 500.000 pesetas, establece que la decisión de difundir durante la campaña de las elecciones generales de marzo del 96 un vídeo en el que varios encapuchados de ETA, exhibiendo sus pistolas, plantean la llamada «Alternativa Democrática», constituye un delito de colaboración con ETA, al haber acordado la coalición ceder a la banda terrorista los espacios gratuitos que la Ley Electoral ponía a su disposición en medios de comunicación públicos.

Aunque tal cosa no llegara a suceder, por impedirlo el juez titular del Juzgado de Instrucción número 5 de la Audiencia Nacional, Baltasar Garzón, el Supremo considera probado que la citada Mesa Nacional asumió como propio el contenido amenazante del vídeo, al decidir cederle su espacio, y de hecho lo exhibió en diversos actos públicos. Contribuyen a reforzar la convicción de los tres magistrados que condenan (José Augusto de Vega, Ramón Montero y Roberto García Calvo) varios comunicados de la oficina de prensa de HB, recogidos en el fallo, en los que se aprovechan los asesinatos de Fernando Múgica Herzog, cometido el 6 de febrero de 1996, y el de Francisco Tomás y Valiente, perpetrado el 14 de febrero del año siguiente, para conminar al Gobierno y al Estado a aceptar la citada «Alternativa», que los integrantes de la Mesa hacen suya.

VIEJOS CONOCIDOS

En abril de 1990 un enviado de Rafael Vera negociaba en secreto en la República Dominicana con Antxon.

—¿Cuáles son las personas de confianza suyas en HB?

—El conjunto de la Mesa Nacional, si me habla a nivel de dirección.

Antxon no titubeó un instante antes de responder a esta pregunta. El Alto Tribunal no citaba este detalle, que no podía conocer.

En aquel entonces, la función del órgano en cuestión dentro del entramado ETA/KAS era muy similar a la que desempeñaría seis años después, aunque sus integrantes fueran distintos. ¿Quiénes? Pues, entre otros, algún personaje muy cercano a la causa que nos ocupa, interviniente en ella esta vez en calidad de abogado. El omnipresente Íñigo Iruin.

Esta sentencia, que vincula por vez primera de forma directa la actividad terrorista de ETA y el apoyo de todo tipo que le brinda el nebuloso mundo de KAS, considerando ese apoyo un acto de «colaboración que favorezca los fines de una banda armada», según el artículo 174-bis del Código Penal de 1973, se convierte en un precedente histórico que abre caminos insospechados en la lucha contra el terrorismo. La identificación, a efectos de responsabilidad penal, entre ETA y KAS, que permitirá meses más tarde al juez Baltasar Garzón decretar el cierre del diario *Egin* y desmantelar buena parte de la trama de financiación de la banda, constituye un pilar central del acoso democrático que obliga a la banda terrorista a declarar una tregua en septiembre de ese año.

Pero dentro del Supremo no todo el mundo está de acuerdo con esta línea de pensamiento y las discrepancias que, por motivos más o menos nobles, más o menos inconfesables, se originan en el seno de su Sala Segunda, pronto llegan al Constitucional.

LA POLÉMICA ESTÁ SERVIDA

Todavía no se ha sentado Jiménez de Parga a pensar en su ponencia, cuando en el transcurso de una cena mundana, Enrique Bacigalupo, penalista de la mencionada sala de marcado talante «progresista» (el eufemismo con el que se denomina a los jueces y magistrados cercanos al PSOE, siendo los afines al PP conocidos como «conservadores»), le espeta con una sonrisa: «Espero que estiméis el recurso.»

La sentencia, redactada por García Calvo, considerado un

hombre recto pero de la derecha dura, no es del agrado tampoco de José Jiménez Villarejo («progresista»), pero sí es compartida, en cambio, por otros personajes como Cándido Conde Pumpido, que no siente especial simpatía por su autor. La polémica, desatada en su día en el Supremo y servida también en el Constitucional, no gira exclusivamente en torno a los argumentos jurídicos empleados para defender una u otra posición, sino a factores tan ajenos al Derecho como las relaciones personales entre jueces, el deseo de desgastar al Gobierno (evidente en ciertos jueces cercanos a la oposición) y la voluntad de «contribuir al proceso de paz» con actuaciones directamente inspiradas, en algunos casos determinantes, desde el nacionalismo.

En los escarceos iniciales, acaecidos a finales de marzo y motivados por la necesidad de decidir si se suspende la ejecución de la condena mientras se resuelve el recurso, ya aparecen voces partidarias de excarcelar a los batasunos, aunque no es el momento de pronunciarse sobre el fondo de la cuestión. De hecho, en las primeras deliberaciones del Pleno (compuesto por 4 juristas elegidos a propuesta del Congreso, 4 del Senado, 2 del Gobierno y 2 del Consejo General del Poder Judicial) nadie se muestra partidario de estimar el amparo, aunque más de uno expresa una enorme preocupación por salvar las formas y el cuello.

LAGARTO, LAGARTO

Así, en uno de los borradores que Jiménez de Parga lleva al Pleno, se recoge la argumentación que el Supremo había incluido sobre el asesinato del ex presidente del Tribunal, Francisco Tomás y Valiente, a título de elemento probatorio, junto a unas manifestaciones especialmente enérgicas contra el terrorismo etarra. Vano intento. Inmediatamente, se multiplican las intervenciones que instan al ponente a ser prudente y aséptico, limar comentarios y eliminar cualquier referencia al asesinado. El argumento barajado es la posibilidad de que el TC sea acusado de actuar por afán de venganza. Mas bajo este noble empeño de asepsia jurídica, algún observador adivina la voluntad de correr un tupido velo sobre ese luctuoso suceso y no dar ideas a los pistoleros de ETA. La larga sombra del terror que inspira la banda se proyecta, también, sobre toda esta causa, en algunos casos, como veremos más adelante, de manera decisiva.

Hay críticas, pues, a la ponencia de Jiménez de Parga, pero no al sentido desestimatorio de su propuesta. El debate preliminar se prolonga deliberadamente, ya bajo la presidencia de Pedro Cruz Villalón, quien desea manifiestamente dejar pasar las elecciones antes de pronunciarse.

INFLUENCIAS EXTERNAS

En el segundo semestre de 1998 se producen acontecimientos de crucial trascendencia para el futuro. Álvaro Rodríguez Bereijo es relevado en diciembre en la presidencia del TC por Pedro Cruz Villalón, como hemos visto, elegido a propuesta del PSOE. Cruz Villalón impulsa a la vicepresidencia a Carles Viver, un hombre muy cercano al nacionalismo catalán, elegido a instancias de CiU y que maneja en el tribunal, públicamente y para sorpresa de más de uno, informes con el membrete de la Generalitat de Cataluña.

Simultáneamente, en la esfera de los partidos políticos, el día 16 de julio las tres principales fuerzas nacionalistas: CiU, PNV y BNG firman en la Ciudad Condal la llamada «Declaración de Barcelona», por la que se comprometen a mantener una «relación estrecha, estable y permanente» con el fin de reformar el Estado y la cultura política para que se reconozcan «las especificidades de esas nacionalidades». Tres meses más tarde, en Santiago de Compostela, dentro de ese espíritu de profunda cooperación entre nacionalistas y una vez declarada por parte de ETA una «tregua incondicional e indefinida», el 16 de septiembre del 98, los firmantes de la declaración precisan el contenido de sus acuerdos y se marcan como objetivo, entre otros, «un cambio de los criterios interpretativos uniformistas y poco autonomistas utilizados por el legislador estatal y corroborados, en líneas generales, por el Tribunal Constitucional».

A renglón seguido, CiU, PNV y BNG acuerdan reivindicar «una composición del Tribunal Constitucional que refleje adecuadamente la pluralidad de poderes que concurren ante el mismo para dirimir sus conflictos, arbitrando mecanismos que permitan que la designación de magistrados del TC responda a la realidad plurinacional del Estado».

Por las mismas fechas, el Partido Nacionalista Vasco, en «relación estrecha, estable y permanente» con CiU, emprende, a través de su periódico *Deia*, una durísima campaña contra la ponencia de Jiménez de Parga y a favor de la excarcelación de los veintitrés miembros de la Mesa batasuna. Una campaña que se irá incrementando a lo largo de todo el proceso, con el apoyo incondicional del diario *abertzale Gara*, sustituto del clausurado *Egin*.

En ese contexto, el 13 de abril de 1999 comienza la deliberación propiamente dicha. Jiménez de Parga tiene prisa por someter su ponencia a la votación del Pleno, pero su presidente da largas. Hay, dentro del Tribunal, un trío administrador de los ritmos y tiempos de las actuaciones, compuesto por Pedro Cruz y Tomás Vives, ambos próximos al PSOE, y Carles Viver, muy cercano, como ha quedado dicho, a CiU.

La posibilidad de que la sentencia emitida en su día por el Supremo sea anulada por el TC causa una honda preocupación en el Alto Tribunal, y su presidente, Javier Delgado, que lo es también del Consejo General del Poder Judicial, consigue el texto de la ponencia, contraria a la estimación del recurso. Una vez leída y suscrita, Delgado se pone en contacto con los dos jueces del Constitucional nombrados a propuesta del CGPJ, Pablo García Manzano y Pablo Cachón, cuyo voto es en ese momento dudoso, para explicarles las razones del Supremo. Pese a ello, ambos mantienen su criterio.

UNA MISTERIOSA FILTRACIÓN A *GARA*

En el pleno previo a la votación de la propuesta de Jiménez de Parga, Carles Viver no pronuncia palabra. Minutos antes de la consulta, celebrada el 27 de mayo del 99, Rafael Mendizábal, uno de los que más tarde respaldarán con su voto al catedrático granadino, se ofrece a regalar una caja de Cohíbas traídos de Cuba a quien exponga un solo argumento jurídico contra la ponencia en cuestión. Y nadie acepta el desafío. Finalmente, se procede a la votación y el resultado es de siete (Pedro Cruz, Carles Viver, Tomás Vives, María Emilia Casas, Julio González Campos, Pablo Cachón y Pablo García Manzano) a cinco (Manuel Jiménez de Parga, Rafael Mendizábal, Vicente Conde, Fernando Garrido Falla y Guillermo Jiménez) en contra de la propuesta de Jiménez de Parga. Queda sin resolver el fondo de la cuestión; es decir, si se estima o no el recurso de los batasunos y se procede a su excarcelación, cosa que el presidente, Cruz Villalón, encomienda al estudio del vicepresidente, Carles Viver, que queda encargado de elaborar una nueva ponencia.

Sólo en ese momento, el 27 de mayo, se enteran los miembros del Constitucional de la derrota de la ponencia de Jiménez de Parga y del nombre del nuevo ponente. Una decisión de la que solamente él, su vicepresidente, el propio Viver, y seguramente Tomas Vives, están informados de antemano. Sin embargo, el mismo día de la votación, el 27 de mayo, *Gara* publica una noticia en ese sentido, adelantando que «Jiménez de Parga podría ser sustituido como ponente de la causa». Esto significa que lo sabe desde el día anterior, cuando se elabora el diario. ¿Cómo puede haberse enterado el periódico *abertzale*, si lo ignoran los propios magistrados y los periodistas de tribunales mejor informados de la prensa española?

Una respuesta posible nos la da el propio *Gara*, que en su edición del mismo día recoge unas palabras del portavoz de HB, Joseba Permarch, quien en rueda de prensa celebrada la víspera recuerda «el importante papel que los *mahaikides* [miembros de la Mesa] encarcelados realizaron para impulsar los contactos entre las fuerzas que suscribieron el acuerdo de Lizarra-Garazi» y subraya «que fueron ellos los que pusieron en marcha este proceso, dando los primeros pasos desde el Foro de Irlanda».

Lo cual, interpretado a la luz de los acontecimientos previos y posteriores, demuestra, primero, que las conversaciones entre el PNV y HB/ETA que condujeron a Estella son anteriores a 1998 (la Mesa de HB fue encarcelada a finales del 97) y, segundo, que HB no está dispuesta a permitir que el PNV olvide los compromisos contraídos. En otras palabras, que se le recuerda su obligación de contribuir a la excarcelación de sus interlocutores. Por si quedara alguna duda, en esas mismas páginas y en la misma fecha, Íñigo Iruin firma un artículo titulado «Una esperanza razonable», que concluye con las siguientes palabras: «Una sentencia absolutoria de los *mahaikides* fortalecería el proceso político hacia la paz y la democracia en Euskal Herria, entre otras razones porque previsiblemente se puede llevar por delante al nefasto ministro del Interior español.»

Hile el lector estos datos con la campaña desatada desde el PNV contra Jaime Mayor Oreja, mediante continuas declaraciones de sus portavoces, Iñaki Anasagasti, Xabier Arzalluz o Joseba Egibar, exigiendo su dimisión; sume las constantes apelaciones de esos mismos portavoces a que la excarcelación de la mesa de HB «contribuirá al proceso de paz en Euskadi»; añada la «estrecha relación» tejida en Barcelona entre nacionalistas, agregue la intimidad de ciertos jueces con CiU y extraiga cada cual sus propias conclusiones sobre el origen de la filtración... y sus repercusiones.

EL SUPREMO MONTA EN CÓLERA

Las filtraciones continúan y se multiplican, ante la ausencia de información oficial. A finales de junio, los miembros del Constitucional tienen conocimiento, a través del diario *La Vanguardia*, de que la ponencia de Viver va a defender la estimación del recurso por vulneración de la presunción de inocencia que ampara la Constitución, derivada de la falta de pruebas. Los periódicos hablan de una mayoría de siete a cinco a favor de esa tesis. El Tribunal Supremo monta en cólera y desencadena una fortísima presión sobre el Constitucional. Semejante decisión, argumenta el máximo órgano penal de la Justicia española, supondría una intromisión intolerable del TC en una facultad exclusiva suya, cual es la valoración de pruebas, entrañaría una desautorización evidente del Supremo, que convertiría al Constitucional en una instancia revisora del Alto Tribunal en una cuestión de legalidad ordinaria, función que le es por completo ajena según la Constitución, y dejaría a los firmantes de la sentencia y al Supremo en su conjunto a los pies de los caballos.

Las espadas están en alto y amenazan guerra abierta, en caso de que prospere la propuesta del catalán. La Justicia española se enfrenta a una de las crisis más graves de la democracia.

Ante el peligro de confrontación abierta y las presiones que se realizan desde el Supremo y el CGPJ, Pablo García Manzano cambia de posición y se suma al bando de los contrarios a la propuesta de Viver. El Pleno se encuentra así dividido al cincuenta por ciento, con seis jueces a favor y seis en contra de la excarcelación, lo que obligaría a su presidente, Pedro Cruz, a dirimir la cuestión con su voto de calidad. Pero eso es exactamente lo que no quiere hacer, motivo por el cual busca, una vez más, el modo de alcanzar la meta perseguida, según todos los indicios, desde el otoño de 1998, que es la puesta en libertad de la dirección batasuna, asumiendo el menor coste personal y político posible.

UNA DECISIÓN EN BUSCA DE UN MOTIVO

De nuevo *Gara*, cuyas presiones sobre el TC son constantes a lo largo de todo el proceso, nos ofrece, en su edición del día 6 de julio, una clave importante para entender lo sucedido. Ese día y en información fechada la víspera en Iruña (Pampona) el periódico *abertzale* recoge unas declaraciones del parlamentario navarro de HB, Penando Barrena, en las que éste se muestra esperanzado en que la próxima decisión del Constitucional sea favorable a la excarcelación de los *mahaikides* «porque la última resolución del TC consistió en encargar al sustituto (Carles Viver) una ponencia que, de alguna manera, argumentase la eventual excarcelación de los *mahaikides*».

Barrena, un hombre que aparentemente no tiene por qué tener fuentes especialmente fiables en el Constitucional, está muy bien informado y pone el dedo en la llaga. La decisión de excarcelar a la mesa de HB está tomada desde hace mucho tiempo y sólo falta encontrar un motivo para hacerlo sin levantar demasiadas ampollas.

Para conseguirlo es necesario devanarse el cerebro más incluso que los abogados batasunos que interpusieron en su día el recurso de amparo objeto de tantos vaivenes, pero se acaba encontrando un pretexto. Y así, el 20 de julio de 1999, ya entrada la noche, el Tribunal Constitucional acuerda estimar el recurso de la dirección batasuna y anular la sentencia dictada en su día por el Supremo al considerar que la pena de siete años de cárcel impuesta a los condenados es «excesivamente dura» y «desproporcionada».

La resolución del TC se cuida mucho de salvar la cara del Supremo, subrayando que éste ha actuado correctamente al condenar a la mesa de HB por colaboración con banda armada, en aplicación estricta de la ley, pero a renglón seguido descalifica a la ley en sí; es decir, al legislador, al asegurar que «la norma que se ha aplicado a los recurrentes (el artículo 174 bis a del antiguo Código Penal) no guarda, por su severidad en sí y por el efecto que la misma comporta para el ejercicio de las libertades de expresión y de información, una razonable relación con el desvalor que entrañan las conductas sancionadas». «No es la apertura de la conducta típica de colaboración con banda armada la que resulta constitucionalmente objetable —añade la sentencia—, sino la ausencia en el precepto de la correspondiente previsión que hubiera permitido al juzgador, en casos como el presente, imponer una pena inferior a la de prisión mayor en su grado máximo.»

En otras palabras; que como la norma en la que se basa la condena es inconstitucional por demasiado severa, queda sin efecto todo el proceso y anulada la sentencia del Supremo. La argumentación parece tan endeble, que ni siquiera los abogados batasunos, célebres por su habilidad para utilizar los más recónditos vericuetos de la ley en su beneficio, la habían incluido en la extensa batería de motivaciones que emplearon para justificar el recurso de amparo. De hecho, apenas una semana antes de hacerse pública la sentencia definitiva, su ponente, Carles Viver, presentaba otro proyecto en el cual invocaba la ausencia de esa alegación en el recurso de los batasunos para rechazar que su condena vulnerara el principio de legalidad penal: «Al no haberse planteado la posible ilegitimidad constitucional que pudiera resultar de la desproporción en la extensión de la pena impuesta con la gravedad del hecho —decía Viver— y dado que no podemos reconstruir las demandas, también desde la perspectiva material procede la desestimación.»

EL DESENLACE

Pero se estima. Se estima el recurso de amparo por una mayoría de ocho a cuatro, con algún cambio de postura de última hora difícilmente explicable, como el de Guillermo Jiménez, consensuado entre PP-PSOE y próximo a Javier Arenas, o Fernando Garrido, nombrado a propuesta del PP, partidario durante todo el proceso de mantener a la Mesa batasuna en la cárcel, y sorprendentemente convencido de lo contrario al final, cuando queda claro que el riesgo que para su integridad física pueda comportar ese voto será inútil... También se produce un viaje en dirección contraria, que es el de Pablo García Manzano.

Esa misma madrugada, entre vítores de sus correligionarios, salen de las cárceles en las que estaban recluidos los 22 miembros de la Mesa de HB que permanecían encarcelados, toda vez que Jon Idígoras había sido puesto en libertad meses antes por razones de salud. Lejos de reconocer algún mérito al Tribunal Constitucional o agradecer a la democracia española la generosidad de su actuación, el portavoz de la Mesa recién excarcelada, Floren Aoiz, declara: «Esta sentencia no supone un triunfo del Estado de Derecho o un gesto del Gobierno, sino que ratifica que la Mesa ha estado secuestrada durante año y medio y eso sólo ocurre en una democracia bananera como la que existe en el Estado español.»

Por su parte, el portavoz del PNV en el Congreso de los Diputados, Iñaki Anasagasti, exige la dimisión del ministro del Interior, Jaime Mayor Oreja, tras asegurar que el fallo demuestra que «el Ministerio actuó por venganza y no por justicia». El colofón lo pone, de nuevo, el diario *Gara*, donde Jesús Valenzuela, que firma como «Educador social», sentencia el 22 de julio: «Esos 23 hombres y mujeres ejemplares aceptaron la dirección política de HB en momentos especialmente duros. Les tocó desenmascarar a un Estado que machacaba a los presos en el silencio más impune y que había hecho de Ajuria Enea el baluarte de la españolidad... Se va socializando cada vez más la denuncia de la dispersión, el funesto Pacto de Ardanza se ha resquebrajado... Martes de tinieblas para Mayor Oreja, que engrosa ya la interminable lista de zafios conquistadores que cruzaron el Ebro con la pretensión de doblegar a los vascos.»

LAS TRÁGICAS CONSECUENCIAS

En noviembre de ese mismo año, menos de seis meses después de la excarcelación de los 23 miembros de la Mesa de HB, ETA anuncia la ruptura de la «tregua»; una decisión dramática para la sociedad española, en la que participan de manera determinante los viejos dirigentes batasunos liberados por el TC y partidarios de la estrategia de la «acumulación de fuerzas», ya explicada en otro capítulo y consistente, básicamente, en presionar a distintos sectores sociales mediante atentados terroristas, para que ellos, a su vez, insten al Gobierno a entablar una negociación política con la banda.

A finales de agosto del 2000, el trágico balance de víctimas de la banda terrorista suma nueve nombres más en la siniestra lista, mientras los beneficiarios de la sentencia del Constitucional redoblan sus esfuerzos en las actividades que les son propias:

José María Olarra, oficialmente encargado de la gestión del grupo *Zabaltzen* que se ocupa de la difusión de libros en euskera, imputado por el juez Garzón en la causa abierta contra el llamado «aparato internacional» de la banda criminal, y autor de la expresión «terroristas de la pluma», referida a los periodistas, desempeña el papel de interlocutor habitual de los pistoleros etarras, que le citan en sus documentos con el apodo de *Eneko*.

En constante contacto con los jefes terroristas escondidos en Francia está de igual manera Gorka Martínez, alias *Zelay*, también imputado por Garzón y, como Olarra, en libertad bajo fianza.

Juan María Olano, portavoz de las Gestoras Pro Amnistía durante los últimos doce años, comparece ante los medios de comunicación para anunciar, en las horas siguientes al asesinato de un concejal popular a quien previamente había amenazado, que «seguiremos señalando con el dedo a quienes instrumentalizan a los presos de la banda».

Karmelo Landa, profesor de Historia en la Facultad de Periodismo de la Universidad Pública del País Vasco, apunta, a su vez, a los presuntos críticos del PNV Juan María Atutxa, Josu Bergara, Ramón Sodupe o Iñaki Azkuna, y sentencia que «son perjudiciales para el País Vasco».

Floren Aoiz, formado en las filas de Jarrai, sigue dando «ruedas de prensa» en las que señala a unos y a otros.

Rufi Etxeberria, hermano del jefe de finanzas de *Egin*, empuña los mandos de KAS y controla, como ha hecho siempre, el núcleo más duro de HB.

EPÍLOGO

15 de septiembre de 1999. Apertura del Año Judicial. Todos los altos órganos constitucionales se reúnen en la ceremonia solemne convocada en la sede del Tribunal Supremo. Preside Su Majestad el Rey. Don Juan Carlos no conoce personalmente al vicepresidente del Tribunal Constitucional y ponente de la sentencia, Carles Viver, y el presidente del CGPJ, Javier Delgado, se encarga de las presentaciones.

El Rey coge del brazo a Viver, y se lo lleva a un aparte. Pero alguien oye claramente estas palabras: Carles, con las cosas de comer no se juega.

PACTO DE AJURIA ENEA
Acuerdo para la normalización y pacificación de Euskadi (12 de enero de 1988)

Transcurridos casi once años desde las primeras elecciones democráticas, el terrorismo es un fenómeno que persiste entre nosotros. Su erradicación sigue siendo hoy, por tanto, un objetivo común fundamental de la acción de todas las instituciones y fuerzas democráticas. El combate contra el terrorismo es, por encima de todo, el combate de la razón frente a la sinrazón, de la vida frente a la muerte, de la libertad frente a la imposición. Es, en consecuencia, el esfuerzo por hacer prevalecer los principios éticos en que se asienta la convivencia en una sociedad civilizada ante quienes los niegan.

La recuperación de las libertades democráticas y, en concreto, la aprobación, mediante referéndum, del Estatuto de Gernika constituyen dos acontecimientos decisivos, que introducen en la Comunidad Autónoma del País Vasco una situación política radicalmente distinta de la anterior.

Desde esta perspectiva, los partidos firmantes queremos insistir en que cualquier referencia que en el Acuerdo se haga a problemas políticos del Pueblo Vasco, al desarrollo estatutario o a las relaciones que la Comunidad Autónoma Vasca vaya a mantener con la Comunidad Foral de Navarra, no puede entenderse en ningún caso ni como justificación del terrorismo ni como condición, contrapartida o' moneda de cambio para el cese de la violencia terrorista, que no tiene ningún tipo de justificación en esta sociedad. Esta condena y rechazo de ETA la hacemos los partidos vascos desde la legitimidad que nos confiere la defensa democrática y pacífica del autogobierno para nuestro pueblo.

Porque el Estatuto de Gernika —resultado de un largo y, a veces, difícil proceso de negociaciones, que desembocaron en un auténtico pacto entre los representantes de la Asamblea de Parlamentarios Vascos y los de la Comisión Constitucional del Congreso— constituye un punto de encuentro de la voluntad mayoritaria de los vascos y el marco jurídico del que la sociedad vasca se dota, en un determinado momento histórico, para acceder al autogobierno y regular la convivencia pacífica, representando, en consecuencia, la expresión legítimamente refrendada de la propia voluntad y un logro histórico sin precedentes en la historia contemporánea del Pueblo Vasco, aun cuando no recojo, como es obvio, todas y cada una de las reivindicaciones de los diversos sectores representativos de la pluralidad de intereses de la sociedad.

El mismo Estatuto contiene además en su propio texto los mecanismos necesarios, igualmente refrendados por la voluntad popular, para poder acceder a su eventual reforma. Más aún, como expresión de respeto y reconocimiento de las profundas aspiraciones al autogobierno que el Pueblo Vasco ha demostrado a lo largo de su historia, el propio Estatuto refrendado, en su Disposición Adicional, hace reserva expresa de los derechos que a dicho Pueblo hubieran podido corresponder en virtud de su historia y a cuya actualización, mediante la expresión de su voluntad en cada momento y de acuerdo con lo que establezca el ordenamiento jurídico, aquél no renuncia por la aceptación del actual régimen de autonomía.

Tanto las disposiciones, positivas que contiene como estas reservas cautelares, unidas a la Disposición Adicional Primera y a las posibilidades que ofrece el artículo 150.2 de la Constitución, hicieron que el Pueblo Vasco viera en el Estatuto de

Gernika un instrumento válido para la progresiva satisfacción de sus aspiraciones y lo refrendara por amplia mayoría.

Incluso algunos sectores, que habían continuado utilizando la violencia para la consecución de sus fines políticos, supieron apreciar la novedad de la situación creada a raíz de su aprobación, abandonaron la actividad violenta y decidieron su incorporación a la actividad política dentro del marco mayoritariamente aprobado.

Hoy es el día, sin embargo, en que, pasados ya ocho años desde la aprobación del Estatuto, ciertos sectores, en contra de la voluntad mayoritaria, clara y reiteradamente expresada por su pueblo, continúan utilizando la violencia como medio de imponer modelos políticos alternativos, que, además de no haber podido articularse hasta ahora en una oferta política clara, han resultado siempre minoritarios en cuantos procesos electorales se han producido.

Por otra parte, el uso legítimo y reprobable del terrorismo, además de suponer la expresión más dramática de la intolerancia y del exclusivismo, un inadmisible desprecio de la voluntad popular y un atentado contra los derechos fundamentales de la persona, continúa acumulando sobre la sociedad vasca desastrosas consecuencias en los aspectos morales, sociales, políticos y económicos, que se ven sustancialmente distorsionados y deteriorados por su causa.

Más aún, la llamada violencia política, sea cual fuere su utilidad respecto de los fines que los propios violentos afirman perseguir, se ha demostrado ya en nuestro País, dotado de instituciones democráticas, no sólo ineficaz, sino perjudicial para la consecución efectiva del autogobierno, a que el Pueblo Vasco aspira, erigiéndose así en un importante obstáculo para la satisfacción de sus aspiraciones.

Ya en marzo de 1985, el Parlamento Vasco adoptó, en circunstancias muy concretas, una postura decidida contra la utilización de la violencia para la consecución de fines políticos, negándole cualquier pretensión de suplantar la voluntad popular.

Hoy se puede constatar con satisfacción que en la sociedad vasca se ha extendido e intensificado el deseo de alcanzar su definitiva pacificación. Van haciéndose cada vez más frecuentes las llamadas al abandono del terrorismo y a la participación de todos los sectores, desde sus respectivas posiciones legítimamente discrepantes, en la resolución progresiva, por las vías democráticas e institucionales, de los graves problemas que tiene planteados el País.

La sociedad vasca, que ha optado mayoritariamente por la vía estatutaria, ha adquirido ya una conciencia clara de que ni la violencia política ni los planteamientos de quienes la exculpan o justifican deben condicionar su posicionamiento democrático y mayoritario, de modo que la persistencia del uso de la fuerza no pueda servir ni de argumento para intentar acceder a mayores cotas de autogobierno que las democráticamente aprobadas, ni de freno a la plena satisfacción de sus aspiraciones mayoritarias, actitudes ambas que redundarían en la quiebra de su confianza democrática.

Convencidos, por tanto, de que la única vía para la normalización y pacificación de la sociedad es la que pasa por el estricto respeto de la voluntad popular, dirigimos un llamamiento a quienes aún continúan utilizando o legitimando la violencia para que, por respeto a esa misma voluntad popular, abandonen las armas y se incorporen a la actividad institucional, desde la que estarán legitimados para defender, por vías pacíficas y democráticas, sus propios planteamientos políticos.

Tal llamamiento lo hacemos además desde la constatación de que son estos cauces democráticos los únicos que pueden conducir a la resolución de los problemas que tiene planteados nuestra sociedad. Debemos constatar, a este respecto, los indudables avances que se han producido en nuestro País a raíz de la aprobación y del desarrollo del Estatuto, que han sido posibles gracias a actitudes de diálogo y negociación.

Al mismo tiempo, no podemos dejar de constatar la preocupación que se ha ido produciendo en sectores de la sociedad vasca, que entienden que ni el ritmo ni algunos de los contenidos del desarrollo estatutario han correspondido a lo que pudieron esperar cuando se aprobó el Estatuto.

Esta preocupación, que no invalida los logros conseguidos en estos ocho años de desarrollo estatutario ni, mucho menos, los métodos democráticos con que se han alcanzado, debe servirnos de estímulo para intensificar la disposición al diálogo y al acuerdo como vías eficaces para la resolución de los conflictos políticos y para el mantenimiento de la confianza depositada en el Estatuto.

En tal sentido, los partidos firmantes del presente Acuerdo asumimos el compromiso de trabajar en un clima de acuerdo básico, y de consenso que oriente también hoy la interpretación y aplicación del Estatuto, de modo que cuantos creyeron que éste iba a constituir un instrumento eficaz para resolver el profundo contencioso vasco refuercen su confianza en él y se resuelvan los problemas pendientes en el pleno cumplimiento de sus contenidos.

Así, pues, los partidos abajo firmantes aprobamos el siguiente Acuerdo para la normalización y pacificación de Euskadi:

1. El Estado democrático de derecho tiene su pilar básico en la soberanía de la voluntad popular, expresada mediante el sistema de sufragio libre. Este Parlamento rechaza, en consecuencia, la utilización de la violencia tal y como viene produciéndose en Euskadi por entender que, además de constituir una práctica éticamente execrable y de acarrear desastrosas consecuencias de todo orden para nuestro pueblo, representa la expresión más dramática de la intolerancia, el máximo desprecio de la voluntad popular y un importante obstáculo para la satisfacción de las aspiraciones de los ciudadanos vascos. El tal sentido, nos reafirmamos íntegramente en la Resolución unánime sobre la violencia, aprobada por este Parlamento el 14 de marzo de 1985, insistiendo una vez más en la falta de legitimidad de los violentos para expresar la voluntad del Pueblo Vasco, así como en el rechazo de su pretensión de negociar problemas políticos, negociación que sólo debe producirse entre los representantes legítimos de la voluntad popular.

2.a. El Estatuto de Gernika representa la expresión de la voluntad mayoritaria de los ciudadanos del País Vasco y constituye, en consecuencia, la norma institucional básica de que se ha dotado para acceder a su autobobierno, por lo que su asunción o acatamiento es una condición necesaria para alcanzar su definitiva normalización y pacificación.

2.b. El pleno y leal desarrollo de todos y cada uno de los contenidos del Estatuto sigue siendo el marco válido para la resolución progresiva de los conflictos de la sociedad vasca y contribuirá de manera decisiva al reforzamiento de la confianza democrática y de la convivencia pacífica, por lo que todos los firmantes del presente Acuerdo nos comprometemos a desarrollarlo en su plenitud, de conformidad con los principios que lo inspiraron y respetando su singularidad. A tal efecto, a través de una comisión parlamentaria específica o bien de la propia Comisión Institucional del Parlamento Vasco, se procederá, en un clima de entendimiento básico, a fijar, con el mayor consenso posible, los criterios del Parlamento sobre el alcance del pleno desarrollo del Estatuto.

2.c. Es la voluntad mayoritaria del pueblo, a través de sus representantes legítimos, y no la de quienes pretenden imponer de forma violenta o totalitaria sus criterios sobre el conjunto de la sociedad, quien debe juzgar en cada momento de la validez o invalidez del Estatuto como instrumento de autogobierno y decidir, en su caso, su reforma y desarrollo mediante los procedimientos contemplados en el propio Estatuto y en la Constitución, estando siempre legitimado el mismo pueblo para reivindicar cualquier derecho que, de acuerdo con las Disposiciones Adicional Primera de la Constitución y Única del Estatuto, le hubiera podido corresponder.

2.d. Frente a quienes pretenden que Navarra forme parte del régimen autonómico vasco al margen de la voluntad de los propios navarros y sus instituciones, proclamamos que sólo a los ciudadanos navarros corresponde decidir sobre su propio futuro.

Las diferentes opciones políticas planteadas en torno a la relación de Navarra con la Comunidad Autónoma Vasca tienen su cauce de realización democrática en el marco de la Constitución, del Estatuto de Gernika y la Ley de Reintegración y Amejoramiento del Régimen Foral de Navarra, que contemplan la posibilidad de su incorporación al régimen autonómico vasco si así lo deciden los ciudadanos navarros, la celebración de convenios para la gestión y prestación de servicios propios, así como de acuerdos de cooperación.

Habida cuenta de que la relación con el Territorio Foral de Navarra es una aspiración sentida por amplios sectores de la sociedad vasca, los Partidos firmantes del presente Acuerdo, de conformidad con lo dispuesto en el ordenamiento jurídico, propiciaremos, de acuerdo con las instituciones navarras, la intensificación de esa relación y la creación de instrumentos que respondan a nuestras afinidades e intereses comunes.

3. El Gobierno de la Comunidad Autónoma, contando con el apoyo activo de los representantes del Pueblo Vasco, está llamado a encabezar la acción política y social frente a la violencia para la consecución de la paz.

Entendemos necesario y urgente el establecimiento de un acuerdo estable entre el Gobierno de la Comunidad Autónoma y el Gobierno del Estado, del que se derive una acción coordinada para combatir el terrorismo, en la que contemple la asunción progresiva de responsabilidades en la materia por parte del Gobierno Vasco en consonancia con el Acuerdo unánime del Parlamento Vasco del 16 de Octubre de 1987, y en desarrollo del Art. 17 del Estatuto de Autonomía.

4. Ante la violación sistemática de los principios que conforman la convivencia democrática y especialmente el derecho a la vida, abogando por una solución democrática y respetuosa de los derechos humanos frente al problema de la violencia, compartimos la necesidad e importancia de la acción policial que contribuya a la erradicación del terrorismo, a la protección de dichos principios y a la prevención de atentados y la persecución de sus autores.

5. Expresamos nuestra convicción de que la colaboración internacional entre los gobiernos y los distintos poderes judiciales es indispensable para la erradicación de la violencia, a fin de prevenir la comisión de nuevos atentados y evitar la impunidad de quienes los han cometido o los pudieran todavía cometer, colaboración que debe producirse acorde a los

principios que rigen las relaciones internacionales y el respeto a los derechos humanos.

6. Nos comprometemos a velar porque la necesaria defensa del Estado de derecho contra los ataques de la violencia se produzca siempre dentro del más estricto respeto de la legalidad y de los derechos humanos en general, sintiéndonos legitimados para denunciar, con la misma convicción con que condenamos toda violencia, los casos en que pueda haber violaciones de dicho principio.

7. Dado que la ruptura que se ha producido en nuestra sociedad entre quienes mayoritariamente hemos optado por las vías democráticas y estatutarias y quienes continúan haciendo uso de la violencia sólo podrá superarse como consecuencia del cese de esta última, hacemos un llamamiento a quienes aún continúan utilizándola para que, atendiendo a la voluntad mayoritaria de su pueblo, renuncien a ella como instrumento de acción política y se incorporen a la tarea común de buscar, por los cauces mayoritariamente aceptados, los instrumentos más adecuados para dar satisfacción a las aspiraciones compartidas de la sociedad vasca.

8. Hacemos, igualmente, un llamamiento a quienes, aun ostentando representación parlamentaria, no ejercen los derechos y obligaciones inherentes a la misma, para que, al igual que el resto de las fuerzas políticas, asuman las responsabilidades institucionales y defiendan desde ellas sus propios planteamientos políticos. En tal sentido, la legitimidad de todas las ideas políticas, expresadas democráticamente, tiene en el marco parlamentario la vía de defensa y, en su caso, de incorporación al ordenamiento jurídico de cualquier reivindicación.

9. En consecuencia con las resoluciones adoptadas por unanimidad por el Parlamento Vasco, consideramos válidas y apoyamos las vías de reinserción para aquellas personas que decidan o hayan decidido abandonar la violencia con el propósito de defender sus ideas por cauces democráticos, respetando en cada caso la decisión que adopten las instituciones competentes del Estado a este respecto.

10. Si se producen las condiciones adecuadas para un final dialogado de la violencia, fundamentadas en una clara

voluntad de poner fin a la misma y en actitudes inequívocas que puedan conducir a esa convicción, apoyamos procesos de diálogo entre los poderes competentes del Estado y quienes decidan abandonar la violencia, respetando en todo momento el principio democrático irrenunciable de que las cuestiones políticas deben resolverse únicamente a través de los representantes legítimos de la voluntad popular.

11. La defensa de nuestro sistema democrático contra la violencia no requiere en la actualidad de una ley de carácter especial, por lo que apoyamos la derogación de la legislación especial contra el terrorismo y los principios de independencia, intervención e inmediación judicial.

12. Reiteramos nuestro apoyo al texto consensuado en la Comisión de Derechos Humanos del Parlamento Vasco en relación con las ayudas a víctimas de atentados terroristas y a sus familiares, en sesión celebrada el 13 de Mayo de 1987.

13. La gravedad de la situación de crisis que atraviesa la economía con sus secuelas de paro, especialmente entre los jóvenes, y de marginación de los sectores menos favorecidos de la sociedad, que adquiere en nuestro caso un carácter diferencial derivado de la especial naturaleza del tejido industrial vasco y de la perpetuación de un clima de violencia, que dificulta la recuperación de nuestra economía a través de la inversión, refuerza nuestro empeño por lograr una situación normalizada.

Urgimos a las Instituciones públicas a intensificar las medidas necesarias para superar las graves consecuencias sociales de la crisis económica y para impulsar desde el sector público la creación de las condiciones precisas para la recuperación de la economía de Euskadi, al tiempo que nos comprometemos a crear el clima propicio de pacificación y normalización que anime la confianza inversora imprescindible para la economía vasca.

14. Hacemos un llamamiento a todos los ciudadanos vascos para que, individualmente y a través de las asociaciones ciudadanas, sindicales, empresariales y profesionales en que se integran, trabajen activamente en favor de la tolerancia, del respeto recíproco y de la libertad personal y colectiva como ele-

mentos básicos de la convivencia pacífica y constructiva de la sociedad. Dirigimos muy especialmente este llamamiento a los responsables políticos, a los educadores y a los profesionales de la información, quienes están llamados a desempeñar, por su indudable influencia sobre los comportamientos sociales, un papel importante en el proceso de pacificación de nuestra sociedad.

15. Invitamos a todas las instituciones vascas —Juntas Generales, Diputaciones Forales, Ayuntamientos y demás entidades públicas— a que, asumiendo el sentir de este Parlamento se sumen a este Acuerdo para la Normalización y Pacificación y trabajen en sus respectivos ámbitos para lograr la plena instauración de la convivencia democrática en Euskadi.

Para ello, y a través de nuestros representantes, nos comprometemos a adherirnos a este Acuerdo en la próxima reunión de las respectivas instituciones.

16. El contenido de este Acuerdo se trasladará al Gobierno del Estado y a los Partidos firmantes del Acuerdo de Madrid, de 5 de noviembre de 1987.

17. Al objeto de propiciar el diálogo permanente entre las distintas fuerzas políticas, profundizar en las vías que posibiliten la incorporación de quienes hoy no aceptan la voluntad mayoritaria del Pueblo Vasco y garantizar el cumplimiento del presente Acuerdo, solicitamos al lehendakari que continúe liderando el proceso en aras de la total normalización del País.

Vitoria-Gasteiz, 12 de enero de 1988.

PLAN ARDANZA
Un acuerdo sobre el final dialogado
(Presentado a la Mesa de Ajuria Enea en marzo de 1998)

En la reunión del pasado 16 de enero presenté a los miembros de la Mesa un documento para la reflexión y el debate. En él se proponían a modo de alternativas dos posibles tareas que podría acometer la Mesa en lo que queda de legislatura, de modo que sus trabajos quedaran de cara al futuro.

La primera tarea consistía en limitar el trabajo de la Mesa, en lo que queda de legislatura, a poner orden en sus filas y reducir al mínimo las actuales discrepancias públicas entre los partidos. La segunda, más ambiciosa, perseguía propiciar un acuerdo de fondo sobre el horizonte final de «salida dialogada» que todos consideramos inevitable, y diseñar, a partir de dicho acuerdo, una estrategia activa y global de pacificación.

Los miembros de la Mesa consideraron que la primera tarea, con ser absolutamente necesaria, no iba a resultar suficiente para restablecer el consenso con garantías de estabilidad y se inclinaron por abordar la segunda a partir de las líneas de reflexión marcadas en el mencionado documento. Entendieron, además, que tal decisión daba cumplimiento al compromiso de abordar la llamada segunda fase de la Mesa, tal y como fue adoptado en reunión del 21 de febrero de 1997 (punto 4 del documento de aquella fecha).

A raíz de esa decisión, he mantenido conversaciones con representantes de cada uno de los Partidos de la Mesa, así como con el presidente del Gobierno central y los máximos líderes de los partidos de ámbito estatal. Todos ellos conocen el documento presentado en la reunión del 16 de enero.

Dichas conversaciones han puesto de manifiesto un desigual grado de aceptación de las propuestas contenidas en el documento, pero en ninguna de ellas se ha revelado la actitud de rechazo frontal al mismo. Nadie ha presentado tampoco una contrapropuesta alternativa, aunque si han adelantado objeciones concretas, tanto de oportunidad como de contenido, a ciertos aspectos del documento.

Todos han aceptado, en cualquier caso, que lo que en él se expone puede servir de punto de partida para un debate y eventual consenso de los partidos en torno a la superación definitiva de la violencia que sufre nuestro país a causa del terrorismo de ETA.

Siendo esto así y, con el fin de facilitar el análisis y el debate del documento, me ha parecido llegado el momento de entregarlo a los miembros de la Mesa con las siguientes modificaciones.

Primero y, dado que la decisión adoptada fue la de abordar la segunda tarea, el presente documento omite, por innecesario, todo lo que en el original se refería a la primera. Segundo, se han modificado algunas expresiones y añadido algunas consideraciones a raíz de las conversaciones mantenidas con los partidos. Y, tercero, se ha completado la propuesta con referencias a aquellos artículos del acuerdo de Ajuria Enea en los que, sin citarlos, se sustentaba.

Dicho esto, se recoge a continuación la propuesta de debate que se hacía en el documento del 16 de enero: Para un acuerdo sobre el final dialogado.

La segunda tarea, es decir, la de propiciar un acuerdo de fondo sobre el horizonte final de «salida dialogada» y diseñar, a partir de dicho acuerdo, una estrategia activa y global de pacificación, exige un debate sincero y discreto sobre ciertos problemas de calado político. La pregunta básica que habríamos de contestar podría formularse, más o menos, de la siguiente manera: qué puede y quiere hacer nuestro sistema democrático para propiciar el doble objetivo de que 1) ETA deje de intervenir en política, mediante la llamada «lucha armada» (el terrorismo) y 2) la disidencia política que la apoya (Herri Batasuna) se integre definitivamente en la actividad política propia del sistema democrático.

No se trata, como es obvio, de insistir ahora en aquellas respuestas en las que ya estamos de acuerdo. Así, por ejemplo, la necesidad de una correcta y eficaz acción policial y judicial o la conveniencia de mantener la presión política y social son ya, para todos nosotros, sobreentendidos en los que no hace falta insistir. La pregunta pretende ir más lejos de lo ya acordado y suscitar una respuesta conjunta precisamente en aquel terreno en el que, hasta el momento, no hemos logrado ponernos de acuerdo. Ahora bien, si en algo no estamos de acuerdo hoy es en la concepción que cada uno se ha hecho del horizonte final en que habrá de superarse definitivamente la violencia. Éste es, por tanto, el terreno que debe ser trabajado de manera prioritaria. El acuerdo de Ajuria Enea prevé, y todos consideramos inevitable y hasta deseable, un horizonte final de diálogo («final dialogado»). Pero, más allá de las palabras que usamos en común, mantenemos profundas diferencias en torno al significado que le damos. La expresión «final dialogado» se convierte así en una especie de «muletilla» carente de significado unívoco y concreto.

Este desacuerdo sobre el «horizonte final» no es irrelevante para el proceso de pacificación. Su superación no puede ser tampoco aplazada por mucho tiempo, alegando, por ejemplo, que, «como tal horizonte vendrá al final del proceso, ya lo diseñaremos cuando lleguemos al final». Porque ocurre, más bien, que el desacuerdo sobre el «horizonte final» pone en entredicho muchos de los acuerdos que ya teníamos alcanzados sobre el proceso que conduce a él. Y es que, a falta de un acuerdo sobre el «horizonte final», surgen las dudas y los recelos sobre la procedencia o improcedencia de ciertos pasos importantes que han de darse a lo largo del proceso.

Procede, por tanto, saber ya desde ahora si todos queremos llegar al mismo fin para poder ponernos de acuerdo sobre los pasos que conducen a él. La pregunta sobre el «horizonte final» no es, pues, ni prematura ni inoportuna. Su respuesta resulta, más bien, imprescindible para poder diseñar una estrategia global de pacificación.

De otro lado, es evidente que, hoy por hoy, no podemos ofrecer un diseño acabado de ese horizonte final. Pero sí podemos descartar, ya desde ahora, algunos elementos que no cabe razonablemente esperar que se incluyan en él y definir otros que es razonable prever que estarán presentes. De esto va el siguiente razonamiento.

PREMISAS

1. Por lo que se refiere al mundo ETA/HB y tratando de hacer un ejercicio de realismo político, resulta razonable prever lo siguiente:

a) ETA no va a renunciar a su «lucha armada» como consecuencia de una derrota policial. Esto es, al menos, lo que todos decimos, incluido el Ministerio del Interior. Más de 30 años de «lucha antiterrorista» desde posiciones dictatoriales y democráticas parecen avalar esa creencia común. No es, pues, razonable pensar, por nuestra parte, en una victoria policial.

b) No es razonable prever tampoco que ETA vaya a renunciar a la «lucha armada» ni que HB vaya a incorporarse a la actividad política propia del sistema democrático en razón de una especie de «conversión» forzada o espontánea, a las bondades del actual sistema. Por mucho que nos gustara que así fuera o por exigible que lo consideremos desde el punto de vista ético y democrático, no es razonable pensar que vayan a abandonar lo que ellos viven como 30 años de lucha y sufrimiento a cambio de nada o, por decirlo más explícitamente, a cambio del *statu quo* constitucional y estatutario. Ellos temen que tal «conversión» sería interpretada, por propios y extraños, como una rendición en toda regla.

En este sentido, si la «derrota policial» queda descartada,

tampoco es previsible por mucho que nos duela que se produzca una «derrota política» tan cruda y brutal como la aquí expresada. No es pues razonable prever que se produzca una especie de «desistimiento» colectivo en ese mundo.

La comparación con lo que ocurrió con los *polimilis* no parece procedente a este respecto. Lo que aquellos hicieron aprovechando la transición a la democracia y al autogobierno, no parece repetible en una situación de democracia asentada y aquejada, según ellos, de notables vicios acumulados. Así pues, la renuncia de ETA a la «lucha armada» y la incorporación de HB al actual sistema constitucional y estatutario no es previsible que se produzcan «sin más», es decir, como resultado de una especie de «conversión» o «desistimiento», bien sea espontáneo o forzado por las circunstancias (eficacia policial, acción policial, aislamiento político, presión social...).

c) Siendo esto así ni derrota policial ni derrota política en términos de desistimiento, el abandono de lo que ETA considera su «lucha armada» y la incorporación de HB a la actividad política democrática requerirán, desde su punto de vista, de algo que ellos puedan interpretar como un incentivo político que los justifique ante su propia gente. Por lo que sabemos, tal incentivo no parece que pueda ser otro que un diálogo tal llámenlo ellos «negociación» y nosotros «final dialogado» que sea susceptible, al menos en principio, de incidir efectivamente en el actual sistema constitucional y estatutario.

De momento, ésta sería la constatación más atrevida que podríamos hacer en común: Un final dialogado que sea susceptible, en principio, de incidir en el actual sistema jurídico-político, parece ser el requisito mínimo que ETA y HB exigirían para abandonar la violencia (ETA) e incorporarse a los procedimientos democráticos (HB).

2. A la inversa, mirando el proceso desde la perspectiva de los partidos políticos, deberíamos saber a estas alturas, al menos, lo siguiente:

a) Ningún Gobierno democrático va a entablar un diálogo político (resolutivo del problema) con una organización «terrorista» en ejercicio. No es sólo cuestión de legitimidad democrática. Se trata de una imposibilidad fáctica. Ningún

Gobierno lo resistiría. La necesidad, por tanto, de un «cese de hostilidades» por parte de ETA, previo a cualquier diálogo político (resolutivo), es absoluta.

b) No es razonable tampoco prever que el final dialogado (el diálogo político resolutivo) pueda tener como protagonistas a un Gobierno democrático y a una organización terrorista, aun cuando ésta se encuentre en situación de «alto el fuego». A estas alturas, cabe excluir, por múltiples razones (de legitimidad y de viabilidad fáctica) la escenificación de tal bilateralidad. Si, como se decía más arriba, la carta política del diálogo final es para ellos uno de los requisitos ineludibles (véase I.c), quienes deban soportarla tendrán necesariamente que ser agentes políticos legitimados. No cabe, por tanto, contemplar como viable la hipótesis de un diálogo político y resolutivo («negociación» o «final dialogado») entre el Gobierno y ETA.

c) El diálogo político final (resolutivo) no podrá suponer ni, de un lado, hacer tabla rasa de lo que el sistema democrático ha ido construyendo hasta ahora (Constitución, Estatuto, instituciones de autogobierno) ni, de otro, considerar cerrado el proceso en los límites de lo hasta ahora construido. Tanto lo uno como lo otro equivaldría a obligar a uno u otro interlocutor a negarse a sí mismo y su propia razón de ser (no hablo de la «razón de ser del «terrorismo», que no tiene ninguna, sino de la razón de ser de lo que en él subyace: la disidencia cívico-política de una notable porción de la sociedad que, girando en torno al «terrorismo», no está dispuesta a aceptar el *statu quo*).

El diálogo político resolutivo no podrá, por tanto, ni a) aceptar condiciones previas que nieguen la razón de ser de uno de los interlocutores (reconocimiento previo, por ejemplo, del derecho de autodeterminación) ni b) poner límites fijados de antemano que nieguen la razón de ser del otro (la Constitución o el Estatuto como límites infranqueables).

Éstas son, más o menos matizadas, las premisas. No contienen o, al menos, no pretenden contener juicios de valor y tratan de evitar cualquier tipo de voluntarismo. Vienen, en suma, dictadas por la realidad y por la experiencia que de ella hemos acumulado a lo largo de los años. Nuestra tarea consiste ahora en elaborar, a partir de ellas y sin hacernos trampas en el solitario, una estrategia global que, además de ser legítima desde el punto de vista democrático, tenga visos, al menos a priori, de viabilidad. No basta con aceptar, en teoría, el final dialogado, la responsabilidad de quien debe resolver el problema consiste en delimitar primero en qué consistiría ese diálogo y en propiciar después las condiciones que lo hagan posible; es decir, en diseñar primero el horizonte final que nos resulte aceptable y en conducir después el proceso hacia ese horizonte (y no hacia otro).

Conviene evitar ya desde ahora un posible malentendido. Lo que aquí se propone no parte de la existencia de un supuesto «déficit democrático» que nuestro sistema padecería y tendría la obligación de subsanar para superar la violencia. Sólo parte de un hecho: la profunda división política y social que existe en la sociedad vasca, y persigue un único objetivo: alcanzar una mayor integración política y la reconciliación «horizonte final». No nos preguntamos, por tanto, qué debe hacer la democracia para corregir sus supuestos déficits, sino qué puede y quiere hacer para superar la falta de integración que de hecho sufre la sociedad vasca. La legitimidad democrática del sistema no está en cuestión.

A esto es a lo que vengo refiriéndome desde el principio al hablar de nuestra responsabilidad de diseñar una «estrategia global de pacificación». Las medidas policiales y judiciales (la aplicación de la ley) son necesarias. Igualmente lo son otras medidas, como la presión social, el discurso político, etcétera. Pero deben quedar englobadas en un marco más amplio, en el que esté incluido ese diseño de «final dialogado». Además de presionar (firmeza y unidad democráticas), es necesario señalar un portillo de salida (diálogo democrático).

Para contribuir a ese diseño, cuya ausencia entre nosotros es quizá el fallo más clamoroso de esta mesa desde que definió los grandes principios en enero de 1988, podrían adelantarse las siguientes líneas de reflexión.

LA PROPUESTA

1. *Condiciones de posibilidad del diálogo*

a) ETA deberá interiorizar, antes que nada, que tiene que dejar de ejercer la «lucha armada» (el terrorismo) para que pueda iniciarse un diálogo político productivo. Nuestro discurso a este respecto ha de ser unívoco y sostenido. No cabe diálogo político resolutivo mientras ETA se mantenga en ejercicio.

b) Es difícil responder por cuánto tiempo deberá ETA dejar el ejercicio de la lucha armada con el fin de hacer creíble su voluntad inequívoca de acabar con el conflicto violento. Parece razonable pensar que, a estas alturas del proceso, sería exigible un «cese, ilimitado en el tiempo» con el compromiso, por la otra parte, de un inicio y un fin prefijados del periodo de diálogo político.

c) Para este cese, ETA querrá conocer de antemano el diálogo que nos proponemos. Hacérselo saber parece imprescindible. La falta de este conocimiento por parte de ETA o, lo que es lo mismo, nuestra indefinición al respecto, es lo que (entre otras razones evidentes) ha permitido que, hasta ahora y con la excepción quizá de enero de 1989, todas las treguas lanzadas por ETA hayan tenido una intención meramente táctica. Ahora se trataría de que ETA no pueda manejar las treguas a su gusto, sino de que las anuncie y mantenga en respuesta a una oferta concreta de pacificación. No podemos estar a merced de las treguas de ETA, sino que ETA debe poner la tregua a merced de la paz.

d) También la opinión pública deberá conocer el marco general del eventual diálogo. En una sociedad democrática y abierta, seria imposible sustraer a la sociedad un asunto de esta envergadura, al menos en sus rasgos esenciales. De otro lado, la implicación de la opinión pública resulta conveniente, toda vez que su capacidad de neutralizar iniciativas políticas es enorme. El proceso debe ser entendible, asumible y plausible para la opinión pública democrática porque necesita su complicidad.

2. *Los interlocutores*

a) ETA deberá asumir que, en cuanto tal organización, no podrá ser interlocutor en ese eventual diálogo político resolutivo. No lo soportarían los interlocutores de la otra parte ni la opinión pública Es cuestión de pragmatismo (además de legitimidad). Los interlocutores deberán estar legitimados por su representatividad popular. HB deberá, por tanto, asumir directamente la interlocución. La bilateralidad Gobierno ETA en un diálogo político resolutivo (negociación) debe quedar excluida de antemano. El discurso de los partidos debería ser también unívoco y sostenido en esto. Es la manera más eficaz de convencer a ETA de la inutilidad de su empeño en continuar con la violencia, que en este proceso sobra y estorba ETA tiene que entenderlo y asumirlo. El diálogo, si se da, no será consecuencia de la violencia, sino de su cese.

b) Los interlocutores deberán ser, por tanto, sólo y exclusivamente los partidos representativos. Más aún, el protagonismo deberá recaer, en una primera instancia, sobre los partidos representativos de la sociedad vasca. El problema es, ante todo y sobre todo, un problema vasco, aunque consista en la problemática y contradictoria interpretación que los vascos hacemos de un asunto que concierne también a terceros: la cuestión nacional. Nosotros somos los que, en principio, tenemos que llegar a un arreglo.

Deberá aceptarse, por tanto, que el núcleo del problema no está en una confrontación Estado Euskadi, sino que consiste en la contraposición de opiniones vascas sobre lo que somos y queremos ser (también en relación con España, por supuesto).

c) Habrá de aceptarse también que el diálogo entre los partidos de representación vasca concierne al conjunto del Estado. En tal medida, las instancias representativas del Estado deberán participar en el proceso, lo que en principio ya viene garantizado a través de la representación vasca de los partidos de ámbito estatal. Así, los consensos que habrían de alcanzarse entre los partidos vascos serán también asumibles en el ámbito estatal. Más aún. El proceso que se propone debe contemplarse desde una perspectiva pragmática. No se pone en cuestión la soberanía ni su residencia, cuestiones que deben quedar obviadas. Más bien, desde la soberanía actualmente reconocida, se opta por un determinado procedimiento de resolución. Desde esta perspectiva, las instancias competentes del Estado, como parte concernida por el proceso, optan por y declaran de antemano su disposición a:

1) Dejar la resolución dialogada del conflicto en manos de los partidos representativos de la sociedad vasca.

2) Hacer propios los acuerdos que aquellos puedan alcanzar en las instituciones vascas.

3) Pactar con éstas su eventual incorporación al ordenamiento jurídico con el fin de que puedan resultar operativos.

3. *Los contenidos del diálogo*

El diálogo político resolutivo versará sobre la llamada «cuestión nacional» (el modelo de autogobierno del que los vascos querríamos dotarnos). A partir de la situación existente y de la aceptación, al menos fáctica, de las instituciones de autogobierno actuales, cuya legitimidad democrática es incuestionable para nosotros, se negociaría una agenda, se acordaría un procedimiento y eventualmente se alcanzarían unos consensos cuyo nivel, para que sean suficientes, debe estar fijado de antemano. Todas las partes se comprometerían de antemano a acatarlos y ETA, en particular, habría de dejar claro, desde el inicio, que ni interferirá en el proceso ni volverá a su actividad violenta si los resultados no le satisfacen. El compromiso con los procedimientos democráticos ha de ser inequívoco y definitivo desde antes de iniciar el proceso.

La extensión del periodo de diálogo y negociación debería estar fijada de antemano. El proceso debería ser abierto en sus dos extremos, sin condiciones previas y sin límites de resultados. Un ejemplo: ni el reconocimiento de la autodeterminación podría ser condición previa para iniciar el proceso ni el mismo podría quedar excluido a priori como eventual resultado del consenso. Porque caso de ser resultado del consenso podría dejar de ser elemento de confrontación interna y externa para convertirse en instrumento de reconciliación.

Alcanzados los acuerdos, podría pensarse en un escalonamiento temporal de los acuerdos para hacerlos efectivos de modo que, sometidos a la prueba del tiempo (dos o tres años), pudieran sedimentar y ser presentados con mayor sosiego al refrendo popular. Este procedimiento supondría una garantía de solidez y suficiencia de los acuerdos alcanzados. Asimismo, el proceso debería cerrarse con un compromiso de adhesión leal y duradera por parte de los partidos implicados, de modo que lo acordado recibiera garantías suficientes de estabilidad y permanencia.

4. *Cuestiones procedimentales*

a) Con anterioridad a la apertura del proceso se requerirían intensos procesos de diálogo en varias direcciones con el fin de madurar la propuesta y hacerla viable. Tales procesos de diálogo exigirían máxima discreción. (¿Cómo lograrla?) Los diálogos deberían implicar: a los partidos de la Mesa, al Gobierno central, a la oposición estatal y al mundo de ETA y HB. Se requerirá además un intenso proceso de información a la opinión pública.

b) Sería conveniente disponer de un estudio serio sobre la cobertura jurídica del proceso, incluyendo una investigación sobre las posibilidades de la Constitución y el Estatuto Adicional Primera y Adicional Única respectivamente, así como la Disposición derogatoria y otras. A tener en cuenta, sin embargo, la dirección de todo el proceso debería ser eminentemente política y, desde una voluntad política decidida, cabría quizá una lectura constitucional y estatutaria que diera cabida a los consensos que pudieran alcanzarse.

c) Debatida y madurada la propuesta, debería formularse y presentarse de manera adecuada. Entonces habría que decidir quién o quiénes la presentan y cuándo y cómo se hace.

Todo lo que antecede no es, como puede claramente deducirse, una propuesta formal de diálogo dirigido a ETA y HB. En el estadio actual es, simplemente, una propuesta para el acuerdo dirigida a los partidos que integran la Mesa de Ajuria Enea. Todos somos conscientes de que, en las actuales circunstancias, no se dan las condiciones para dirigir propuestas de este tipo al mundo de ETA/HB. Menos aún, si no están suficientemente acordadas entre nosotros.

Pero aclarado esto, las mismas circunstancias actuales son las que nos apremian a construir acuerdos sobre este asunto. La sociedad vasca no está dispuesta a que se le enquiste indefinidamente este problema y a tener que convivir con él sin esperanza de solución.

La propuesta que se hace suscitará, como es obvio, múltiples preguntas, recelos y resistencias. Es natural. Pero la gran pregunta que plantea y que debemos contestar es si servirá para alcanzar la paz. Si así fuera, todos los trastornos que provoca habrían merecido la pena.

De momento, sin embargo, se nos abre otro interrogante previo. Si nosotros, los partidos democráticos, alcanzáramos un acuerdo sólido en torno a una propuesta de este tipo, ¿no habríamos conseguido ya, sólo con ello, reforzar nuestra unidad y recuperar el liderazgo en el proceso de pacificación? Quizá sólo por esto merezca la pena su toma en consideración.

Porque, definido el horizonte final, nos resultará más fácil juzgar la procedencia o improcedencia de todos los demás elementos que integran la lucha antiterrorista y el proceso de pacificación. No es momento de analizar ahora uno por uno, todos esos elementos: eficacia policial, acción judicial, política penitenciaria, presión social, discurso político a mantener, acercamiento o aislamiento de HB, contactos con ETA, etc. Lo que interesa subrayar es que tales elementos serán correctos o incorrectos en la medida en que conduzcan a un horizonte o nos desvíen de él. Éste debe ser el criterio para ponerlos en práctica y juzgarlos. Como criterio general, todo aquello que contribuya a hacer ver a ETA y HB la inutilidad de persistir en la violencia será conducente a ese horizonte. De lo que en esta propuesta se trata es precisamente de persuadir a ETA y HB de que el conflicto es menos útil, menos cómodo y menos rentable que su resolución.

Y, para terminar, una última consideración.

En el proceso de pacificación, tal y como se concibió en el acuerdo de Ajuria Enea, la posibilidad de un final dialogado ha estado siempre presente. Se ha dicho a veces, sin embargo, que la insistencia en esa posibilidad debilita la lucha terrorista y fortalece (da alas) a los violentos. Ha ido instalándose así la tendencia a proscribir el término diálogo del lenguaje democrático en el contexto de dicha lucha por temor a dejar al descubierto una debilidad del sistema.

El planteamiento que en estas páginas se ha hecho parte de una convicción bien distinta. El diálogo, además de ser atributo irrenunciable del sistema democrático, constituye una de sus máximas fortalezas. Insistir en el diálogo, debilita las posiciones propias sólo cuando no se concretan, a la vez, sus condiciones y sus contenidos. Es decir, cuando se da a entender que, a través del diálogo, cualquier cosa es posible en cualquier momento y bajo cualquier circunstancia. No cabe duda de que este error se ha cometido. Pero, cuando la oferta de diálogo viene acompañada de una clara delimitación de sus condiciones de posibilidad, de sus procedimientos y de sus contenidos, en vez de debilidad significa fortaleza. Tal es, creo yo, la oferta de diálogo de la que aquí se trata. Bajo estas condiciones, insistir en el diálogo y propiciarlo es siempre oportuno.

ANEXO

Conviene subrayar, para concluir, que lo que aquí se propone no es ajeno al razonamiento que subyace en el Acuerdo para la Normalización y Pacificación de Euskadi. Está, por el contrario, basado en él. Podría decirse que no es, en el fondo, sino la explicitación de ideas que en aquel Acuerdo estaban sólo implícitas e insinuadas.

El esquema de diálogo final que se propone respeta escrupulosamente lo dicho en el artículo 10 del Acuerdo, en el que se remite a los partidos representativos el tratamiento de las cuestiones políticas.

Así se producen las condiciones adecuadas para un final dialogado de la violencia, fundamentadas en una clara voluntad de poner fin a la misma y en actitudes inequívocas que puedan conducir a esa convicción, apoyamos procesos de diálogo entre los poderes competentes del Estado y quienes decidan abandonar la violencia, respetando en todo momento el principio democrático irrenunciable de que las cuestiones políticas deben resolverse únicamente a través de los representantes legítimos de la voluntad popular.

En cuanto a la posibilidad de una modificación del actual *statu quo* es algo que reiteradamente se menciona y se posibilita en el Acuerdo, con la sola condición de que tal modificación sea expresión democrática de la voluntad popular. A este respecto, el Acuerdo no hace sólo referencia a la posibilidad de reformar el Estatuto de Gernika, sino que remite también a las posibilidades de evolución en el autogobierno que contiene la Adicional única del mismo. Así, ya en el prólogo se afirma:

Más aún, como expresión de respeto y reconocimiento de las profundas aspiraciones al autogobierno que el pueblo vasco ha demostrado a lo largo de su historia, el propio Estatuto refrendado, en su Disposición Adicional, hace reserva expresa de los derechos que a dicho pueblo hubieran podido corresponder en virtud de su historia y a cuya actualización, mediante la expresión de su voluntad en cada momento y de acuerdo con lo que establezca el ordenamiento jurídico, aquél no renunció por la aceptación del actual régimen de autonomía.

Igualmente, en el articulo 2.c. se dice:

«Es la voluntad mayoritaria del pueblo, a través de sus representantes legítimos, y no la de quienes pretenden imponer de forma violenta o totalitaria sus criterios sobre el conjunto de la sociedad, quien debe juzgar en cada momento de la validez o invalidez del Estatuto como instrumento de autogobierno y decidir, en su caso, su reforma y desarrollo mediante los procedimientos contemplados en el propio Estatuto y en la Constitución, estando siempre legitimado el mismo pueblo para reivindicar cualquier derecho que, de acuerdo con las Disposiciones Adicional Primera de la Constitución y la Única del Estatuto, le hubiera podido corresponder.»

Lo cual nos remite a la Adicional Única del Estatuto:

«La aceptación del régimen de autonomía que se establece en el presente Estatuto no implica renuncio del pueblo vasco a los derechos que como tal le hubieran podido corresponder en virtud de su historia, que podrán ser actualizados de acuerdo con lo que establezca el ordenamiento jurídico.»

En el mismo sentido, el artículo 8 del Acuerdo defiende que:

«La legitimidad de todas las ideas políticas, expresadas democráticamente, tiene en el marco parlamentario la vía de la defensa y, en su caso, de incorporación al ordenamiento jurídico de cualquier reivindicación.»

Interpretando todos estos textos, la Mesa de Ajuria Enea ha hecho públicos diversos comunicados conjuntos, que subrayan las mismas ideas. Así, el 11 de enero de 1996, se afirmaba que:

«...El pueblo vasco puede encontrar cauces pacíficos y democráticos para hacer valer los derechos que pudieran corresponderle, toda vez que, en un proceso democrático, la voluntad mayoritaria de la ciudadanía vasca, legítimamente expresada, debe encontrar su aplicación en el ordenamiento jurídico vigente en cada momento.»

Y, finalmente, el 25 de junio de 1996, respondiendo a la tregua que ETA acababa de ofrecer, la Mesa de Ajuria Enea decía:

«Nosotros reafirmamos nuestra sincera voluntad de paz y nuestro apoyo a un final dialogado del conflicto en los términos del punto 10 del Acuerdo para la Normalización y Pacificación de Euskadi de modo que sean los partidos vascos con representación parlamentaria los que avancen a través del diálogo, en la consecución de un consenso democrático que dé satisfacción razonable a las plurales opciones políticas de nuestra sociedad, consenso que, una vez alcanzado, nosotros nos comprometemos a respetar y a que sea respetado efectivamente en todos los ámbitos, utilizando para ello todos los instrumentos que el ordenamiento jurídico pone a nuestra disposición.»

Y, tras exigir a ETA una serie de gestos que avalaran la sinceridad de su voluntad, proseguía:

«Nos comprometemos a iniciar un proceso sincero y abierto de diálogo entre todos los partidos políticos vascos con representación parlamentaria, que dé con un consenso capaz de integrar razonablemente todas las sensibilidades políticas de la sociedad vasca y de alcanzar su definitiva normalización y pacificación.»

ALTO EL FUEGO INDEFINIDO DE ETA
(Comunicado de ETA del 16 de septiembre de 1998)

Euskadi Ta Askatasuna, a través de este comunicado quiere hacer llegar a la sociedad vasca la lectura que realiza sobre el momento histórico que vive nuestro pueblo y la decisión que ha tomado en consecuencia.

Tras dos largas décadas, en Euskal Herria tenemos nuevamente la oportunidad de dar pasos decisivos hacia la independencia. Pensamos que tenemos oportunidades similares a las que tuvimos hace veinte años, en los años conflictivos vividos durante el periodo de la transición. Pero esta vez tenemos que lograr que la fase política que tenemos delante sea la de la soberanía, haciendo realidad la oportunidad perdida entonces.

ETA afronta esta nueva fase política llena de esperanza. Llenos de esperanza, especialmente, porque estamos convencidos de que los errores cometidos en aquella etapa serán excelentes lecciones; llenos de esperanza también porque la labor, experiencia y la fuerza acumuladas desde entonces nos ofrecen suficientes garantías como para pensar que esta nueva fase será exitosa.

Sin embargo, la posibilidad de tener nuevas oportunidades y el hecho de afrontarlas con esperanza no deben cegarnos. No debemos cerrar los ojos ante la situación que sufre Euskal Herria, ya que es muy grave la situación que vive nuestro pueblo, sea cual sea el punto de vista que tomemos. Los ciudadanos vascos estamos sojuzgados bajo dos Estados poderosos. Ambos Estados utilizan todos sus instrumentos armados, políticos, económicos y culturales para desintegrar las posibilidades que tenía Euskal Herria de ser un pueblo libre en el futuro. Las constantes iniciativas de España y Francia han dejado graves heridas. Y no va a ser fácil recuperar nuestra libertad. Aunque son nuestros vecinos, no surge de los dos Estados que nos quieren ver como enemigos y como un pueblo subyugado ni el más mínimo signo que manifieste su voluntad para respetar pacíficamente la palabra de Euskal Herria.

Por encima de todos los ataques y dificultades, Euskal Herria ha llegado a las puertas del siglo XXI conducida por la fuerza de la lucha. No como un pueblo liberado, pero sí con todas las puertas abiertas para ser un pueblo libre. Hasta ahora hemos demostrado al mundo que somos capaces de seguir nuestro camino. En adelante, demostrémosle por tanto que tenemos la voluntad, el derecho y la habilidad tanto para elegir nuestra casa como para organizarla.

Antes de seguir adelante consideramos muy oportuno hacer dos preguntas y responderlas. En primer lugar, cómo ha llegado Euskal Herria al año 2000 con todas las opciones abiertas para ser un pueblo libre y en segundo lugar, por qué Euskal Herria no es todavía libre a las puertas del año 2000.

La primera pregunta tiene una respuesta sencilla. Rápida y honrosa además. Sin olvidar ni marginar los intentos de los ciudadanos vascos de nuestra antigua historia, en lo que respecta a los últimos 20 años, hemos llegado al umbral desde el que podemos lograr nuestra libertad gracias a la generosidad de miles y miles de valientes hombres y mujeres vascos.

Esta afirmación tiene una presencia muy viva en los corazones y las cabezas de los dirigentes que estamos en Euskadi ta Askatasuna. No estaríamos donde estamos sin la dedicación de los militantes y ciudadanos muertos a consecuencia de acciones armadas de los enemigos, sin el sufrimiento de los militantes y ciudadanos que han soportado la cruel tortura y la continuada humillación en los cuarteles y comisarías; sin el intento de los ciudadanos y militantes, que en su trabajo comprometido, callado y peligroso de todos los días han plantado cara a las leyes españolas y francesas en favor de nuestra cultura, lengua, red económica y tradiciones sociales; sin la capacidad de militantes y humildes ciudadanos de soportar la carga de miles y miles de años de cárcel con total dignidad iluminando el futuro de Euskal Herria desde las mazmorras.

Para todos esos ciudadanos vaya todo nuestro honor y nuestro recuerdo en estos momentos, ya que nos encontramos nuevamente delante de momentos esperanzadores e históricos gracias a todos esos que han abierto sin cesar los cerrojos de la gigantesca puerta que cerraban el camino a un futuro libre. Si todos ellos no hubieran asumido su compromiso vital, ¡hace mucho que Euskal Herria hubiera muerto!

La segunda pregunta, sin embargo, necesita una respuesta amarga. Ya que ante los importantes momentos que vivimos requiere que cada uno se pregunte qué es lo que ha hecho. Que tengamos en cuenta lo que podríamos haber adelantado, y no sólo lo que hemos adelantado en todos estos años. Los caminos propuestos por la izquierda *abertzale* hace 20 años, esto es, los de avanzar en la democracia, no concitaron el acuerdo. Y en consecuencia, el mundo *abertzale* se dividió en dos caminos: por un lado el que partía de aceptar de facto la legalidad que imponía España; y por otro, quienes planteaban la ruptura con España para hacer frente a esa imposición tomando como legítimos todos los instrumentos que tiene un pueblo para defenderse.

Ese primer camino, el del autonomismo constitucional, ha traído la profundización en la división interna en la Euskal Herria que salía de la dictadura franquista. Si antes estábamos bajo dos Estados, posteriormente se nos ha añadido la división autonómica y todo lo que hemos logrado lo hemos hecho gracias a la lucha o gracias a amaños ofrecidos para atenuar la lucha. Ese primer camino ha llevado a españolizar y afrancesar más Euskal Herria, condenándonos a vivir mirando a Madrid y París. En lugar de decidir nosotros por nuestro propio pie nos ha obligado a pedir el permiso de los extranjeros, y al envalentonamiento de los españoles que vivían retraídos entre nosotros. A fortalecer las fronteras internas dentro de Euskal Herria, alejando a los ciudadanos vascos entre sí, y, en otros casos, como el de los zipayos obligándoles a actuar contra otros ciudadanos al aceptar la legislación española.

Los que aceptamos el segundo camino por encima de nuestras impotencias y de todos nuestros errores hemos mantenido vivo el proyecto de una Euskal Herria unificada, libre y euskaldún, extendiendo la confianza para el trabajo y la creación de los ciudadanos, hemos trabajado por superar la división institucional y estatal, con el fin de lograr una paz para nuestro pueblo basada en la justicia y los derechos democráticos. De este modo, la apuesta para crear un proyecto de sociedad propia para Euskal Herria ha dado su fruto. Uno que queremos mencionar ahora mismo, el de demostrar la ceguera y la esterilidad de ese autonomismo divisor. Y no es poco, teniendo en cuenta el esfuerzo titánico que ha hecho España porque el autonomismo sea la tumba de Euskal Herria.

Quienes emprendieron el camino de ese autonomismo divisor con ánimo y buena voluntad se acaban de percatar de que en esa escalada había que subir paso a paso además de no quedar atrapados, y de que esa escalada no lleva a la libertad de Euskal Herria. Por nuestra parte, quienes hemos hecho una apuesta completa por Euskal Herria, estamos dispuestos a superar ese pasado cercano y seguir adelante en común en un proyecto nuevo lleno de ilusión.

Aquí tenemos nuevamente a Euskal Herria en el umbral de su futuro. Pero, ¿no será simple voluntarismo pensar que nos encontramos ante una nueva situación? Euskadi Ta Askatasuna después de reflexionar sobre las novedades que vivimos en esta situación ofrece en las siguientes líneas el examen que está en la base de la decisión que ha tomado:

Por un lado, gracias a la lucha de todos estos años, un nuevo sector de la sociedad se ha acercado a la opción de la independencia. Principalmente, pensamos que debe subrayarse el desarrollo que se ha vivido en los últimos seis años. Ya que hemos pasado de unas posiciones de resistencia a una práctica de construcción. Queremos recalcar, que la fuente de esta «situación mejor» que vivimos reside en la generosidad de muchos militantes de la izquierda *abertzale* y en la lucha organizada que lleva dentro de si la sociedad. En el camino para lograr los últimos objetivos de nuestra lucha, lo realizado en los últimos años es un pequeño nuevo paso dentro de todo lo que resta por hacer. Que nadie piense que las tareas, los modelos de trabajo y demás no deben mejorarse. Pero no es perjudicial que de vez en cuando esa izquierda *abertzale* que es tan poco amiga de las alabanzas y los reconocimientos se reconozca a sí mismo que el trabajo realizado merecía la pena y que hemos puesto en marcha en el buen camino la lucha por la libertad.

Por otro lado, en esta situación cambiante tiene un gran significado la socialización de la «Alternativa Democrática» que tomó el lugar de la «Alternativa KAS». A través de esa nueva propuesta de paz, se ha extendido un nuevo concepto eficaz de base a lo largo, de los últimos tres años. La necesidad de dar la palabra al pueblo, que el pueblo recupere su voz y que esa voz sea respetada. Hemos sido, capaces nuevamente de extender en la sociedad la esencia del conflicto político que Euskal Herria tiene con España y con Francia. Además de poner en cuestión la legalidad «democrática» de las autoridades españolas y francesas, hemos plantado un concepto positivo en nuestro terreno, el de la democracia vasca. Hemos fijado los mínimos democráticos que debería defender cualquier demócrata para la resolución del conflicto (la Autodeterminación y la Territorialidad).

Y en el mismo plano, será tarea de todos hacer frente a quienes son enemigos de ese proyecto y lo seguirán siendo. Es hora de la tan poco utilizada persecución social que tanto subrayan quienes condenan el uso de las armas. Decíamos al principio que no podíamos cerrar los ojos ante la situación de Euskal Herria. En Euskal Herria una gran parte de la sociedad vive una «situación de excepción», bajo la excusa de ir contra una opción política concreta, en Euskal Herria se está condicionando el futuro. Un proyecto político consensuado como el que estamos impulsando nos va a llevar a hacer frente a las consecuencias que nos va a traer la oposición a España y a Francia. Sin duda. Para ello también será necesaria la valentía. Será necesaria la valentía para decir que las fuerzas armadas que son extranjeras están de sobra en nuestro pueblo y para llevar adelante sin descanso todas las labores grandes y pequeñas con el fin de expulsarlas. Es hora, por tanto, de que aquello que se haga, bien o mal, de darnos cuenta desde la crítica de lo que no se hace, y sumergirnos en esa labor.

Antes de mencionar nuestra decisión y nuestro llamamiento concreto consideramos imprescindible establecer o definir la fase política que tenemos delante, por la confusión que pueden motivar las últimas especulaciones, expectativas y declaraciones de los últimos días. Ya que no es nada correcto que nadie se engañe con los juegos de palabras de los políticos profesionales.

El objetivo no es la «pacificación» que propone en su plan parcial un Ardanza que ha guiado durante una larga década la «españolización», y mucho menos dar a esa «pacificación» una «apariencia» política para «tranquilizar la conciencia» de la izquierda *abertzale* o para su autoengaño. Es necesario ser más valiente que todo eso en estos momentos, dado que nos encontramos ante una nueva situación.

Estarán engañando a la sociedad quienes buscan detrás de este profundo paso de Euskadi Ta Askatasuna la «normalización», la consolidación del marco actual y una paz sin que nada cambie. Eso será tan falso como que el problema de Euskal Herria es que ETA hace frente al enemigo a través de la lucha armada. No habrá paz si no se asienta sobre los derechos de Euskal Herria. Ya que ésa es la esencia o el núcleo del conflicto que vivimos: que se le deniegan sus derechos a Euskal Herria que no somos dueños de nosotros mismos para organizar la sociedad como queremos.

ETA ha dado su paso más importante, ahora corresponde a los otros seguir adelante en el hueco que queda ahí y de una forma valiente además. Ya lo hemos dicho anteriormente no es tiempo de tibiezas, cálculos egoístas o partidistas: tenemos por ganar Euskal Herria.

DECLARACIÓN

Teniendo en cuenta todo ello, la organización socialista revolucionaria para la liberación nacional vasca ETA hace la siguiente declaración ante la sociedad vasca y para poner de manifiesto al conjunto de la opinión pública internacional.

1. Aun siendo imprescindible el esfuerzo y el trabajo de todos los ciudadanos en la construcción de Euskal Herria, hasta el momento sólo la izquierda *abertzale* ha respondido a ese quehacer con una actitud clara y profunda. Hemos tenido que recorrer hasta hoy camino largo, duro y enrevesado padeciendo como pago la represión y todo tipo de ataques. Pero gracias a este trabajo, hoy día vemos oportunidades únicas para que surjan nuevos acuerdos, esfuerzos compartidos y puntos de unión en el camino de la independencia de Euskal Herria. ETA, por su parte, quiere manifestar en este nuevo camino de acuerdos su total voluntad de seguir adelante y declara que está a la expectativa de la concreción de similares voluntades y esfuerzos.

2. En este sentido, ETA hace un llamamiento público a partidos políticos, sindicatos, agrupaciones culturales, organizaciones y, en conjunto, a todos los ciudadanos vascos para que den pasos concretos y adopten los compromisos necesarios para que la fase política que tenemos delante sea la de la soberanía.

3. Entre todos los pasos, uno de los que más importancia tiene será la superación de la división institucional y entre estados, dando para ello desde hoy los pasos más eficaces para la creación de una institución soberana y de única consistencia que acoja dentro de sí a Araba, Bizkaia, Gipuzkoa, Lapurdi, Zuberoa y Nafarroa.

4. En caso de que se unan las fuerzas políticas y sociales que tienen este mismo objetivo en el camino de creación de esa estructura institucional superior, Euskadi Ta Askatasuna asume el compromiso público de aplaudir, defender e impulsar cualquier iniciativa que pretendan superar la actual división institucional y entre Estados. Y por ello, pide ese mismo compromiso, esfuerzo e iniciativa a quienes hasta ahora

han estado lejos de esa tarea o de quienes se han mostrado tibios.

5. Las fuerzas favorables a los derechos democráticos y a la construcción de Euskal Herria deben promover acuerdos y dinámicas alrededor de las necesidades básicas y mínimas.

6. Los proyectos nacionales de España o Francia chocan frontalmente con el de Euskal Herria. El conflicto centenario nos ha dejado claro a los ciudadanos vascos que no hay lugar para vías intermedias. Avanzar como ciudadanos vascos o desaparecer bajo la dependencia de España y Francia. Por tanto, consideramos imprescindible que quienes se muestran de acuerdo con los puntos anteriores rompan con las ataduras y los acuerdos con quienes defienden e impulsan las pretensiones opresoras de España y Francia. Es hora de hacer una apuesta clara y absoluta por la soberanía. Es la hora de romper ataduras y acuerdos con las fuerzas políticas que tienen como fin la desaparición de Euskal Herria. En consecuencia, es hora de dejar sin efecto todos los pactos con los partidos, estructuras institucionales y represoras que tienen por objetivo la construcción de España y Francia y la desaparición de Euskal Herria.

7. Teniendo en cuenta la situación de Euskal Herria, las alternativas existentes, y el deseo de avanzar hacia la soberanía, Euskadi Ta Askatasuna manifiesta su intención de iniciar una interrupción indefinida y total de las acciones armadas limitándose únicamente sus funciones a las tareas habituales de suministro, mantenimiento de las estructuras y a su derecho de defensa en hipotéticos enfrentamientos. Este alto el fuego general comenzará el 18 de septiembre de 1998.

8. Siendo el objetivo común el respeto de la realidad de Euskal Herria, sus derechos y de las decisiones adoptadas en libertad, y siendo el objetivo y el deseo de Euskadi Ta Askatasuna que la sociedad vasca asuma por completo la responsabilidad para lograr la independencia, queremos comunicar en la esperanza plena de que la respuesta que recibiremos será de la misma medida y magnitud que el paso adoptado, y queremos manifestar que desde este momento en adelante los acontecimientos futuros determinarán el carácter definitivo de esta suspensión.

DECLARACIÓN DE LIZARRA
(12 de septiembre de 1998)

A. *Factores propiciadores del acuerdo de paz en Irlanda (del Norte)*

1. Todos los implicados en el conflicto han aceptado el origen y la naturaleza política del mismo y, consecuentemente, que también su resolución debe ser política.

2. El Gobierno británico, y el IRA fueron conscientes de que ni el uno ni el otro iban a ser el vencedor militar y, en consecuencia, aceptaron que el conflicto —en caso de dejarlo tal como estaba podía prolongarse durante mucho tiempo.

3. Gracias a la reflexión de todos los protagonistas del conflicto, el enfrentamiento cedió su puesto al trabajo en común (al principio entre próximos pero diferentes, más tarde entre contrarios y por fin entre enemigos), siempre con la pretensión de no excluir a nadie de estas relaciones.

4. De entre la variedad de reflexiones realizadas se destacaría como especialmente relevante la concepción, ya antigua, del movimiento republicano de construir y apostar por un modelo de solución al conflicto que comprendiera y respetara a todas las tradiciones existentes en la Isla. Ello contribuyó a reducir los factores de resistencia de los partidarios de diálogos exclusivos o de políticas aislacionistas.

5. Lentamente, el diálogo y la distensión surgidos de esta red de relaciones se hicieron con el protagonismo y la prioridad que hasta entonces habían tenido el uso de la fuerza violenta y la política aislacionista. Desde ambos lados se dieron gestos de distensión sin que se exigieran inexcusablemente condiciones previas para el inicio del diálogo.

6. El reconocimiento del derecho de autodeterminación al conjunto de los ciudadanos de Irlanda ha traído consigo una profundización en la democracia tanto en lo concerniente al contenido (creando nuevas fórmulas de soberanía) como en lo que respecta al método (dando a los ciudadanos la última palabra). Esas características políticas que se contienen en el acuerdo de paz, comprenden una concepción de la negociación realizada, no con la idea de ganar sino de resolver el conflicto, incluyendo a todas las tradiciones existentes en la isla y situando los proyectos políticos en igualdad de condiciones cara a su consecución, sin otro límite que la mayoría democrática de respaldo.

7. La presencia de algunos factores internacionales jugó un papel significativo: La apuesta firme y participación directa del Gobierno y presidente de los EE.UU en la resolución del conflicto; la buena acogida dispensada por diferentes instituciones de la Unión Europea (de la que son exponentes las sustanciosas ayudas económicas prometidas), el apoyo político mostrado y el asesoramiento ofrecido por el Gobierno y Presidente de Sudáfrica a lo largo de todo el proceso.

B. *Potencial aplicación para Euskal Herria*

A tenor de las características con las que se han producido el proceso y el acuerdo de Paz en Irlanda, estimamos que el conflicto que afecta a Euskal Herria puede encontrar vías de resolución, si se atiende a las pautas de comportamiento y actuación siguientes:

Identificación

El contencioso vasco es un conflicto histórico de origen y

naturaleza política en el que se ven implicados el Estado español y el Estado francés. Su resolución debe ser necesariamente política.

Siendo distintas las concepciones que existen sobre la raíz y permanencia del conflicto, expresadas en la territorialidad, el sujeto de decisión y las soberanía política, éstos, se constituyen en el núcleo de cuestiones fundamentales a resolver.

Método

La resolución política sólo puede plasmarse a través de un proceso de diálogo y negociación abierto, sin exclusiones respecto de los agentes implicados y con la intervención de la sociedad vasca en su conjunto.

Proceso

Fase preliminar

El proceso de diálogo y negociación puede propiciarse con conversaciones multilaterales que no exijan condiciones previas infranqueables para los agentes implicados, a fin de que el diálogo pueda producirse.

Fase resolutoria

El proceso de negociación y resolución propiamente dicho, que lleva implícitos la voluntad y el compromiso de abordar las causas del conflicto, se realizaría en unas condiciones de ausencia permanente de todas las expresiones de violencia del conflicto.

Carácter de la negociación

La negociación debe ser global en el sentido de abordar y dar respuestas a todas las cuestiones que constituyen el conflicto, así como a las que son consecuencia de éste. No hay agendas limitadas. En este sentido, la negociación no debe ser concebida como un proceso de ganancias particularizadas sino para resolver el conflicto.

Claves de resolución

Ello conlleva que una negociación resolutiva no comporte imposiciones específicas, respete la pluralidad de la sociedad vasca, sitúe todos los proyectos en igualdad de condiciones de consecución, profundice la democracia en el sentido de depositar en los ciudadanos de Euskal Herria la última palabra respecto a la conformación de su futuro y se respete la decisión por parte de los Estados implicados. Euskal Herria debe tener la palabra y la decisión.

Escenario resultante

El acuerdo de resolución no contendrá escenarios cerrados y de carácter definitivo, sino que posibilitará marcos abiertos donde puedan tener cabida nuevas fórmulas que den respuesta a la tradición y aspiraciones de soberanía de las ciudadanas y ciudadanos de Euskal Herria.

FIRMANTES:

Partidos políticos

Primeros firmantes: Partido Nacionalista Vasco (PNV), Herri Batasuna (HB), Izquierda Unida (IU, Comunidad Autónoma Vasca), Abertzaleen Batasuna (AB), Eusko Alkartasuna (EA), Batzarre, Zutik. *Nuevas adhesiones:* Izquierda Unida (IU, Navarra), Partido Carlista, Iniciativa Ciudadana Vasca (ICV). *Observadores:* Ipar Euskal Herriko Berdeak (Verdes del País Vasco en el Estado francés).

SINDICATOS

Primeros firmantes: ELA, LAB, EHNE (Sindicato Agrario), ESK-CUIS, STEE-EILAS (Sindicato de la Enseñanza), Ezker Sindikala, HIRU (Sindicato de Transportes). *Observadores:* ELB (Sindicato Agrario del País Vasco en el Estado francés), CFDT (Sindicato mayoritario del País Vasco en el Estado francés).

ORGANISMOS SOCIALES

Primeros firmantes: Gogoa, Gestoras Pro-Amnistía, Senideak, Bakea Orain, Elkarri, Egizan, Herria 2000 Eliza, Gernika Batzordea, Autodeterminazioaren Biltzarrak. *Nuevas adhesiones:* Jarrao, EPSK, Ahaideak, Sostengu, Komiteak, Gazteriak.

ÍNDICE ONOMÁSTICO